Der ungewisse Lebensabend?

Helga Pelizäus-Hoffmeister (Hrsg.)

Der ungewisse Lebensabend?

Alter(n) und Altersbilder aus der Perspektive von (Un-) Sicherheit im historischen und kulturellen Vergleich

 Springer VS

Herausgeber
Dr. habil. Helga Pelizäus-Hoffmeister
Universität der Bundeswehr München
Deutschland

ISBN 978-3-658-03136-7 ISBN 978-3-658-03137-4 (eBook)
DOI 10.1007/978-3-658-03137-4

Die Deutsche Nationalbibliothek verzeichnet diese Publikation in der Deutschen Natio-
nalbibliografie; detaillierte bibliografische Daten sind im Internet über http://dnb.d-nb.de
abrufbar.

Springer VS
© Springer Fachmedien Wiesbaden 2014

Lektorat: Dr. Cori Antonia Mackrodt, Katharina Gonsior

Gedruckt auf säurefreiem und chlorfrei gebleichtem Papier

Springer VS ist eine Marke von Springer DE. Springer DE ist Teil der Fachverlagsgruppe
Springer Science+Business Media.
www.springer-vs.de

Inhalt

Teil III: Gegenwartsperspektiven

Abbildungsverzeichnis

Vorwort

Seit jeher hat das Thema Alter(n) für Individuum und Gesellschaft große Bedeutung. In allen Kulturen und zu allen Zeiten existieren gesellschaftliche und individuelle Vorstellungen vom Alter und vom Altern. Und vor dem Hintergrund des demografischen Wandels sind gegenwärtig Betrachtungen des Alter(n)s – vor allem in den spätmodernen Staaten – aus der öffentlichen Diskussion nicht mehr wegzudenken. Diese Alters-„Bilder" sind meist normativ geprägt. Sie implizieren Erwartungen, die an die Älteren oder an Jüngere in Interaktion mit den Älteren gestellt werden, und vermitteln damit Vorschläge für „richtiges Verhalten" bzw. „Muster der Ordnung", wie Göckenjan es genannt hat.

Da Altersbilder keine unbedeutenden Begleiterscheinungen des gesellschaftlichen Umgangs mit dem Alter(n) sind, sondern eine Realität schaffen, die diesen mitbegründet, ist ihre Reflexion eine wichtige gesellschaftliche Aufgabe. Denn Altersbilder bestimmen beispielsweise mit darüber, wie sich ältere Menschen selbst wahrnehmen, wie sie ihre Potenziale und Kompetenzen einschätzen und nutzen und welche Möglichkeiten zur gesellschaftlichen Teilhabe sie sehen, aber auch haben.

Altersbilder entstehen immer auf der Basis spezifischer gesellschaftlicher Bedingungen. Sie sind Ausdruck der gesellschaftlichen Strukturen und Deutungsmuster. Insofern ist es gesellschaftlich-historisch bedingt, ob der alte Mensch beispielsweise als aktiv und erfolgreich, als Quelle von Lebensweisheit oder als schwach, zerbrechlich und senil beschrieben wird. Im Rahmen dieses Buches wird untersucht, welche Wechselbeziehungen zwischen den Altersbildern und den jeweiligen gesellschaftlichen Bedingungen bestehen. Dabei wird insbesondere der Frage nachgegangen, ob bzw. wie Unsicherheiten und Uneindeutigkeiten in der Lebensphase Alter Einfluss auf die Altersbilder nehmen. Es wird vermutet, dass ungewisse Lebensbedingungen im Alter zu negativen, widersprüchlichen oder ambivalenten Altersbildern führen und diese selbst wiederum auf die Lebensbedingungen der Älteren einwirken.

Dass dieses Thema nicht nur für Ältere, sondern auch für die „Jungen" interessant ist, zeigt diese Veröffentlichung. Denn sie wurde von zwölf Studierenden des Masterstudiengangs Staats- und Sozialwissenschaften an der Universität der

Bundeswehr München geschrieben. Im Rahmen zweier Forschungsseminare haben sich die Studierenden mit der oben genannten und – wie sie fanden – spannenden Forschungsfrage auseinandergesetzt. Hoch engagiert und ernsthaft haben sie, ganz im Sinne der Vorgaben des Bologna-Prozesses, eine komplexe Forschungsfrage mit wissenschaftlichen Methoden bearbeitet und dabei Ergebnisse geschaffen, die über den aktuellen Stand des Wissens hinausweisen.

Trotz der begrenzten Zeit, die ihnen zur Verfügung stand, haben sie aufschlussreiche und beachtenswerte Erkenntnisse generiert. Dies ist ihnen dadurch gelungen, dass sie sich auf einige wenige – von ihnen als wesentlich erachtete – Einflussfaktoren konzentriert und als weniger wichtig eingeschätzte vernachlässigt haben, ohne dass damit behauptet werden soll, dass Letztere nicht existieren. Ihre Beiträge können daher – in Anlehnung an Max Weber – als idealtypisch konstruierte Skizzen bezeichnet werden, die die vermuteten Zusammenhänge hervorheben, veranschaulichen und erklären, ohne jedoch mögliche weitere einflussnehmende Aspekte zu negieren.

München, Mai 2013   Helga Pelizäus-Hoffmeister

1. Uneindeutige Altersbilder als Ausdruck einer ungewissen Lebensphase?

Helga Pelizäus-Hoffmeister

Das Alter bzw. gesellschaftliche Vorstellungen vom Alter und vom Altern hatten und haben zu jeder Zeit und in jeder Gesellschaft große Bedeutung. Und gerade heute ist das Thema aufgrund des demografischen Wandels populärer denn je. Dabei schillern und fluktuieren die Vorstellungen vom Alter – die Altersbilder – dauernd in ihrem Sinngehalt (vgl. Göckenjan 2000a: 93). Mal beschreiben sie Ältere als hilfebedürftig, schwach und bemitleidenswert, mal als machtvoll, aktiv und erfolgreich, mal als starrsinnig und kleinlich. Zu jeder Zeit und in jeder Region existieren gleichzeitig differierende Altersbilder, die erheblich voneinander abweichen können. Häufig stehen sie sich polarisierend gegenüber. Gemein ist ihnen allein ihr affirmativer Charakter (vgl. ebd.). Es scheint kaum möglich, sich dem Phänomen Alter(n) wertfrei zu nähern.

Wie kommt es, dass sich stark differierende Altersbilder zur gleichen Zeit und in der gleichen Region herauskristallisieren können? Liegt es daran, dass der Lebensabschnitt Alter als so uneindeutig oder die Gruppe der Älteren als so heterogen wahrgenommen werden, dass nur eine gedankliche Zuspitzung auf einige wenige Aspekte es erlaubt, sich dem Alter(n) gedanklich und sprachlich zu nähern? Und sind diese zu Typen verdichteten Bilder so eindringlich, dass sich davon jeder[1] in irgendeiner Weise betroffen fühlt und infolgedessen Partei ergreift?

Altersbilder entstehen nicht aus dem Nichts. Sie bilden sich immer auf der Basis konkreter gesellschaftlicher Bedingungen, die sich auf die Wahrnehmung und Thematisierung des Alter(n)s auswirken (vgl. BMFSFJ 2010: 41). Insofern entstehen sie immer im „Horizont von Raum und Zeit" (ebd. 43). So führt beispielsweise der gegenwärtige demografische Wandel, konkreter der stark ansteigende Anteil der Älteren[2] an der Gesamtgesellschaft, dazu, dass das Thema Alter(n) in

---

1   Auch wenn wir uns in diesem Buch aus Gründen der besseren Lesbarkeit durchgängig der männlichen Form bedienen, so sind natürlich dennoch beide Geschlechter gemeint.

2   In den folgenden Beiträgen werden die Älteren teils als Ältere, teils als Alte bezeichnet. Die Begriffe werden synonym verwendet. Die Verwendung des einen oder des anderen Begriffs ist an der jeweiligen Bezeichnung der zugrundeliegenden Quellen orientiert.

Medien und Politik eine immer größere Bedeutung gewinnt. Ein anderes Beispiel: In Gesellschaften, in denen die eigene Existenz nur durch harte körperliche Arbeit gesichert werden kann, ist es naheliegend, dass die Phase des Alters vor allem als eine des körperlichen Verfalls und des Leistungsabfalls wahrgenommen, gefürchtet und infolgedessen stigmatisiert wird.

Es stellt sich die Frage, welche konkreten Wechselbeziehungen zwischen gesellschaftsstrukturellen Bedingungen und Altersbildern existieren. Welche sozialen, wirtschaftlichen und/oder kulturellen Bedingungen führen zu welchen Altersbildern? Und welche Wirkungen haben diese Altersbilder wiederum auf die gesellschaftlichen und sozialen Strukturen? Vor dem Hintergrund der sich meist widersprechenden und in ihrer Gesamtheit uneindeutigen Altersbilder soll vor allem danach gefragt werden: Welche Rolle spielen Uneindeutigkeiten und Ungewissheiten in der Lebensphase Alter beim Entstehen von Altersbildern? Sind sie möglicherweise „Auslöser" für uneindeutige, sich widersprechende Altersbilder? Und haben diese wiederum Einfluss auf ungewisse, unsichere Lebensbedingungen der Älteren?

Zumindest einige dieser Fragen zu beantworten, haben sich zwölf Studierende des Masterstudiengangs Staats- und Sozialwissenschaften an der Universität der Bundeswehr München vorgenommen. Bevor sie ihre Ergebnisse in den nachfolgenden Beiträgen präsentieren, werde ich vorab das konkrete Forschungsvorhaben skizzieren (1.1) und einen Überblick über das gesamte Buch geben (1.2).

1.1 Forschungsvorhaben

Im Rahmen zweier aufeinanderfolgender soziologischer Forschungsseminare haben sich diese Studierenden zum Ziel gesetzt, Altersbilder aus unterschiedlichen historischen Epochen, der Gegenwart und überdies aus verschiedenen, auch außereuropäischen Regionen vor dem Hintergrund ihres jeweiligen gesellschaftlichen Entstehungszusammenhangs zu analysieren. Dabei betrachten sie sowohl die Altersbilder als auch den gesellschaftlichen Kontext aus der Perspektive der (Un-)Sicherheit. Ihre These lautet: *Es sind vor allem die unsicheren bzw. ungewissen Lebensbedingungen der Älteren, die zu negativen, widersprüchlichen oder ambivalenten Altersbildern führen. Und diese Altersbilder*, so ihre weitergehende Vermutung, *bleiben wiederum nicht ohne Wirkung auf die unsicheren Lagen der Älteren.*

Durch den Einbezug verschiedener historischer Epochen und unterschiedlicher Kulturen machen sie zudem auf die Vielfalt von Überzeugungen und Einschätzungen zum Thema Alter(n) aufmerksam. Darüber hinaus geht es ihnen auch darum, die Plastizität der Altersbilder vor dem jeweiligen gesellschaftlichen Hintergrund darzustellen. Die Studierenden zeigen, dass Altersbilder immer sozial konstruiert sind und dass der darauf aufbauende Umgang mit dem Alter(n) stets aus dem Kontext der jeweiligen gesellschaftlichen Strukturen heraus verstanden werden kann. Und es gelingt ihnen herauszuarbeiten, dass gerade das Phänomen der Unsicherheit bzw. der Ungewissheit bei der Herausbildung von Altersbildern eine wichtige Rolle spielt.

Aber was ist überhaupt ein *Altersbild?* Göckenjan (2000b: 15) versteht darunter ein Kommunikationskonzept oder ein Deutungsmuster, das typisierte Vorstellungen, Wertungen und Überzeugungen zum Thema Alter umfasst (vgl. auch Saake 1998). Nach ihm existiert das Alter nicht als Wirklichkeit an sich, als Realität, sondern als Idee und als soziale Praxis (vgl. ebd.).[3] Im „Sechsten Bericht zur Lage der älteren Generation in der Bundesrepublik Deutschland – Altersbilder in der Gesellschaft" werden Altersbilder wie folgt definiert:

> „Altersbilder sind individuelle und gesellschaftliche Vorstellungen vom Alter (Zustand des Altseins), vom Altern (Prozess des Älterwerdens) oder von älteren Menschen (die soziale Gruppe der Älteren)" (BMFSFJ 2010: 27, kursiv nicht im Original).

Altersbilder sind demnach sowohl Bestandteil des kulturellen Wissensvorrats einer Gesellschaft als auch „des individuellen Erfahrungsschatzes der einzelnen Mitglieder einer Gesellschaft" (ebd.). Gesellschaftliche Altersbilder sind in unterschiedlichen *Altersdiskursen* zusammengefasst, die zugleich stark normativ geprägt sind (vgl. Schroeter 2008: 612). Diese thematisieren jeweils nicht die Vielfalt, sondern die Eindeutigkeit des Alter(n)s und implizieren Erwartungscodes wie „richtiges Verhalten, ideale Einstellungen, Orientierungschancen für Jüngere, eben Muster der Ordnung" (Göckenjan 2000b: 25). Altersbilder werden nicht immer bewusst wahrgenommen. Sie drücken sich häufig indirekt im Handeln und Deuten und in den individuellen Interaktionen aus. Individuelle Altersbilder lassen sich beispielsweise daran erkennen, „was eine Person sich für ihr eigenes Alter vornimmt ... oder wie sie sich älteren Personen gegenüber verhält" (Rossow 2012: 12).

Wenn sich die Altersbilder in den jeweiligen Altersdiskursen durch ihre Eindeutigkeit und Klarheit auszeichnen, warum wird dann dem Thema *Unsicherheit* im Rahmen dieses Buches eine so große Bedeutung beigemessen? Unsere The-

---

3   Bei einer Analyse von Altersbildern geht es nach Göckenjan nicht darum, die Reduktion der Wirklichkeit zu kritisieren (vgl. ebd., 16). Er betont vielmehr die Notwendigkeit dieser Bilder, um sich im Alltag austauschen zu können. Nach ihm beruht Alltagskommunikation stets auf vereinfachten Deutungsmustern, da die Komplexität des Phänomens Alter, würde sie nicht reduziert, die Verständigung abbrechen ließe.

se ist, dass Unsicherheiten im Alter in verschiedenen Lebensbereichen eine große Rolle spielen und Einfluss auf die jeweiligen Konstruktionen des Phänomens
Alter(n) haben. Dabei wird Unsicherheit nicht als eine Realität „an sich" begriffen,
sondern als eine *wahrgenommene* Unsicherheit, die niemals unabhängig vom Betrachter existieren kann (vgl. Fehr, Twork 2011: 33). Unsicherheit ist demzufolge
eine soziale Konstruktion, sie ist die Ungewissheit über den Eintritt zukünftiger
Ereignisse.[4] Insofern ist sie eine *Erwartungs*unsicherheit. Es gilt: Je eindeutiger
zukünftige Entwicklungen eingeschätzt werden können, desto besser beherrschbar erscheinen sie den Menschen. Und je unsicherer die Zukunft perzipiert wird,
desto schwieriger handhabbar erscheint sie ihnen (vgl. ebd., 36).

Zukünftige altersbezogene (Erwartungs-)Unsicherheiten können sowohl für
die Älteren selbst als auch für die Gesellschaft, in der sie leben, in verschiede-
nerlei Hinsicht eine große Rolle spielen. So mag beispielsweise ein älterer Bauer
in der Frühmoderne ein hohes Alter gefürchtet haben, da ungewiss war, ob seine
Leistungsfähigkeit dann noch ausreichen würde, seinen Hof zu bewirtschaften.
Und mit dem Verlust des Hofes musste er in einigen Regionen zugleich um seine
materielle Existenz bangen, da es nicht überall als sicher galt, von den eigenen
Kindern gut versorgt zu werden. In vielen Epochen und Regionen mussten Ältere um ihre gesellschaftlichen Positionen bangen, sobald sich – zu einem noch ungewissen Zeitpunkt – erste altersbedingte Einschränkungen zeigten. Aber auch
jüngere Generationen hatten und haben mit altersbezogenen Unsicherheiten zu
kämpfen. Ist beispielsweise fest in ihrem kulturellen Wissensvorrat verankert, dass
sich Kinder umfänglich um ihre pflegebedürftigen alten Eltern kümmern müssen, resultieren aus der Ungewissheit über das Eintreten einer möglichen Pflegebedürftigkeit der Eltern für sie zugleich gravierende Unsicherheiten hinsichtlich
ihres eigenen Lebensverlaufs und ihrer Karriere.

Unterschiedlichste individuelle und gesellschaftliche „Strategien" wurden
und werden entwickelt, um Unsicherheiten und Uneindeutigkeiten im Alter zu bewältigen. So wird beispielsweise von einer alten, verwitweten Frau in der Frühen
Neuzeit berichtet, sie habe sich selbst als Hexe inszeniert, nur um dadurch eine
eindeutige, hervorgehobene gesellschaftliche Rolle zu erhalten und nicht in Bedeutungslosigkeit zu versinken (vgl. Bever 1982). Und die häufige Darstellung von
Lebenstreppen seit dem (europäischen) Mittelalter – die das Leben als eine Auf-
wärts- und Abwärtsbewegung bis hin zum 100. Lebensjahr beschreibt – mag den

---

4   Das bedeutet: Unsicherheit „kann nicht auf der Sachebene, sondern muss auf der Sozialebene
    gesucht werden, indem erfasst wird, was sozial oder individuell als unsicher perzipiert wird"
    (Pelizäus-Hoffmeister 2006: 16).

damaligen Menschen ein gewisses Gefühl der Sicherheit vermittelt haben, in einer Zeit, in der ihre eigene Lebensdauer völlig unberechenbar war (vgl. Ehmer 1996).

Soll der Zusammenhang zwischen Altersbildern und gesellschaftlichen Strukturen aus der Perspektive von Unsicherheit untersucht werden, dann bieten sich unterschiedliche Materialien und verschiedene Methoden zur Analyse an. Gegenwärtige individuelle Altersbilder – die Selbstbilder der Älteren – könnten beispielsweise auf der Basis von Interviews erhoben werden. Gesellschaftliche Altersbilder könnten durch eine inhaltsanalytische Auswertung von Zeitschriften, Filmen oder historischen Dokumenten herausgearbeitet werden. Altersbilder, die in Organisationen vorherrschen, könnten durch die Analyse der Vorschriften und Verordnungen der Organisation identifiziert werden.

Die studierenden Forscherinnen und Forscher, die an diesem Buch mitgewirkt haben, mussten – aufgrund der begrenzten Zeit, die ihnen zur Verfügung stand – auf schon existierende Analysen zurückgreifen. Nach intensiver Recherche haben sie sich für eine Auswahl deskriptiver und interpretierender Texte zu Altersbildern – im jeweiligen gesellschaftlichen Kontext – entschieden, die sie dann aus der Perspektive von (Erwartungs-)Unsicherheiten untersucht haben. Das bedeutet: Durch ihre Kombination zweier Forschungsperspektiven – der Alter(n)ssoziologie und der Risiko- bzw. Unsicherheitssoziologie – haben sie vorhandene Texte aus einem neuen Blickwinkel analysiert und so eine eigenständige Forschungsleistung erbracht. Ihre Erkenntnisse basieren insofern nicht auf eigenen empirischen Erhebungen. Sie können vielmehr als plausible, idealtypisch konstruierte Thesen über mögliche Zusammenhänge zwischen Altersbildern und (un)-sicheren gesellschaftlichen Bedingungen, auf der Basis vorhandener Literatur, bezeichnet werden.

Ganz im Sinne der Vorgaben des Bologna-Prozesses haben sich diese Master-Studierenden höchst engagiert die nötigen Qualifikationen angeeignet, um die komplexe Problemstellung aufzugreifen und sie über die Grenzen des gegenwärtigen Wissensstandes hinaus zu lösen. Das grundlegende Ziel der Studierenden war es, mit diesem Buch einem großen Kreis von Lesern die – aus ihrer Sicht spannenden – Entstehungsbedingungen der unterschiedlichen Altersbilder und ihre Wirkungen näherzubringen. Sie wollten ihnen einen verständlichen Einstieg in dieses höchst aktuelle Thema eröffnen. Daher sind ihre Darstellungen an den Bedürfnissen eines Lesepublikums orientiert, das sich nicht nur aus „Experten" des Fachs Soziologie zusammensetzt. Mit anderen Worten: Ihre Beiträge zeichnen sich durch Verständlichkeit und gute Lesbarkeit aus.

1.2 Überblick über das Buch

Das Buch ist dreigeteilt: Im ersten Abschnitt – Teil I: Theoretische Zugänge – wird das für die anschließenden Untersuchungen benötigte theoretische Instrumentarium entwickelt. In Kapitel 2 gibt *Simon R.A. Schnelle* zunächst einleitend einen Überblick über die Vielfalt an Themen zum Phänomen Alter(n), indem er – in Anlehnung an Rüberg (1991) – zwischen zwölf Erscheinungsformen des Alters differenziert (2.1). In seinem Definitionsversuch des Alter(n)s (2.2) verweist er darauf, dass es sich bei diesem um eine soziale Konstruktion und nicht, wie vielfach vermutet, allein um eine biologische Konstante handelt. Darüber hinaus beschreibt er in Kapitel 2.3, was aus soziologischer Perspektive unter Altersbildern verstanden wird.

Anschließend beschäftige ich mich auf einer konzeptionellen Ebene mit dem Zusammenhang von (Un-)Sicherheit, Alter(n) und Altersbildern (Kapitel 3). In einem ersten Schritt entwickle ich ein theoretisches Konzept für den Begriff der (Un-)Sicherheit, um diesen für die nachfolgenden Untersuchungen „operationalisierbar" zu machen. Daran schließt sich eine Diskussion darüber an, wie der Umgang mit Unsicherheit vor dem Hintergrund unterschiedlicher Unsicherheitswahrnehmungen aus einer konzeptionellen Perspektive begriffen werden kann (3.1). Danach zeige ich auf, in welchen Lebensbereichen Unsicherheiten für Ältere – und auch für andere – an Bedeutung gewinnen können und welche Strategien zu ihrer Bewältigung grundsätzlich denkbar sind (3.2).

An diese theoretischen Überlegungen schließt sich Teil II: „Historische Perspektiven" an. Hier präsentieren fünf Studierende ihre Erkenntnisse über Altersbilder – im jeweiligen gesellschaftlichen Kontext – aus verschiedenen Regionen und unterschiedlichen Zeiträumen der Vergangenheit.

Maximilian Miglanz startet mit einem Beitrag über das Alter(n) in der griechischen Antike (Kapitel 4). Um auf die Vielfalt antiker Altersbilder aufmerksam zu machen, und gleichzeitig auf die ihnen zugrundeliegenden differierenden gesellschaftlichen Bedingungen, analysiert er im Rahmen eines systematischen Vergleichs Sparta (4.1) und Athen (4.2). Er kann zeigen, dass sich in beiden Staaten, obwohl sie räumlich nicht weit voneinander entfernt liegen, völlig unterschiedliche Altersbilder entwickelt haben, die als Ausdruck der jeweiligen (Un-)Sicherheitslagen der Alten in der Gesellschaft interpretiert werden können. Während Alte in Sparta große Sicherheit in den wesentlichen Lebensbereichen und ein hohes gesellschaftliches Ansehen genießen, zeichnet sich in Athen ein stark negativ geprägtes Bild der Alten ab. Alter wird hier verbunden mit prekären ungewissen Lebensbedingungen, das Leben im (hohen) Alter wird als bedrohlich und nicht erstrebenswert angesehen.

Auch *Denny Wöhler* beschäftigt sich in Kapitel 5 mit der Antike. Er präsentiert Altersbilder des Römischen Reiches und sucht nach Zusammenhängen zwischen den Bildern, den sozialen Rollen und der materiellen Sicherung der Alten, differenziert nach unterschiedlichen Gesellschaftsschichten und -gruppen. Seine Quintessenz lautet: Im Römischen Reich bestimmt Arbeit das gesamte Leben und damit auch das Alter. Die gesellschaftliche Rolle der Alten – als schon ihr Leben lang Arbeitende und daher Erfahrene – trägt dazu bei, dass sie hohes Ansehen und Respekt genießen, was wiederum dazu führt, dass gerade ihnen die Bewältigung wichtiger gesellschaftlicher und familiärer Aufgaben zugetraut und angetragen wird.

Im anschließenden Kapitel 6 beschäftigt sich *Eva Lechler* mit einer Gruppe von Alten, die in der historischen Literatur fast nie Erwähnung finden. Sie untersucht die Bilder und die Lebensbedingungen alter Frauen in der Frühmoderne bzw. der Frühen Neuzeit im europäischen Raum. Um anhand der schlechten Literaturlage überhaupt – und auch nur eingeschränkt – Aussagen zu diesem Thema machen zu können, hat sie bei ihrer Literaturrecherche gleichzeitig das Schlagwort „Hexe" mit einbezogen. Selbstverständlich setzt sie das Bild alter Frauen nicht mit dem Bild der Hexe aus der damaligen Zeit gleich. Dennoch ist es ihr mit diesem „Trick" gelungen, auf eine besondere Variante des Altersbildes von Frauen aufmerksam zu machen und gleichzeitig die gesellschaftlichen Bedingungen herauszuarbeiten, die in bestimmten Regionen dazu beigetragen haben, dass gerade alte Frauen zu dieser Zeit als „geeignete" Hexen erschienen.

Auch in Kapitel 7 steht das Alter(n) in der Frühmoderne im Mittelpunkt. Basierend auf der gängigen Literatur zu diesem Thema beschäftigen sich *Arne Piontek* und *Michael Voigt* schwerpunktmäßig mit der Situation der Männer zu dieser Zeit. Sie differenzieren nach Stadt und Land, da sich die städtischen stark von den ländlichen Lebensbedingungen der Alten unterscheiden. Zunächst präsentieren sie Altersbilder, die in der Bildenden Kunst, in Literatur und Theater, in der Religion und in der Medizin ihren Ausdruck finden (7.1). Anschließend beschreibt *Voigt* die Situation auf dem Land, wobei er den Fokus vor allem auf die Rollenbeziehungen der Alten und ihre Strategien der Existenzsicherung richtet und aufgrund gravierender Unterschiede hinsichtlich der (Un-)Sicherheitslagen zwischen den „Besitzenden" und den „Besitzlosen" differenziert (7.2). *Piontek* hingegen wählt zur differenzierten Beschreibung der Stadtbevölkerung ein Schichtenmodell und stellt fest, dass das Ansehen der Alten – bzw. das Altersbild – in Abhängigkeit von ihrer jeweiligen Schichtzugehörigkeit interpretiert werden muss (7.3). Sowohl für die Stadt als auch für das Land gilt, so können die Autoren herausarbeiten, dass negative Altersbilder vor allem da anzutreffen sind, wo

Alte von ihren Mitmenschen als Last wahrgenommen werden. Oder aus der Sicht
der Alten beschrieben: Eine existenzielle Sicherheit im Alter geht mit einem eher
positiven Altersbild einher, während unsichere, prekäre Bedingungen zu negativ
konnotierten Altersbildern führen.

In „Teil III: Gegenwartsperspektiven" beschäftigen sich sechs Studierende mit aktuellen Altersbildern in ihrem jeweiligen gesellschaftlichen Kontext.
Drei Beiträge sind auf den deutschen Raum bezogen, einer auf den japanischen.
Sebastian Gläser startet mit Kapitel 8 und beschäftigt sich mit den Wechselbeziehungen zwischen dem Arbeitsmarkt und den Altersbildern. Sein Ziel ist
es, die These einer Diskriminierung und Ausgrenzung Älterer auf dem Arbeitsmarkt aufgrund stereotyper Rollenzuschreibungen – und nicht sachlicher Bewertungsmaßstäbe – nachzuzeichnen und Belege für einen Zusammenhang zwischen
Altersbildern und den Positionen Älterer auf dem Arbeitsmarkt zu liefern. Seine Schlussfolgerung lautet: Die Position Älterer auf dem Arbeitsmarkt ist durch
gravierende Unsicherheiten geprägt, die vor allem auf das Bild eines „leistungsschwachen Älteren" zurückzuführen sind. Er resümiert, dass Ältere in Zukunft
nur dann zufriedenstellende Chancen auf Beschäftigung haben werden, wenn seitens der Gesellschaft ein Umdenken einsetzt und das Bild des leistungsschwachen älteren Arbeitnehmers durch ein Konzept der Anerkennung und der Wertschätzung der Leistung Älterer ersetzt wird.

Kapitel 9 ist einem Thema gewidmet, das nicht unabhängig von dem des vorherigen Kapitels untersucht werden kann. *Nadja Schmeißner* beschäftigt sich mit
der deutschen Rentenversicherung als einer Institution zur Bekämpfung materieller Unsicherheiten im Alter in Zeiten, in denen Ältere für den Arbeitsmarkt eher
ungeeignet erscheinen. Sie sucht nach möglichen Zusammenhängen zwischen verschiedenen Phasen der Rentenpolitik, den damit verbundenen Altersbildern und
ihren Wirkungen auf dem Arbeitsmarkt. *Schmeißner* arbeitet heraus, dass in der
rentenpolitischen Diskussion seit Einführung der sozialstaatlichen Transferzah-
lung für lange Zeit das Bild des schutzbedürftigen Älteren konstruiert wird, das
das auf dem Arbeitsmarkt existierende Bild des leistungsschwachen älteren Arbeitnehmers weiter stützt, mit den im vorherigen Kapitel genannten Folgen. Ein
Umdenken stellt sie erst seit den 1990er Jahren fest. Vor dem Hintergrund steigender Rentenkosten, so lautet ihre Vermutung, wird in der Politik nun verstärkt
ein Bild des Älteren gezeichnet, der geistig gesund, körperlich fit und bis ins hohe
Alter zur Erwerbsarbeit geeignet ist. Ausdruck findet dieses Bild beispielsweise
im Heraufsetzen des Renteneintrittsalters auf 67 Jahre.

Einem gänzlich anderen Thema widmet sich *Stephan Dathe* in Kapitel 10.
Er untersucht Altersbilder in Altenpflegeheimen und stellt fest, dass dort min-

destens zwei, einander widersprechende Altersbilder existieren. Nach ihm lassen
sich diese einerseits auf die strukturellen Bedingungen der rationalen Organisation Altenpflegeheim und andererseits auf den modernen gesellschaftlichen Altersdiskurs zurückführen. Zu zeigen, welche Folgen diese Altersbilder im praktischen Alltag für die Pflegenden, die Betreuenden und die Bewohner haben, ist
das Hauptziel seines Beitrags.

Im Teil III wird zudem eine außereuropäische Kultur berücksichtigt. Drei
Studierende untersuchen das Alter(n) im Japan der Gegenwart. *Oliver Buch*, *Oliver Calov* und *Dennis Naujoks* können zeigen, dass Ältere in Japan zwar traditionell ein hohes Ansehen und Wertschätzung genießen, dass sich diese Überzeugungen allerdings gegenwärtig zunehmend relativieren bzw. dass ein Altersbild
entsteht, das durch Ambivalenz und Widersprüchlichkeit gekennzeichnet ist. Sie
vermuten, dass der stark ansteigende Anteil der Älteren an der Gesamtbevölkerung und damit verbunden ihre zunehmend unsicheren, prekären Lebensbedingungen dazu führen, dass sich das Altersbild wandelt und nun auch die negativen
Seiten des Alterns in den Blick genommen werden. In der Gegenwart, so können
sie herausarbeiten, tritt vor allem die mögliche Pflegebedürftigkeit der Älteren
in den Mittelpunkt, da gerade sie für die Jüngeren eine immer größere Belastung
darstellt, die sie aufgrund mangelnder staatlicher Unterstützung und der großen
Anzahl an Älteren immer weniger bewältigen können. Der Suizid im Alter, der
in Japan eine vergleichsweise große Rolle spielt, wird von den Autoren als eine
Strategie der Älteren interpretiert, einem ungewissen Lebensabend zu entgehen
und nicht den eigenen Kindern zur Last fallen zu wollen.

Im letzten Kapitel 12 werden die wichtigsten Ergebnisse von mir zusammengefasst, und zwar in zweierlei Hinsicht: Zum einen wird ein Blick auf den
Forschungsprozess der Studierenden selbst gerichtet (12.1). Es wird beleuchtet,
mit welchen Anstrengungen und mit welchem notwendigen Engagement die gesamte Forschungsarbeit für die Studierenden verbunden war. Darüber hinaus
wird konkretisiert, wie die entstandenen Ergebnisse interpretiert werden sollten. An zweiter Stelle (12.2) werden die Erkenntnisse aus den einzelnen Kapiteln
zusammengefasst und wird versucht, die zentrale Forschungsfrage nach der Bedeutung von (Un-)Sicherheit für die Altersbilder aus einer übergeordneten Perspektive zu beantworten.

Literatur

Berner, Frank/Rossow, Judith/Schwitzer, Klaus-Peter (Hrsg.) (2012): Individuelle und kulturelle Altersbilder. Expertisen zum Sechsten Altenbericht der Bundesregierung. Wiesbaden: VS Verlag für Sozialwissenschaften

Bever, Edward (1982): Old Age and Witchcraft in Early Modern Europe. In: Stearns (1982): 150-190

BMFSFJ (2010). Sechster Altenbericht zur Lage der älteren Generation in der Bundesrepublik Deutschland – Altersbilder in der Gesellschaft. URL: http://www.bmfsfj.de/RedaktionBM Berner, Frank/Rossow, Judith/Schwitzer, Klaus-Peter (Hrsg.) (2012): Individuelle und kulturelle Altersbilder. Expertisen zum Sechsten Altenbericht der Bundesregierung. Wiesbaden: VS Verlag

Bever, Edward (1982): Old Age and Witchcraft in Early Modern Europe. In: Stearns (1982): 150-190

BMFSFJ (2010). Sechster Altenbericht zur Lage der älteren Generation in der Bundesrepublik Deutschland – Altersbilder in der Gesellschaft. URL: http://www.bmfsfj.de/RedaktionBMFS-FJ/Abteilung3/Pdf-Anlagen/bt-drucksache-sechster-altenbericht,property=pdf,bereich=bmfs fj,sprache=de,rwb=true.pdf (20.02.2012)

Ehmer, Josef (1996): The Life Stairs: Aging, Generational Relations, and Small Commodity Production in Central Europe. In: Hareven (1996): 53-74

Ehmer, Josef/Gutschmer, Peter (Hrsg.) (2000): Das Alter im Spiel der Generationen. Historische und sozialwissenschaftliche Beiträge. Wien: Böhlau Verlag

Fehr, Alexander/Twork, Stefan (2011): Gesellschaftliche Konstruktion von (Un-)Sicherheit. In: Pelizäus-Hoffmeister (2011): 33-46

Göckenjan, Gerd (2000): Das Alter würdigen. Altersbilder und Bedeutungswandel des Alters. Frankfurt/Main: Suhrkamp

Göckenjan, Gerd (2000a): Altersbilder und die Regulierung der Generationenbeziehungen. Einige systematische Überlegungen. In: Ehmer/Gutschner (2000): 93-10

Göckenjan, Gerd (2000b): Alter als Diskurs. In: Göckenjan (2000): 9-35

Hareven, Tamara K. (Hrsg.) (1996): Ageing and Generational Relations over the Life Course. A Historical and Cross-Cultural Perspective. Berlin: Walter de Gruyter

Pelizäus-Hoffmeister, Helga (2006): Biografische Sicherheit im Wandel? Eine historisch vergleichende Analyse von Künstlerbiographien. Wiesbaden: DUV

Pelizäus-Hoffmeister, Helga (Hrsg.) (2011): Autobiografische Updates. Jahresbriefe zur Bewältigung biografischer Unsicherheit. Wiesbaden: VS Verlag für Sozialwissenschaften

Rossow, Judith (2012): Warum das Thema Altersbilder? In: Berner/Rossow/Schwitzer (2012): 9-24

Rüberg, Rudolf: Alter. Dimensionen und Aspekte. In: Trapmann et al. (1991): 13-31

Saake, Irmhild (1998): Theorien über das Alter. Perspektiven einer konstruktivistischen Alternsforschung. Studien zur Sozialwissenschaft, Band 192. Opladen: Westdeutscher Verlag

Schroeter, Klaus R. (2008). Alter(n). In: Willems (2008): 611- 630

Stearns, Edward (Hrsg.) (1982): Old Age in Pre-industrial Society, London: Holmes & Meier Publishers

Trapmann, Hilde/Hofmann, Winfried/Schaefer-Hagenmaier, Theresia/Siemens, Helena (Hrsg.) (1991): Das Alter. Grundfragen – Einzelprobleme – Handlungsansätze. Schriftenreihe „Interdisziplinäres Forum der Katholischen Fachhochschule Nordrhein-Westfahlen". Dortmund: Verlag Modernes Lernen

Willems, Herbert (Hrsg.) (2008): Lehr(er)buch Soziologie. Für die pädagogischen und soziologischen Studiengänge, Band 2. Wiesbaden: VS Verlag für Sozialwissenschaften

FSFJ/Abteilung3/Pdf-Anlagen/bt-drucksache-sechster-altenbericht,property=pdf,bereich=bmfsfj,s prache=de,rwb=true.pdf (20.02.2012)

Ehmer, Josef (1996): The Life Stairs: Aging, Generational Relations, and Small Commodity Production in Central Europe. In: Hareven (1996): 53-74

Ehmer, Josef/Gutschmer, Peter (Hrsg.) (2000): Das Alter im Spiel der Generationen. Historische und sozialwissenschaftliche Beiträge. Wien: Böhlau Verlag

Fehr, Alexander/Twork, Stefan (2011): Gesellschaftliche Konstruktion von (Un-)Sicherheit. In: Pelizäus-Hoffmeister (2011): 33-46

Göckenjan, Gerd (2000): Das Alter würdigen. Altersbilder und Bedeutungswandel des Alters. Frankfurt/Main: Suhrkamp

Göckenjan, Gerd (2000a): Altersbilder und die Regulierung der Generationenbeziehungen. Einige systematische Überlegungen. In: Ehmer/Gutschner (2000): 93-10

Göckenjan, Gerd (2000b): Alter als Diskurs. In: Göckenjan (2000): 9-35

Hareven, Tamara K. (Hrsg.) (1996): Ageing and Generational Relations over the Life Course. A Historical and Cross-Cultural Perspective. Berlin: Walter de Gruyter

Pelizäus-Hoffmeister, Helga (2006): Biografische Sicherheit im Wandel? Eine historisch vergleichende Analyse von Künstlerbiographien. Wiesbaden: DUV

Pelizäus-Hoffmeister, Helga (Hrsg.) (2011): Autobiografische Updates. Jahresbriefe zur Bewältigung biografischer Unsicherheit. Wiesbaden: VS Verlag für Sozialwissenschaften

Rossow, Judith (2012): Warum das Thema Altersbilder? In: Berner/Rossow/Schwitzer (2012): 9-24

Rüberg, Rudolf: Alter. Dimensionen und Aspekte. In: Trapmann et al. (1991): 13-31

Saake, Irmhild (1998): Theorien über das Alter. Perspektiven einer konstruktivistischen Alternsforschung. Studien zur Sozialwissenschaft, Band 192. Opladen: Westdeutscher Verlag

Schroeter, Klaus R. (2008): Alter(n). In: Willems (2008): 611- 630

Stearns, Edward (Hrsg.) (1982): Old Age in Pre-industrial Society, London: Holmes & Meier Publishers

Trapmann, Hilde/Hofmann, Winfried/Schaefer-Hagenmaier, Theresia/Siemens, Helena (Hrsg.) (1991): Das Alter. Grundfragen – Einzelprobleme – Handlungsansätze. Schriftenreihe „Interdisziplinäres Forum der Katholischen Fachhochschule Nordrhein-Westfahlen". Dortmund: Verlag Modernes Lernen

Willems, Herbert (Hrsg.) (2008): Lehr(er)buch Soziologie. Für die pädagogischen und soziologischen Studiengänge, Band 2. Wiesbaden: VS Verlag für Sozialwissenschaften

Teil 1
Theoretische Zugänge

2. Das sozial vermittelte Alter(n)

Simon R.A. Schnelle

Die Kategorie Alter begegnet uns alltäglich, manchmal auch ohne dass wir es bewusst wahrnehmen. Kinder sind zu jung, um Auto zu fahren, Alte gelten als zu alt, um noch sicher fahren zu können. Alkohol kann man erst mit 16 Jahren kaufen, und Türsteher von Diskotheken prüfen am Eingang, ob die Besucher bereits das notwendige Alter erreicht haben. Alte Leute verdienen Respekt und bekommen einen Sitzplatz im Bus, junge Leute sind viel sportlicher als alte. Die weisen Alten stehen der unbeschwerten Jugend gegenüber, kindlich-naives Benehmen begegnet Kavalieren alter Schule.

Diese geflügelten Worte lassen erkennen, dass das Alter ein schillernder Begriff ist, der gleichzeitig vielfältig und widersprüchlich sein kann. Wie bei kaum einem anderen Sachverhalt stehen sich Deutungen gegenüber, die gegensätzlicher kaum sein können. Ob das Alter als Quelle von Lebensweisheit geschätzt oder als Zustand der Gebrechlichkeit und der Senilität verachtet wird, hängt dabei nicht vom Betrachter allein ab. Vielmehr ist sein Standpunkt von den Altersvorstellungen der Gesellschaft, in der er lebt, geprägt.

Das Alter bildet einerseits eine gut zu handhabende Kategorie, lässt es sich doch anhand des Geburtsdatums einfach und unkompliziert bestimmen. Aber was bedeutet diese Zahl? Sie impliziert viel mehr als nur eine numerische Größe. Die jeweiligen gesellschaftsstrukturellen, sozialen und kulturellen Bedingungen sind es, die diese Messgröße mit Bedeutung und Inhalt füllen. Es existiert damit ein kollektives Verständnis darüber, was das konkrete Alter für das Individuum in seiner Gesellschaft bedeutet.

Unterschiedliche Sichtweisen und Deutungsmöglichkeiten fließen in den gesellschaftlichen Altersdiskurs ein und prägen immer wieder neue Erscheinungsformen und Idealvorstellungen, im positiven wie im negativen Sinne. Dabei entstehen Altersbilder, die dem Individuum Anhaltspunkte und Orientierung geben und gleichzeitig die gesamten kollektiven Vorstellungen vom Alter abbilden. Ob es möglich ist, ein würdevolles Alter in Verehrung und verbunden mit gesellschaftlichem Ansehen zu erlangen, liegt also in den jeweiligen gesellschaftlichen Konstruktionen mitbegründet, die den Status des Alter(n)s immer wieder neu festlegen.

Um einen Überblick über das breite Spektrum an Themen zu präsentieren, die mit dem Alter(n) verbunden sind, wird zunächst eine Konzeptualisierung von Rüberg (1991) über verschiedene Erscheinungsformen des Alters vorgestellt (2.1). Anschließend mündet ein Definitionsversuch des Begriffs Alter(n) in dem Resümee, dass die Vorstellungen vom Alter weniger über das Alter selbst als über den Kontext aussagen, in dem sie entstehen (2.2). Sie werden als soziale Konstruktionen identifiziert. Im darauffolgenden Abschnitt wird eine Charakterisierung der Altersbilder vorgenommen und über ihre Bedeutung nachgedacht bzw. über die Rolle, die sie für Individuum und Gesellschaft spielen (2.3). In Abschnitt 2.4 werden die für die folgenden Kapitel wichtigsten theoretischen Grundlagen zusammengefasst.

2.1 Was Alter alles bedeuten kann

In einem ersten Schritt soll auf die Vielschichtigkeit des Phänomens Alter aufmerksam gemacht werden. Rüberg hat sich mit der Frage auseinandergesetzt, welche Themenbereiche bei der Diskussion um das Alter berührt werden, und erstellt eine Übersicht, in der er zwischen *zwölf Erscheinungsformen des Alters* unterscheidet (vgl. Rüberg 1991).

Als die wohl objektivste, weil wertfreieste Form des Alters gilt Rüberg das *biologische Alter.* Es sei eine Folge der biologisch-physiologischen Entwicklung des Individuums und damit eine sehr eigene Messgröße. Diese würde durch drei unabhängige Gegebenheiten unterschiedlich beeinflusst: Die Erbanlagen des Individuums, so Rüberg, bilden dabei die erste, nicht durch das Individuum selbst beeinflussbare Gegebenheit. Das individuelle Verhalten bilde die zweite Gegebenheit, so etwa die Frage der gesunden Lebensweise oder sportlicher Aktivitäten, um sich körperlich leistungsfähig zu halten. Als dritte Größe wirke die Außenwelt auf das Individuum ein, so dass sich auch seine Lebenswelt im biologischen Alter widerspiegele. Das Zusammenspiel aller drei Faktoren kann das Individuum, laut Rüberg, sowohl als Chance als auch als Aufgabe verstehen und daraus eine Verantwortung gegenüber sich selbst ableiten (vgl. ebd. 19).

Für seine präzise Bestimmung des Alters hat eine andere Form kategorisierende Bedeutung. Das sogenannte *kalendarische Alter* ist eine mathematisch bestimmbare Größe, die sich aus der Relation von Geburtsdatum und einem bestimmbaren Zeitpunkt errechnen lässt. Darüber hinaus kommt dem kalendarischen Alter eine hohe Bedeutung zu, da häufig daran anlehnend eine Ableitung auf die Lebensphase des Individuums stattfindet, so dass es sich gegebenenfalls einer ausdifferenzierten Gruppe oder einer Gemeinschaft Gleichaltriger zuordnen lässt. Auch können Aussagen über das Individuum getroffen werden, die seine körperliche und/oder geistige Verfassung mit der von Individuen gleichen kalendarischen Alters vergleichen (vgl. ebd. 18). Ausgehend vom kalendarischen Alter ergibt sich das *administrative Alter*. Hierbei handelt es sich um eine Kategorisierung von Altersgruppen, die meist in 5-Jahres-Schritten gestaffelt sind. Diese für das Individuum eher unerhebliche Größe findet in der Verwaltung, bei der Erstellung von Statistiken usw. Anwendung. Rüberg vermutet, dass diese Staffelvorstellung dazu beigetragen hat, das Alter mit einer Zahl, meist dem siebten Lebensjahrzehnt, gedanklich zu verknüpfen (vgl. ebd.).

Das kalendarische Alter spielt auch für das *rechtliche Alter* eine wichtige Rolle. Denn der rechtliche Status eines Individuums, seine gesellschaftlich verbrieften Rechte und Pflichten, sind am kalendarischen Alter orientiert. Letzteres beinhaltet neben konkreten Verhaltensregelungen auch den Schutz des Individuums, wie es etwa beim Jugendschutzgesetz der Fall ist. Auch Zulassungsbeschränkungen, etwa das Führen eines Kraftfahrzeugs im öffentlichen Straßenverkehr, sind an das rechtliche Alter geknüpft. Die enge Verbindung zwischen dem kalendarischen Alter und rechtlich relevanter Verantwortung wird von Rüberg als Starre betrachtet, die dem Individuum nicht nur Freiheiten wie den Konsum von Genussmitteln oder eine Voraussetzung für die Teilnahme am öffentlichen Straßenverkehr bringt, sondern ihm auch Pflichten und ein großes Maß an Verantwortung abverlangt (vgl. ebd.).

Die gesellschaftlichen Erwartungen spielen bei einem anderen Typus von Alter die größte Rolle, nämlich beim *sozialen Alter*. Aus dieser Perspektive soll das Individuum die ihm aufgrund seines kalendarischen und administrativen Alters von der Gesellschaft zugewiesene Rolle wahrnehmen. Es handelt sich also um eine gesellschaftlich normierte Verhaltensanweisung und Rollenzuweisung. Rüberg macht darauf aufmerksam, dass das soziale Alter inhaltlich immer eng mit dem sozialen Umfeld verknüpft ist, da es dem Individuum Rollen zuweist. Als Beispiel dient ihm ein junger Familienvater, der seiner Vaterrolle umfänglich gerecht werden muss, während er im Beruf vielleicht eine weniger verantwortungsvolle Position, etwa die des Lehrlings, einnehmen kann. Das soziale Alter ist – ebenfalls – eine gesellschaftlich konstruierte Größe, durch die dem Individuum Verhaltensnormen und Rollen zugewiesen werden (vgl. ebd. 20).

Eine Modifikation des sozialen Alters, als eine Konsequenz der gesellschaftlichen Erwartungen, ist nach Rüberg das *funktionale Alter:* Da das Individuum auf der Basis seines kalendarischen Alters stets mit Erwartungshaltungen bzw. Funktionsanforderungen konfrontiert wird, kann bestimmt werden, ob sein individuelles Verhalten von dem ihm zugedachten Rollenmuster abweicht oder nicht (vgl. ebd. 19). Es kann demnach nach dem Grad seiner Funktionalität beurteilt werden. Von gesellschaftlicher Bedeutung ist auch die Erscheinungsform des *geschichtlichen Alters*, in der sich das Geprägtsein durch zeitgeschichtliche Ereignisse erkennen lässt. Je nach Lebensphase, in der sich das Individuum zu dem Ereigniszeitpunkt oder -raum befand, haben diese ganz unterschiedliche Auswirkungen auf sein Leben und sein Selbstempfinden.

Die bislang genannten Altersformen betreffen insbesondere die Verknüpfungen des kalendarischen Alters mit gesellschaftlichen Erwartungen. Jedoch gibt es auch Formen des Alters, die von Individuum zu Individuum sehr unterschiedlich ausgeprägt sein können. Die wohl persönlichste Form des Alters stellt nach Rüberg das *psychologische Alter* dar. Das je nach Lebensalter unterschiedliche Selbstbild kann Entscheidungen des Individuums in hohem Umfang beeinflussen. Es bestimmt sein Verhalten und Auftreten in der Gesellschaft maßgeblich mit, auch wenn dieses gleichzeitig an gesellschaftlichen Erwartungen orientiert ist (vgl. ebd.).

Aus dieser Form des Alters lässt sich die Form des *ethischen Alters* ableiten. Ein gereiftes stabiles Wertbewusstsein wird als Endpunkt eines Lernprozesses angesehen, den das Individuum in seinem Leben durchläuft. Die Erfahrungen, die es im Heranwachsen macht, bei denen es sich beobachtend, aber auch handelnd im gesellschaftlichen Umfeld bewegt, formen seine eigene Persönlichkeit. Mit gereiftem Wertbewusstsein ist das Individuum in der Lage, kritisch und selbstreflektierend eine Entscheidung zu treffen, die es selbst als verantwortbare und bestmöglich abgewogene Entscheidung versteht.

Ein ebenso hohes Maß an Individualität, jedoch losgelöst von gesellschaftlichen Orientierungen, besitzt nach Rüberg die Erscheinungsform des *geistigen Alters*. Hierin drücke sich die geistige Aufnahme- und Lernfähigkeit des Individuums aus. Auch die Offenheit gegenüber äußeren Veränderungen und seine Anpassungsfähigkeit an diese trügen zum geistigen Alter bei. Diese Öffnung für neue Gedankengänge führe auch dazu, dass sich das Individuum in seiner Auseinandersetzung mit sich selbst mit der Frage nach seinem eigenen Ursprung und seiner Bedeutung für die Welt beschäftigt.

Und diese Frage findet nach Rüberg in der Erscheinungsform des *religiösen Alters* ihren Ausdruck. Häufig orientiert sich das Individuum an religiösen Handlungsmustern und beginnt, den Begriff der Gottesbeziehung für sich selbst zu deuten. Die Teilhabe an religiösen gesellschaftlichen Ereignissen wird meist durch diesen Vorgang gesteigert (vgl. ebd. 22).

Eine besondere Form des Alters, die alle bisher genannten Altersformen umfasst, bezeichnet Rüberg als das *personale Alter*[1]. Dieses würde durch jede einzelne Kategorie geprägt. Abweichungen in einzelnen Formen des Alters können und müssen sich nach Rüberg immer auf das Gesamtbild eines Individuums, d. h. auf sein personales Alter, auswirken. Es ist also die Persönlichkeit, die in diesem Alter bemessen wird (vgl. ebd. 24).

Am Beispiel der zwölf Erscheinungsformen des Alters nach Rüberg wird offensichtlich, dass es sich beim Alter um ein äußerst vielschichtiges Phänomen handelt, das viele Lebensbereiche gleichzeitig betrifft und darin jeweils unterschiedlichste Bedeutungen annehmen kann. Zugleich wird deutlich, wie schwierig es ist, das Alter in einer Definition umfassend zu charakterisieren. Dennoch soll im folgenden Abschnitt dieser Versuch unternommen werden.

2.2 Das Alter(n): ein Definitionsversuch

Was ist Altsein? Ist man nicht einfach alt, wenn man nicht mehr jung ist? Wie kann dieses Begriffspaar inhaltlich abgegrenzt werden? Schroeter (2008) betrachtet diese Schlüsselfrage vor dem Hintergrund unserer heutigen Gesellschaft. Er stellt fest, dass ihr Idealbild ein jugendliches ist. Jung/Jugendlich sein wird mit den Attributen Dynamik, Schönheit, Kraft, Innovation und körperliche Unversehrtheit assoziiert. Jugendliche Frische steht dem Alter gegenüber und verdrängt es in einen Bereich des Diskurses, in dem Begriffe wie Gebrechlichkeit, Leid und Schwäche oder ein ständiges Hilfebedürfnis im Mittelpunkt stehen. Diese Vorstellung vom Alter ist zwar verbreitet, spiegelt jedoch nach Schroeters Ansicht die Wirklichkeit nur verzerrt wider. Die beschriebenen Stereotype lassen sich für Schroeter kaum wiederfinden, denn für ihn unterscheiden sich als alt angesehene Menschen auch untereinander stark. Kompetenzen und Bedürfnisse seien ebenso individuell wie Lebenslagen, -läufe und -stile; Freiheiten und Zwänge seien von Individuum zu Individuum unterschiedlich ausgeprägt, lautet Schroeters (2008: 613) Argumentation.

Auch Göckenjan stellt sich dieser nicht einfachen Frage. Er überprüft, ob der Eintritt ins Rentenalter bedeutet, unweigerlich als alt zu gelten. Dabei kommt er zu dem Schluss, dass die Grund- und Kapitalrente ohne feste Altersbindung auskommt und in Deutschland erst nach 1957 an die Erwerbstätigkeit geknüpft wurde. Da das Renteneintrittsalter immer wieder angehoben wurde, kann er keinen absoluten Zeitpunkt erkennen (vgl. Göckenjan 2000: 96). Göckenjan untersucht

---

1   Das administrative Alter wird hier bewusst ausgeklammert.

zudem die Frage, ob eine Verbindung zwischen Alter und sozialer Macht herzustellen ist. Diese Möglichkeit scheint zunächst gegeben, wenn man den Fokus auf Ahnenkulte oder Altenverehrung richtet. Alte Menschen galten über lange Zeit in verschiedenen Kulturen als besonders lebenserfahren, und ihnen wurde hoher Respekt gezollt. Allerdings scheint es sich hierbei eher um ein Verhaltensmuster zu handeln, das Alten eine soziale Rolle zuweist, ohne das Altsein genauer zu datieren. Diese Rolle wird dem alten Menschen, aus Beobachtungen abgeleitet, zugeschrieben, ohne dass es sich dabei um eine verallgemeinerbare Charaktereigenschaft aller Alten handelt (vgl. Krings/Kluge 2008: 134).

Da Respekt und Demut gegenüber Alten einem Wandel unterliegen – wie die nachfolgenden Kapitel zeigen werden –, untersucht Göckenjan, ob sich Alte durch ihre äußere Erscheinung schlicht als alt bestimmen lassen. Diese These verneint er: „Nicht einmal der Körper der Alten ist „typisch Alter" (vgl. Göckenjan 2000: 97). Er schließt daraus, dass es keinen definierbaren Begriff Alter gibt, sondern dass Alter eine (Rollen-)Zuweisung und somit eine soziale Konstruktion sein muss.

Noch offensichtlicher wird dies, wenn man sich Bürgers Konzeption des Alters vor Augen führt. Er versteht Altern als „jede irreversible Veränderung der lebenden Substanz als Funktion der Zeit" (Bürger 1960: 2). Nach Schroeter beinhaltet diese Definition gleich mehrere soziale Konstruktionen. Er beschreibt sowohl den Begriff der „lebenden Substanz" als auch den der „Zeit" und das Alter selbst als soziale Konstruktionen (vgl. Schroeter 2008: 614). Denn: „Lebende Substanz" kann je nach Standpunkt des Betrachters anders definiert werden, so könnte man etwa zwischen einer körperlichen Beeinträchtigung und einem unversehrten Körper differenzieren. Und auch der Begriff der „Zeit" kann ganz unterschiedlich gefasst werden. Prahl und Schroeter unterscheiden beispielsweise zwischen der körpergebundenen inneren Zeit, der intersubjektiven Zeit, der biographischen Zeit und der historischen Zeit (vgl. Prahl/Schroeter 1996: 245ff). Auch diese Betrachtungen lassen darauf schließen, dass Alter ein nur schwerlich einzugrenzender Begriff ist.

Im Wörterbuch Soziale Arbeit wird Alter definiert als „eine Lebensphase ohne genau definierbare Altersgrenzen" (Kreft/Mielenz 1996: 47). Das Altern wird als „ein lebenslang andauernder komplexer Prozess der biologischen, sozialen und psychologischen Entwicklung des Menschen verstanden" (ebd.). Diese Entwicklung sei ein Vorgang, „der sich unter konkreten Lebensbedingungen und innerhalb bestimmter gesellschaftlicher Verhältnisse vollzieht" (ebd., vgl. auch Holz 2005: 67).

Auch Junker bietet eine Definition von Alter an: „Alt [ist] (…) jemand, der in seiner sozialen Umwelt als alter Mensch angesehen wird, als alter Mensch be-

handelt wird und deshalb, gemäß dem bekannten Mechanismus des ‚Spiegel-Ich'
(looking-glass-self) sich auch selber als alter Mensch empfindet" (Junker 1973: 13).
Filipp und Mayer ziehen aus dem Versuch, das Alter und den Prozess des Alterns zu definieren, folgenden Schluss, der auch die Quintessenz dieses Kapitels
darstellt: „Die Befundlage verdeutlicht insgesamt, dass Altsein [also auch das Alter; Anm. des Verfassers] eine soziale Konstruktion darstellt und keiner verbindli-
chen Definition unterliegt" (Filipp/Mayer 2005: 27). „Dass Altern und Alter keine
eindeutig definierten und wohl auch nicht definierbaren Begriffe sind (...)", muss
auch Schroeter (2008: 614) ernüchternd feststellen, nachdem er diverse Definitionen und Definitionsversuche aus unterschiedlichen Wörterbüchern verglichen hat.

Auch Saake (1998: 12) kommt aus systemtheoretisch-konstruktivistischer
Perspektive zu dem Schluss, dass es keine adäquate Beschreibung der Gruppe
der Alten geben kann, da dem Phänomen Alter keine „wirkliche Essenz" zugrun-
deliege. Nach ihr gibt es keine typischen Charakteristika des Alters, so dass es
auch nicht gelingen kann, „Altsein zu messen und eindeutige Gruppenmerkma-
le zu benennen" (ebd. 14). Aus konstruktivistischer Perspektive kann daher die
Suche nach dem, was Alter ausmacht, aufgegeben werden.

Nichtsdestotrotz existiert eine Vielfalt an Vorstellungen über das Alter(n), und
Saake stellt sich die Frage, warum das so ist. Nach ihr erhalten diese Zuschreibungen und Stereotypen ihren Sinn dadurch, dass sie zur Stiftung von Ordnung beitragen (vgl. ebd. 12). Denn indem zwischen dem Alter und „anderem" differenziert
wird, werden nach ihr Schablonen geschaffen, die Personen in bestimmten Kontexten bestimmte Plätze zuweisen und damit für ihre Inklusion sorgen (vgl. ebd.).

Saake argumentiert, dass sich Vorstellungen vom Alter nur aus dem Kontext ihrer Entstehung erklären lassen. Produziert würden sie in den Teilsystemen
der Gesellschaft, in Organisationen und in Interaktionen. Und, so ihr Fazit, sie
sagen dabei mehr über die Besonderheiten des jeweiligen Entstehungskontextes
als über alte Menschen aus (vgl. ebd. 191).

Es bleibt zu resümieren: Vorstellungen vom Alter sind immer sozial konstruiert und gleichzeitig Ausdruck des jeweiligen Kontextes, dem sie entspringen.
Und genau diese gilt es, in diesem Buch näher zu untersuchen.

2.3 Vom Alter(n) zu den Altersbildern

Nachdem festgestellt wurde, dass es sich bei den Vorstellungen vom Alter(n) um
soziale Konstruktionen handelt, ist es das Ziel dieses Abschnitts, diese gesellschaftlichen Konstruktionen, die sogenannten *Altersbilder* oder *Alterskonzepte*,
näher zu beschreiben.

Im Sechsten Altenbericht werden Altersbilder folgendermaßen definiert: „Altersbilder sind individuelle und gesellschaftliche Vorstellungen vom Alter (…), vom Altern (…) oder von älteren Menschen" (BMFSFJ 2010: 27). Und Göckenjan definiert Alterskonzepte wie folgt:

> „Alterskonzepte umfassen Vorstellungen, Wertungen, Bilder des Alters. Altersbilder sind Kommunikationskonzepte. Altersbilder sind nicht etwa eine Neuentdeckung, wenn sie auch, so die Behauptung, nicht in dem Umfang thematisiert und analysiert sind, wie das für andere Deutungsmuster oder unbestimmte Wertbegriffe gilt" (Göckenjan 1996: 14).

Nach Göckenjan gibt es in jeder Gesellschaft gesellschaftlich verbreitete Deutungskonzepte für das Alter. Diese Konstruktionen von Altersbildern können je nach sozialem Stand und dem Selbstverständnis des Konstrukteurs stark differieren. Die entstehenden Altersbilder beherrschen die Kommunikation über das Alter. Nach Göckenjan erleichtern sie die Kommunikation, da sie eine Verdichtung und Typisierung der Vorstellungen vom Alter(n) darstellen und dadurch vereinfachend wirken. Von diesen Altersbildern abweichende Wirklichkeiten könnten so bewusst aus der Diskussion ausgegrenzt werden. Diese Ausgrenzung kann verhindern, dass ein Diskurs unter der Komplexität der Gesamtthematik und der Vielfalt der empirischen Beobachtungen zusammenbricht, so Göckenjans Argumentation (2000: 94).

Schroeter ist davon überzeugt, „dass die Altersbilder Ausdruck der jeweiligen gesellschaftlichen Strukturen und ihrer Deutungsmuster sind und dass es historisch bedingt ist, ob in einer Gesellschaft das Bild der weisen, gerechten und politisch mächtigen Greise oder das Bild der gebrechlichen, verwirrten und hilfebedürftigen Alten dominiert" (Schroeter 2008: 612).

Altersbilder werden zusammengefasst in *Altersdiskursen*, die sich stark unterscheiden können. Die darin implizierten Altersbilder sind immer spezifisch und werden je nach dem Diskurs, zu dem sie beitragen sollen, unterschiedlich formuliert. Laut Schroeter ist die Lebensphase Alter sowohl mit positiven als auch mit negativen Assoziationen besetzt. Dennoch gewinne in einem Diskurs stets die eine oder die andere Seite an Gewicht.

Diskurse über das Alter sind darüber hinaus, nach Göckenjan, von vereinfachenden *Dichotomien* geprägt, die Begriffspaare mit zwei jeweils unvereinbaren Positionen zu einem Thema beinhalten. Auch Schroeter beschreibt Dichotomisierungen in den Altersdiskursen wie:

hohes Alter – abgelebtes Alter,

rüstiges Alter – gebrechliches Alter,

bedürftiges Alter – hinfälliges Alter,

aktives Alter – pflegebedürftiges Alter,

die sich aus den jeweiligen gesellschaftlichen Bedingungen ableiten lassen. Denn zeittypische, dominierende Altersthemen spiegeln sich immer in den Diskursen wider (vgl. Rosenmayr 1978: 29). Die im gesellschaftlichen Altersdiskurs erfolgende Analyse des Altersbegriffs hat laut Göckenjan die Aufgabe, diese gesellschaftlichen Konstruktionen immer wieder neu zu schaffen und Veränderungen des Altersbegriffs plausibel zu begründen (vgl. Göckenjan 2000: 107).

Altersbilder werden in den Altersdiskursen unter verschiedensten Vorzeichen eingebracht. Häufig knüpft sich an eine bloße Zustandsbeschreibung, die wiederum selbst das Ergebnis einer Interpretation ist, auch eine Erwartungshaltung. Diese Erwartungshaltung wird in sogenannten binären Erwartungscodes formuliert, so Göckenjan,

> „in denen explizit oder beiläufig Alter immer wieder konstruiert, Verpflichtungen erinnert, Erwartungen modifiziert, kontinuierlich Zeitdeutungen produziert werden. Formuliert werden richtiges Verhalten, ideale Einstellungen, Orientierungschancen für Jüngere, eben Muster sozialer Ordnung" (Göckenjan 2000: 15).

Durch die gezielten, richtungsweisenden Formulierungen der Codes wird nach Göckenjan gleichzeitig das Ergebnis einer darauf bezogenen Entscheidung mitbestimmt. Zwar läge eine Wahlmöglichkeit vor; faktisch jedoch würde bei der Kodierung dem Wählenden „außer dem Wahlvorschlag auch die Motivation für die richtige Wahl vermittelt" (Göckenjan 2000: 104).

Daraus resultiert, dass der Altersdiskurs zu einem gesamtgesellschaftlichen *Moraldiskurs* wird, der nach Einschätzung von Schroeter „von Moralisten und Medizinern, von Philosophen und Pädagogen, von Ökonomen und Politikern bis hin zu modernen Experten der Gerontologie" (Schroeter 2008: 612) geführt wird.

Folgt man Göckenjans Vorstellung von diesem Moraldiskurs, lassen sich drei Ebenen unterscheiden. Die „Endlichkeit des Lebens" lässt sich als eine dieser Ebenen formulieren. Die Alten sehen sich mit ihrem bevorstehenden Ableben konfrontiert, auch wenn dieser Zeitpunkt nicht genau bestimmbar ist. Die Frage nach der Bedeutung des Todes für das Individuum und seinen Glauben wird in spirituellen Diskursen ebenso erörtert wie der Gedanke an ein Leben nach dem Tod. Die zweite Ebene diskutiert den „Humanitätsstatus der Gesellschaft", also das Verhältnis von Alten zu Jungen. Dieses Verhältnis kann, worauf die Dichotomisierungen bereits hindeuten, sehr verschiedene und unterschiedlich gewichtete Ausprägungen beinhalten. Hierfür ist die Frage wichtig, wie die Gesellschaft mit den alten Gesellschaftsmitgliedern „bei Persönlichkeits- und Statusveränderungen oder -zusammenbrüchen, bei Gebrechlichkeit, Verwirrung, Hilflosigkeit" (vgl. Göckenjan 2000: 102) umgehen soll. Die dritte Ebene umfasst schließlich den sozialpolitischen Diskurs der Gesellschaft.

Das Bundesministerium für Familie, Senioren, Frauen und Jugend (BMFSFJ) befasste sich mit genau dieser Frage des politischen Diskurses und legte am 17. November 2010, also zur siebzehnten Wahlperiode des Deutschen Bundestags, seinen Altenbericht in der sechsten Fassung dem Bundeskabinett vor. In dem Bericht wird hervorgehoben, dass die Frage des Wahrheitsgehalts und der Bedeutung von Alterskonzepten/-bildern wie folgt zu beantworten sei: Alterskonzepte/-bilder seien eine Vorstellung beziehungsweise eine Häufung von Annahmen, die empirisch auf ihr Zutreffen überprüft werden können. Die Möglichkeit einer nachweisbaren Falsifizierung wird also nicht von vornherein ausgeschlossen. Ferner käme es bei einer solchen empirischen Überprüfung nicht im Kern darauf an, ob die Alterskonzepte/-bilder zuträfen oder nicht, sondern vielmehr sei es wichtig zu überprüfen, welche soziale Funktion die Altersbilder hätten und wie sich diese Funktion real auswirke (vgl. BMFSFJ 2010: 32).

Lehr und Niederfranke (1991) argumentieren in ihrem Aufsatz „Altersbilder und Altersstereotype", dass es falsche oder unangemessene, aber gesellschaftlich akzeptierte Annahmen über das Altern geben könne, durch die Ältere unter erheblichen Belastungen zu leiden hätten. Dieses Leiden könne sich sowohl in psychischer (in Form von sogenannten Altersdepressionen) als auch in sozialer Hinsicht äußern.

Es gilt zu resümieren, dass Altersbilder als Bestandteil des kulturellen Wissensvorrats in Altersdiskursen zusammengefasst sind. Diese sind stets einseitig und normativ geprägt und können daher als Moraldiskurse identifiziert werden.

2.4 Zusammenfassung

Ziel dieses Kapitels war es zunächst, auf die Vielfalt der Lebensbereiche hinzuweisen, in denen das Alter eine große Rolle spielt. Die von Rüberg identifizierten Altersformen verdeutlichen, was das Alter alles sein kann: das biologische Alter, das Alter als rechnerische Größe mit den darin implizierten gesellschaftlichen Erwartungen (kalendarisches Alter, administratives Alter, rechtliches Alter, soziales Alter und funktionales Alter), das Alter als individuelle Größe (psychologisches Alter, ethisches Alter, geistiges Alter und religiöses Alter) und das Alter als mehrere Bereiche umfassende Größe (das personale Alter). Aus dieser Kategorisierung ergibt sich, dass der Begriff des Alters ein mehrdimensionaler Begriff ist, dessen Bedeutung für das Individuum und auch für die Gesellschaft ebenfalls höchst unterschiedlich interpretiert werden kann.

Daran anschließend wurde der Versuch einer Definition des Begriffs Alter(n) unternommen. Nach einer kritischen Betrachtung und Abwägung verschiedener

Definitionen wurde resümiert, dass Alter und Altern keine eindeutig definierbaren Begriffe sind, da dem Alter keine „wirkliche Essenz" (Saake) zugrunde liegt, so dass die Frage nach dem, was das Alter ausmacht, aufgegeben werden muss. Dennoch existiert eine Vielfalt an Vorstellungen vom Alter(n), die sich je nach gesellschaftlichem Kontext gravierend unterscheiden können. Insofern, so die Quintessenz, muss es sich beim Alter(n) um *soziale Konstruktionen* handeln, die mehr über die Besonderheiten des jeweiligen Entstehungskontextes aussagen als über das Alter selbst. Die Vorstellungen vom Alter(n) sind insofern durch die jeweiligen historischen, gesellschaftlichen, sozialen und kulturellen Bedingungen geprägt.

Im letzten Abschnitt wurde gezeigt, dass die sozialen Konstruktionen ihren Ausdruck in sogenannten Altersbildern oder in Alterskonzepten finden, die wiederum in den Altersdiskursen zusammengefasst sind. Die Diskurse sind einseitig und normativ geprägt und geben Auskunft darüber, wie die Mitglieder einer Gesellschaft ihre Älteren sehen und mit ihnen umgehen sollen; ob diese beispielsweise gesellschaftliche Anerkennung und Wertschätzung verdienen oder eher als eine Belastung der jüngeren Alterskohorten angesehen werden. Dementsprechend kann hier auch von einem Moraldiskurs gesprochen werden. Auch die Altersbilder zeichnen sich durch Einseitigkeit und Einfachheit aus. Sie stellen Vereinfachungen und Typisierungen von Vorstellungen vom Alter dar und ermöglichen dadurch eine Kommunikation über das Alter, ohne dass der Diskurs aufgrund der Komplexität des Themas zusammenbricht.

Literatur

BMFSFJ (2010): Sechster Altenbericht zur Lage der älteren Generation in der Bundesrepublik Deutschland – Altersbilder in der Gesellschaft. URL: http://www.bmfsfj.de/RedaktionBM-FSFJ/Abteilung3/Pdf-Anlagen/bt-drucksache-sechster-altenbericht,property=pdf,bereich=b-mfsfj,sprache=de,rwb=true.pdf (20.02.2012)

Bürger, Max (1960): Altern und Krankheit als Problem der Biomorphose. 4. erw. Aufl. Leipzig: VEB Georg Thieme Verlag

Ehmer, Josef/Gutschner, Peter (Hrsg.) (2000): Das Alter im Spiegel der Generationen. Historische und sozialwissenschaftliche Bezüge. Wien: Böhlau Verlag

Filipp, Sigrun-Heide/Mayer, Anne-Kathrin (2005): Zur Bedeutung von Altersstereotypen. In: Bundeszentrale für politische Bildung. 2005. 25-31

Göckenjan, Gerd (1996): Alter als Diskurs. Altersbilder und Bedeutungen des Alters im historischen Vergleich, Habilitationsschrift. Bremen: Universität Bremen

Göckenjan, Gerd (2000): Altersbilder und die Regulierung der Generationenbeziehungen. Einige
    systematische Überlegungen. In: Ehmer/Gutschner (2000): 93-108
Holz, Gerda (2005): Alter. In: Kreft/Mielenz (1996): S. 67-70
Junker, Jean-Pierre (1973): Alter als Exil. Zur gesellschaftlichen Ausgrenzung des alten Menschen,
    Schriftenreihe „Kritische Texte", Ausgabe 13. Zürich/Einsiedeln/Köln: Benziger Verlag AG
Kreft, Dieter/Mielenz, Ingrid (Hrsg.) (1996): Wörterbuch Soziale Arbeit. Aufgaben, Praxisfelder,
    Begriffe und Methoden der Sozialarbeit und Sozialpädagogik. 4. Aufl. Weinheim/München:
    Beltz Juventa Verlag
Krings, Franciska/Kluge, Anette (2008): Altersvorurteile. In: Petersen/Six (2008): 131-139
Lehr, Ursula/Niederfranke, Anette: Altersbilder und Altersstereotype. In: Oswald et al. (1991): 38-46
Oswald, Wolf D./Wettermann, L./Kanowski, Ellen/Lehr, Ursula (Hrsg.) (1991): Gerontologie. 2.
    Aufl. Stuttgart: Kohlhammer Verlag ((Vornamen ergänzen))
Petersen, Lars-Eric/Six, Bernd (2008): Stereotype, Vorurteile und soziale Diskriminierung. Theo-
    rien, Befunde und Interventionen, Weinheim/Basel: Beltz Verlag
Prahl, Hans-Werner/Schroeter, Klaus R. (1996): Soziologie des Alterns. Eine Einführung. UTB für
    Wissenschaft. Stuttgart: Schöningh Verlag
Rosenmayr, Leopold (1978): Die menschlichen Lebensalter in Deutungsversuchen der europäischen
    Kulturgeschichte. In: Ders. (1978): Die menschlichen Lebensalter. Kontinuität und Krise, S.
    29. München/Zürich: Piper Verlag
Rüberg, Rudolf: Alter. Dimensionen und Aspekte. In: Trapmann/Hofmann/Schaefer-Hagenmaier/
    Siemens (1991): 13-31
Saake, Irmhild (1998): Theorien über das Alter. Perspektiven einer konstruktivistischen Alternsfor-
    schung. Studien zur Sozialwissenschaft. Opladen: Westdeutscher Verlag
Schroeter, Klaus R. (2008): Alter(n). In: Willems (2008): 611-630
Trapmann, Hilde/Hofmann, Winfried/Schaefer-Hagenmaier, Theresia/Siemens, Helena (Hrsg.)
    (1991): Das Alter. Grundfragen – Einzelprobleme – Handlungsansätze. Schriftenreihe „In-
    terdisziplinäres Forum der Katholischen Fachhochschule Nordrhein-Westfahlen". Dortmund:
    Verlag Modernes Lernen
Willems, Herbert (Hrsg.) (2008): Lehr(er)buch Soziologie. Für die pädagogischen und soziologischen
    Studiengänge, Band 2. Wiesbaden: VS Verlag für Sozialwissenschaften

3. (Un-)Sicherheiten, Alter(n) und Altersbilder

Helga Pelizäus-Hoffmeister

Wird die These aufgestellt, dass unsichere bzw. ungewisse Lebensbedingungen Älterer bei der Herausbildung von Altersbildern eine wichtige Rolle spielen, dann muss zunächst geklärt werden, was unter Unsicherheit verstanden wird. Und der Begriff muss so konzeptualisiert werden, dass er für die folgenden Untersuchungen ein geeignetes „Messinstrument" darstellt. Außerdem soll aus einer konzeptionellen Perspektive heraus aufgezeigt werden, mit welchen unterschiedlichen Strategien Unsicherheiten bewältigt bzw. gemanagt werden können. Dies sind die Zielsetzungen in Kapitel 3.1. Im darauf folgenden Kapitel 3.2 wird erörtert, in welchen Bereichen (Ebenen) Unsicherheiten beim Phänomen Alter(n) an Bedeutung gewinnen können, und es wird darüber nachgedacht, welche Strategien zu ihrer Bewältigung denkbar sind.

3.1 Konzeption des Begriffs der (Un-)Sicherheit

Unsicherheit ist ein Phänomen, das im Leben eines jeden Menschen eine bedeutende Rolle spielt. Solange sich der Verlauf des eigenen Lebens durch einen gewissen Grad an Freiheiten und Handlungsoptionen oder auch durch Abhängigkeiten von anderen auszeichnet, wissen wir nicht, mit welcher Zukunft wir mit welcher Sicherheit rechnen können. Gewöhnlich sind die Menschen darum bemüht, Unsicherheiten zu beherrschen und sie nach Möglichkeit ganz abzuschaffen, um dadurch ein Gefühl von Sicherheit zu gewinnen. Und gerade in der Moderne mit ihren steigenden Unsicherheiten, so vermutet beispielsweise Kaufmann, wird Sicherheit zu einem bedeutenden Gut mit „werthaftem Charakter" (Kaufmann 2003: 11). Er begreift Sicherheit rein positiv, da sie einhergehe mit Verlässlichkeit, Gewissheit und Sorglosigkeit. „So ist das Individuum von Gefahren entlastet, d. h. es braucht sich nicht mehr um sie zu kümmern und kann sich anderen Dingen zuwenden" (Kaufmann 1970: 272). Auch Sennett erkennt in der Unsicherheit ein hochgradig zerstörerisches Moment, das für die Menschen der Gegenwart immer weniger zu bewältigen sei (vgl. Sennett 1998). Aber auch schon soziologi-

sche Klassiker wie Durkheim haben auf die hohe Bedeutung von Sicherheit hingewiesen. Durkheim argumentiert beispielsweise, dass anomische gesellschaftliche
Entwicklungen die Folge eines Mangels an sozialer Sicherheit in Form fehlender Orientierung, Ordnung und Regulation wären (vgl. Durkheim 1983: 295f.).

Auch wenn auf den ersten Blick jeder zu wissen scheint, was mit den Begriffen Unsicherheit und Sicherheit gemeint ist, zeichnen sie sich dennoch durch ihre
schillernde Unbestimmtheit aus. Bestimmt scheint der Begriff der Sicherheit nur
hinsichtlich seiner positiven Bewertung. Unbestimmt ist er insofern, als mit ihm
die unterschiedlichsten Phänomene diskutiert werden können. So ist die mangelnde Sicherheit komplexer Großtechnologien wie der Atomkraftwerke – seit Fuku-
shima wieder – ein wichtiges Thema in den Medien, ebenso wie die fehlende Sicherheit in der EU, hervorgerufen u. a. durch die Krise in Griechenland. Und vor
dem Hintergrund des demografischen Wandels wird auch die fehlende Sicherheit
der zukünftigen Renten in Deutschland bemängelt. Insofern können mit dem Begriff der Sicherheit unterschiedlichste Ebenen – sachliche, soziale, gesellschaftliche, politische, wirtschaftliche etc. – angesprochen werden, so dass er mit unterschiedlichsten Inhalten gefüllt wird.

Die Begriffe Sicherheit und Unsicherheit werden zudem meist als *Gegensatz-
paar* diskutiert. Es wird vermutet, dass eine Steigerung von Sicherheit mit einer
Verringerung von Unsicherheit einhergeht und umgekehrt (vgl. Fehr/Twork 2011:
35). Auf den ersten Blick erscheint das naheliegend, dennoch ist zugleich plausibel,
dass es zukünftige Sicherheit gar nicht geben kann. Insbesondere Bonß verweist
darauf, dass Sicherheiten bzw. Gewissheiten nichts mit einer *objektiven* Gefah-
renbeseitigung zu tun haben (vgl. Bonß 1997). Die Gegenüberstellung der Begriffe sei ein Kunstgriff bzw. eine „soziale Fiktion" (vgl. ebd., Luhmann 1990: 134).

Denn Sicherheit kann – nach Luhmann – nicht auf der Sachebene, sondern
muss auf der Sozialebene gesucht werden, indem erfasst wird, was sozial oder
individuell als sicher *wahrgenommen* wird (vgl. Luhmann 1990: 134). Er betont,
dass es bei der Suche nach Sicherheit nicht um die Herstellung von absoluter Sicherheit gehen kann, sondern immer um den Umgang mit zukünftiger Ungewissheit. Fehlende Sicherheit setzt nach Bonß „ein *Wissen* darüber voraus, dass die
Zukunft auch anders ausfallen kann" (Bonß 1995: 37, kursiv nicht im Original).
Sicherheit ist daher immer eine *Erwartungs*sicherheit. Sie ist auf die Zukunft ausgerichtet und in ihrem Ausmaß durch das Auge des Betrachters bestimmt. In der
Soziologie werden Unsicherheit und Sicherheit daher als kognitive Phänomene
bzw. als Konstruktionen verstanden (vgl. Fehr/Twork 2011: 35).

Mit Luhmann kann die fehlende zukünftige Gewissheit[1] als ein kontingenzbe-stimmtes Phänomen beschrieben werden. Nach ihm wird *Kontingenz* definiert als „etwas, was weder notwendig noch unmöglich ist; was also so, wie es ist (war, sein wird), sein kann, aber auch anders möglich ist" (Luhmann 1990: 153). Und diesen Horizont der Möglichkeiten beschreibt er zugleich als auf das *Denkbare* reduziert, denn nur dieser Möglichkeitsbereich wird nach ihm beim Umgang mit Unsicherheiten berücksichtigt.[2]

Und wie reagieren die Menschen auf diese Unsicherheiten bzw. Kontingen-zen in ihrem Leben? Sie begegnen der nicht handhabbaren Kontingenz, indem sie sie in *handhabbare Komplexität* umwandeln bzw. umdefinieren, so vermutet Luhmann (1984: 417ff.). Aber was genau ist damit gemeint? Bonß beschreibt es folgendermaßen: Die Menschen wählen in einem ersten Schritt aus dem Univer-sum an denkbaren Möglichkeiten bestimmte als für sie handlungsrelevant aus und blenden danach alle anderen als irrelevant aus (vgl. Bonß 1997: 24). So reduzie-ren sie die Vielfalt zukünftiger Möglichkeiten auf ein begrenztes Spektrum. Als Folge kann ein Gefühl von Sicherheit entstehen. Da dennoch alle realen Möglich-keiten weiterhin bestehen, wird deutlich, dass es sich immer um eine Konstruk-tion von Sicherheit, um eine Sicherheits*fiktion*, handelt.

Für Bonß ist ein Mindestmaß an kognitiver Gewissheit Grundvorausset-zung für jegliches Handeln (vgl. Bonß 1997: 25). Denn, so Bonß, „Handeln ist nur möglich, wenn sich die Welt als erwartbar stabil darstellt und nicht permanent auch anders möglich scheint" (ebd.). Insofern sind Menschen nur handlungsfä-hig, wenn sie sich keiner völlig offenen und unsicheren Situation ausgesetzt füh-len (vgl. Fehr, Twork 2011: 37). Sie müssen die unbegrenzte Kontingenz „schlie-ßen", so vermutet auch Junge (2002: 75), um Erwartungssicherheit zu erhalten und um darauf aufbauend handeln zu können.

Wie kann Erwartungssicherheit konzeptualisiert werden, so dass sich mit ih-rer Hilfe in den folgenden Untersuchungen herausarbeiten lässt, wie und in wel-chem Ausmaß die Altersbilder und die Lebensbedingungen Älterer als unsicher oder sicher wahrgenommen werden? Erwartungssicherheit soll hier sehr allge-mein als eine *relative Eindeutigkeit* im Hinblick auf die Zukunft verstanden wer-

---

1   Die Begriffe Sicherheit und Gewissheit bzw. Unsicherheit und Ungewissheit werden hier synonym verwendet, und zwar bezogen auf die erkenntnismäßige Ebene. Zwar werden die Begriffe in der sozialwissenschaftlichen Forschung häufig unterschieden – meist in dem Sinne, dass mit (Un-)Sicherheit die soziale Ebene eines Phänomens, mit (Un-)Gewissheit die erkenntnismäßige Ebene gemeint ist (vgl. Bonß 1995: 35) –, dennoch werden sie hier identisch verwendet, da in einer Vielzahl von Quellen keine Differenzierung vorgenommen wird.

2   So bezeichnet Kontingenz also nicht das Mögliche überhaupt, sondern nur das, was aus der Realität gewonnen wird, und diese wiederum korrespondiert „stets mit dem Weltbild der Gesellschaft ..., in der dieses Mögliche existiert" (Luhmann 1990: 24).

den. Das bedeutet, Sicherheit bzw. Gewissheit wird als die mehr oder weniger
eindeutige Kenntnis zukünftiger Ereignisse aufgefasst. So kann die Zukunft auf
einer Dimension mit den Endpunkten „Eindeutigkeit" und „Mehrdeutigkeit" begriffen werden (vgl. Pelizäus-Hoffmeister 2006: 18). Es gilt:

> „Je näher die Zukunft dem Pol der Eindeutigkeit zugeordnet werden kann, desto ausgepräg-
> ter scheint die Erwartungssicherheit; je dichter sie an den Pol der Mehrdeutigkeit heranrückt,
> umso unsicherer bzw. offener wird sie wahrgenommen" (ebd.).

Die beiden Endpunkte der Dimension werden jedoch nie erreicht, denn der Mensch
kann weder als absolut wahrgenommene Sicherheit erlangen, noch ist er in der
Lage, in völlig unsicheren Situationen zu handeln.

Auf der Basis dieser Begriffsbestimmung kann Sicherheit nicht nur als ein
„Freisein von Bedrohung" (Bonß et al. 2004) begriffen werden, wie viele Autoren argumentieren (vgl. auch Luhmann 1990: 417, Kaufmann 1970). Sicherheit
bzw. Erwartungssicherheit kann sich zugleich auf positive Ereignisse beziehen.
Sicherheitsfiktionen können sowohl „von dem wahrgenommenen zukünftigen
Guten – sofern die Wahrnehmung gewiss ist – als auch von dem wahrgenommenen und gewohnten Guten, das dauert" ausgehen, hebt beispielsweise Kaufmann
hervor (vgl. Kaufmann 1970: 171).

Und es muss ebenfalls berücksichtigt werden, dass Unsicherheiten nicht
notwendig negativ, sondern auch *positiv* wahrgenommen werden können. Denn
zukünftige Ungewissheit kann gleichfalls im Sinne einer Vielfalt an Handlungsoptionen, als ein Spielraum für neue Erfahrungen und Chancen erlebt werden.
Und in diesem Sinne wäre es zweckmäßig, Unsicherheiten aufrechtzuerhalten,
sie nicht durch gezielte Planung und Strukturierung des Lebens zu vernichten,
um sich die Zukunft offenzuhalten. Insofern darf ein soziologisches Konzept von
(Un-)Sicherheit *keine Bewertung* beinhalten. Es muss vielmehr in der Lage sein,
die jeweiligen gesellschaftlichen und individuellen, positiven wie negativen Beurteilungen zu erfassen.

Unsicherheit wurde eingangs als ein kontingenzbedingtes Phänomen beschrieben. Diese Definition erscheint zunächst recht einfach, wird nicht auf ihre
impliziten Ambivalenzen eingegangen. Denn Unsicherheiten können ganz unterschiedlich wahrgenommen werden: Sie können einerseits auf etwas Zufälliges
zurückgeführt werden, andererseits können sie den Menschen als Ergebnis ihres eigenen Handelns erscheinen. Demzufolge liegt der Wahrnehmung von Unsicherheit immer ein Attributionsvorgang zugrunde.

Die *zufälligen* Unsicherheiten scheinen sich jeglicher menschlicher Planung
zu entziehen. Nach Makropoulos lässt sich diese Bedeutung auf die aristoteli-

sche Kategorie des Zufalls zurückführen, in der eine doppelte Bedeutung steckt (vgl. Makropoulos 1990: 407). Denn ein Zufall kann sich sowohl auf Negatives als auch auf den „glücklichen" Zufall beziehen.[3] Unsicherheiten, die in diesem Sinne attribuiert werden, sich aber nur auf negative Ereignisse beschränken, beschreiben Luhmann (1990) und Bonß (1995) als *Gefahren*. Diese Gefahren erscheinen den Menschen als eine „extern gesetzte, diffus und zugleich allgegenwärtige Bedrohung", die kaum mit eigenen Mitteln bekämpft werden kann (Bonß 1995: 45). Drohende Schäden werden auf Ursachen außerhalb der eigenen Kontrolle zurückgeführt (vgl. Pelizäus-Hoffmeister 2006: 38). Das bedeutet, dass Gefahren als unabhängig vom Handelnden wahrgenommen werden.[4]

Diese Vorstellung hat zur Folge, dass auch der Umgang mit Gefahren nicht dem Verantwortungsbereich des Einzelnen zugerechnet wird. Der Mensch fühlt sich also nicht in der Lage, diesen Unsicherheiten aktiv zu begegnen. In dieser Situation erhalten nach Bonß magische oder metaphysische Praktiken – wie zum Beispiel das Beten oder der Glaube an die positive Wirkung eines Amuletts – eine hohe Bedeutung, um dennoch ein Gefühl von Sicherheit erlangen zu können.

Ganz anders stellen sich Unsicherheiten dar, die nicht auf den Zufall, sondern auf eigenes Handeln zurückgeführt werden. Bonß (1995) und Luhmann (1990) nennen sie *Risiken*.[5] Diese Risiken implizieren immer die eigene Beteiligung in Form einer Entscheidung. Sie setzen eine individuelle Entscheidung für Unsicherheit voraus. Luhmann spricht dann von Risiken, wenn „ein möglicher Schaden um des möglichen Vorteils willen in Kauf genommen wird" (Luhmann 1990: 135). Dementsprechend können Risiken gleichermaßen als Bedrohung und als Chance wahrgenommen werden.

Und wie wird versucht, diese Risiken zu bewältigen? Grundlegend ist hierbei die Überzeugung, sie aktiv bewältigen oder managen zu können. Mit Weber könnte man diese Vorstellung als den Glauben daran formulieren,

> „daß man, wenn man nur wollte, es jederzeit erfahren könnte, daß es also prinzipiell keine geheimnisvollen, unsichtbaren Mächte gebe, die dahineinspielen, daß man vielmehr alle Dinge – im Prinzip – durch Berechnen beherrschen könne" (Weber 1919: 28).

Aus dieser Perspektive werden Unsicherheiten also als beherrsch- und kalkulierbar wahrgenommen. Treffend können sie nach Bonß als handlungs- und ent-

---

3   Auch hier wird deutlich, dass eine soziologische Begriffsbestimmung frei von jeglicher Bewertung sein muss, will sie die Forschungsperspektive nicht schon vorab einengen.
4   Diese Form der Ungewissheitsperzeption hat in der Vormoderne eine herausragende Bedeutung.
5   Das Risiko ist eine Form der Unsicherheitsperzeption, die vor allem im Zuge des Modernisierungsprozesses an Bedeutung gewinnt.

scheidungsbezogen, als kalkulierbar, zurechenbar und verantwortbar begriffen
werden (vgl. Bonß 1998: 53).

Auf der Basis dieser Konzeptualisierung des Begriffs der (Un-)Sicherheit –
als eine gesellschaftliche oder individuelle Konstruktion – ist es möglich, in den
folgenden Beiträgen die historisch und kulturell unterschiedlichen Altersbilder
und die Lebensbedingungen Älterer aus einer unsicherheitssoziologischen Perspektive zu untersuchen. Dennoch bleibt vorab zu klären, auf welchen konkreten
Ebenen bzw. in welchen Bereichen Unsicherheiten in der Lebensphase Alter an
Bedeutung gewinnen können.

3.2 Unsicherheiten und Alter(n)

Solange sich der Verlauf des zukünftigen Lebens durch Freiheitsgrade, Handlungsoptionen und Unwägbarkeiten auszeichnet, solange ist jeder Mensch mit Unsicherheiten konfrontiert, und daher auch die Älteren, so kann vermutet werden.
Unsere These lautet allerdings, dass gerade mit der Lebensphase Alter häufig ein
besonders hohes Ausmaß an Ungewissheiten verbunden wird. Ältere werden in
diesem Sinne als besonders von Unsicherheiten Betroffene wahrgenommen, und
es gilt in den folgenden Beiträgen, die gesellschaftsstrukturellen Voraussetzungen hierfür offenzulegen.

Um das weite Feld des menschlichen Lebens und Handelns systematisch und
differenziert aus dieser Perspektive untersuchen zu können, muss zunächst geklärt werden, welche (Analyse-)Ebenen für eine umfängliche Betrachtung unabdingbar sind. Eine Systematisierung erfolgt hier in Anlehnung an das sogenannte „AGIL-Schema" von Parsons (1951), das als ein allgemeiner und umfassender
Bezugsrahmen menschlichen Handelns begriffen wird. Parsons unterscheidet
zwischen der äußeren Umwelt, dem Persönlichkeitssystem, dem sozialen System und der Kultur und ordnet diesen Bereichen bestimmte Funktionen zu. Dem
Bereich der äußeren Natur wird die physische Anpassung (A=adaption) zugeordnet, dem Persönlichkeitssystem die Zielerreichung (G= goal attainment), dem sozialen System die Integration (I) und der Kultur die normativen Überzeugungen
bzw. Wertorientierungen (L=latent patterns).

Übertragen auf die hier vorliegende Fragestellung werden diese Bereiche
nun folgendermaßen konzeptualisiert: Dem Bereich der äußeren Natur wird die
Funktion materielle Reproduktion (A) zugeordnet, dem Bereich des Persönlich-
keitssystems die Selbstdeutungen und -überzeugungen (G), dem sozialen System
die Sozial- und Rollenbeziehungen (I) und dem Kulturbereich die gesellschaftlich
konstruierten normativen Altersbilder (L). Da diese Bereiche in enger Wechsel-

beziehung zueinander stehen, ist zu vermuten, dass sich Unsicherheiten in einem Bereich auch in anderen Bereichen auswirken können. Die folgende Abbildung soll das eingeführte Schema veranschaulichen. Anschließend werden die entwickelten Bereiche vor dem Hintergrund möglicher Unsicherheitsperzeptionen erläutert und durch Beispiele illustriert.

Abbildung 1: Bezugsrahmen des Handelns

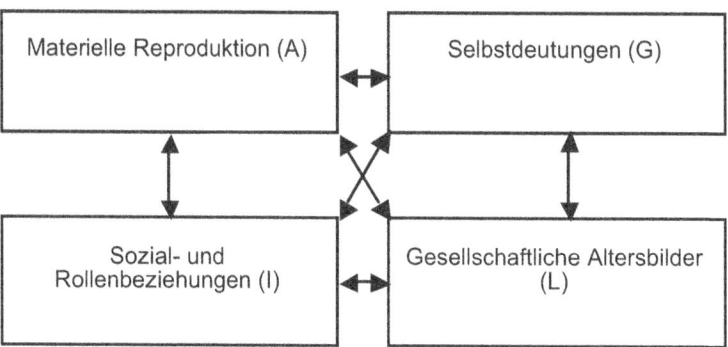

Bei der Betrachtung der *materiellen Reproduktion* steht die Existenzsicherung der Älteren im Mittelpunkt. Hier muss gefragt werden: *Wie werden die Aussichten auf Sicherung des Lebensunterhalts im Alter wahrgenommen?* Erscheint den Menschen das eigene Alter möglicherweise als eine Phase der materiellen Sicherheit – wie vermutlich deutschen Beamten in der Gegenwart –, da soziale Sicherungssysteme eine umfassende Daseinsvorsorge für ältere Staatsbürger gewährleisten? Oder erscheint die Existenzsicherung im Alter als ungewiss und prekär? Ein Bauer der Vormoderne, so kann gemutmaßt werden, mag seine materielle Alterssicherung eher als ungewiss wahrgenommen haben, wenn er aufgrund altersbedingt abnehmender Leistungskraft seinen Hof abgeben musste und anschließend voll und ganz dem Wohlwollen der eigenen Kinder ausgeliefert war. Doch kann diese Situation nicht auch als sicher im Sinne von eindeutig beschrieben werden, da seine Existenzsicherung nun *eindeutig* von den Kindern abhing? Dabei müsste dann allerdings berücksichtigt werden, dass der Grad der kindlichen Fürsorge durchaus Schwankungen unterliegen kann, so dass auch hier Ungewissheiten eine Rolle spielen dürften.

Ebenso könnte danach gefragt werden, wie das Arrangement der finanziellen Absicherung der Eltern durch ihre Kinder von Letzteren erlebt wird. Inwieweit können hier Ungewissheiten bzw. Uneindeutigkeiten identifiziert werden? Zum Beispiel kann belegt werden, dass die „junge" Generation im Japan der Gegenwart die Versorgung ihrer Eltern häufig als eine Bedrohung für die eigenen finanziellen Ressourcen begreift (vgl. Ehrlich 1997). Insofern sollten die jeweiligen Arrangements der Existenzsicherung aus unterschiedlichen gesellschaftlichen Perspektiven in den Blick genommen werden.

Eine Sicherung des Lebensunterhalts im Alter kann auf unterschiedlichen „Säulen" bzw. Strategien – und deren Kombinationen – aufbauen, die je nach historischem und kulturellem Kontext variieren und zugleich selbst mit Ungewissheiten einhergehen: So kann die Existenz im Alter einerseits – wie im ersten obigen Beispiel – vor allem durch öffentliche Zuwendungen, hier durch den Staat, gesichert werden. Beispiele hierfür gibt es viele in der Geschichte: So wurden für Beamte in Verwaltung und Militär in den europäischen absolutistischen Staaten des 17. und 18. Jahrhunderts Pensionssysteme eingeführt.[6] Und auch schon aus der Antike sind staatliche Formen der Altersversorgung für Veteranen bekannt (vgl. Vössing 2009).

Die andere oben beispielhaft genannte Absicherungsalternative ist der Anspruch der Älteren auf Versorgung durch die eigenen Kinder. Diese Variante ist in der Geschichte sehr häufig zu finden. Sie scheint allerdings nicht immer ganz problemlos funktioniert zu haben. In vielen Regionen und in unterschiedlichsten Zeiträumen verweisen gesetzliche Verordnungen – die die Verpflichtung der Kinder gegenüber ihren Eltern festschreiben – darauf, dass diese Form der Versorgung nicht immer als unhinterfragt selbstverständlich galt und gilt und damit ungewiss war und ist. Dafür kann es unterschiedlichste Gründe geben: Möglicherweise sehen sich die Kinder aufgrund eigener finanzieller Engpässe nicht in der Lage, ihre Eltern zu unterstützen. Denkbar ist auch, dass es aufgrund einer räumlichen Trennung zwischen Eltern und Kindern zu Entfremdungsgefühlen kommt, die das Verantwortungsgefühl der Kinder schwächen. Problematisch bzw. ungewiss erscheint diese Versorgungsvariante darüber hinaus vor allem für die Menschen, die keine eigenen Kinder haben. Das führte beispielsweise im Japan der Nara-Zeit dazu, dass die Adoption eines bereits erwachsenen Kindes zur gängigen Praxis wurde, um damit den eigenen Lebensabend zu sichern (vgl. Formanek 1994).

---

6   Diese Pensionssysteme sollten zugleich die Motivation der Staatsdiener erhöhen (vgl. Ehmer 1990: 53).

Aber auch eigener Besitz und eigenes Vermögen – erworben oder geerbt – kann zur materiellen Sicherung der Lebensphase Alter beitragen. Sind Autonomie, Unabhängigkeit und Individualität fest verankerte kulturelle Werte einer Gesellschaft, erscheint es naheliegend, dass die Menschen versuchen, mit Hilfe eigenen Besitzes und Vermögens auch im Alter unabhängig von anderen ihre Existenz zu sichern. Das kann beispielsweise dazu führen, dass die eigene Firma selbst bei altersbedingt nachlassender Leistungsfähigkeit nicht an den bereitstehenden Nachfolger vererbt wird, um so weiterhin die Verfügungsgewalt über die erzielten Erträge zu behalten.

Die wichtigste Säule zur Sicherung des Lebensunterhalts ist allerdings meist die eigene Arbeit. In vielen Epochen und Kulturen war und ist es üblich, die eigene Existenz auch im Alter vorrangig durch (Erwerbs-)Arbeit zu sichern. Die ökonomische Notwendigkeit hat es häufig erfordert und erfordert es auch heute noch oft, dass die Lebensarbeitszeit des Einzelnen erst mit seinem Tod endet (vgl. Ehmer 1990). Da der Grad des Arbeitseinsatzes meist direkt vom Gesundheitszustand des Einzelnen abhängt, ist diese Säule der materiellen Sicherung für Ältere besonders prekär. Ihre altersbedingt abnehmende körperliche und geistige Leistungsfähigkeit bedeutet eine massive Gefährdung ihrer Existenzsicherung. Um die Not der Älteren etwas zu lindern, hatten beispielsweise städtische und kirchliche Verwaltungen in der Vormoderne in einigen europäischen Städten dafür gesorgt, dass körperlich weniger belastende Berufe – wie Torwächter, Totengräber etc. – speziell den Älteren vorbehalten blieben (vgl. Ehmer 1990: 38).[7]

Es zeigt sich also, dass Ungewissheiten im Bereich der materiellen Reproduktion für die Menschen im Alter eine große Herausforderung darstellen können.

Aber auch die *Sozial- und Rollenbeziehungen* im Alter werden häufig als prekär bzw. ungewiss wahrgenommen, zumal sie oft in enger Wechselbeziehung mit einer unsicheren materiellen Reproduktion stehen. Denn wird den Älteren beispielsweise ihre Tauglichkeit für den Arbeitsmarkt – und damit ihre Rolle als Arbeitnehmer – abgesprochen, wie beispielsweise im Deutschland der Gegenwart häufig feststellbar, hat dies unmittelbare Konsequenzen für ihre materielle Sicherung.

Grundsätzlich kann zwischen formellen und informellen Sozialbeziehungen unterschieden werden. Unter formellen Sozialbeziehungen werden die durch Normen, Gesetze, Organisationen und Institutionen vorgezeichneten Beziehungen verstanden (vgl. Kardoff 1991: 403). Sie werden hier im Sinne gesellschaftlicher, institutioneller und/oder organisationaler Rollenbeziehungen verstanden.

---

7   Aber wenn auch das nicht mehr möglich war, blieb den Älteren in dieser Zeit oft nur die Armenpflege oder das Betteln (vgl. Cole/Winkler 1988).

Diese Rollen – mit den darin implizierten normativen Erwartungen – verweisen auf gesellschaftliche Positionen, die mit je unterschiedlichen Rechten und Pflichten ausgestattet sind (vgl. Hillmann 1994: 742f.).

Informelle Sozialbeziehungen hingegen verlaufen eher verborgen, quer zu den formellen Beziehungen (vgl. Kardoff 1991: 403). Sie werden freiwillig eingegangen, in Form von Freundschaften, nachbarschaftlichen Beziehungen, Partnerschaften etc. Gerade sie sind für ein subjektives Gefühl von Sicherheit besonders wichtig. Keupp und Röhrle (1987: 7) bezeichnen sie daher als geordnete und sinnstiftende Einheiten im Alltag. Und Diewald betont: „Wen wir kennen und auf wen wir uns glauben verlassen können, beeinflusst (…) unsere Sicherheit, unser Wohlbefinden und sogar unsere Gesundheit" (Diewald 1991: 17).

Auch wenn aufgrund dieser knappen Ausführungen schon die Wichtigkeit der informellen Netzwerke für das Ausbilden von Sicherheitsgefühlen deutlich wird, müssen wir uns in den folgenden Beiträgen dennoch auf die formellen Sozial- bzw. Rollenbeziehungen konzentrieren. Das liegt zum einen darin begründet, dass wir aufgrund der knappen Bearbeitungzeit keine Datenerhebung auf individueller Ebene durchführen können. Insofern fehlen uns Dokumente, um der Frage nach der sicherheitsstiftenden Wirkung privater sozialer Netzwerke für Ältere nachgehen zu können. Zum anderen stehen gerade die formellen Beziehungsmuster meist in einer engen Wechselbeziehung mit den existierenden gesellschaftlichen Altersbildern und sind daher für die Beantwortung der diesem Buch zugrundeliegenden Fragestellung besonders geeignet.

Für diesen Bereich muss also im Sinne unserer Forschungsfrage geprüft werden: *Mit welchen Rollen und Positionen im Sozialgefüge können die Menschen im Alter mit welcher Gewissheit rechnen?* Zu bestimmten Zeiten und in bestimmten Regionen konnte und kann beispielsweise die Gruppe der Männer aus höheren sozialen Schichten mit hoher Sicherheit davon ausgehen, dass ihr gesellschaftlicher Status mit zunehmendem Alter steigen wird. So war es im antiken Sparta für jeden männlichen Staatsbürger unhinterfragt selbstverständlich, dass er im Alter den höchsten politischen Status – als gesellschaftlicher Ratgeber – und die meiste Macht erhalten würde (vgl. Schmitz 2009). Die Ältesten standen in dieser sogenannten Gerontokratie an der Spitze der Gesellschaft. Und die Männer konnten sich insofern schon seit ihrer frühesten Kindheit gewiss sein, welche Rollenerwartungen im Alter an sie herangetragen würden.

Oft scheint das zunehmende Alter jedoch mit einer eher ungewissen Positionierung in der Gesellschaft verbunden zu sein. Die Stellung Älterer wurde und wird insbesondere vor dem Hintergrund ihrer als nachlassend wahrgenommenen Arbeitsfähigkeit häufig als unsicher und prekär erlebt. Vor allem seit dem Einsetzen des Modernisierungsprozesses in Europa bestimmten und bestimmen gesellschaftliche Werte wie Effizienzsteigerung und Rationalisierung den Arbeitsmarkt, mit der Folge, dass Ältere aufgrund ihrer im Durchschnitt abnehmenden Leistungskraft zunehmend vom Arbeitsmarkt verdrängt werden. Dass hiermit zugleich Unsicherheiten bei der Sicherung des Lebensunterhalts verbunden sind, wurde oben schon erwähnt.

Tartler (1961) verweist beispielsweise – insbesondere für den Zeitraum der frühen Moderne – auf die sogenannte „rollenlose Rolle", die Ältere nach ihm in der deutschen Gesellschaft zu „spielen" haben. Sie kann als Ausdruck großer Eindeutigkeit bei gleichzeitiger Uneindeutigkeit interpretiert werden: Denn einerseits wird den Älteren hiermit eindeutig ihre „Überflüssigkeit" in der sogenannten Leistungsgesellschaft signalisiert. Andererseits entsteht durch diese Zuschreibung ein großes „Vakuum" in der Lebensphase Alter, das von den Älteren individuell, ohne kulturelle Vorgaben und Orientierungen, sinnvoll gefüllt werden muss.[8]

Gerade die häufig ungewissen Rollen im Alter haben insofern für Gesellschaft und Individuum große Bedeutung und können mit zahlreichen negativen, aber auch mit positiven Folgen verbunden sein.

Noch auf einer weiteren Ebene sind Ungewissheiten zu verzeichnen, und zwar im Bereich der *Selbstdeutungen Älterer*. Hier muss gefragt werden: *Wie nehmen Ältere sich selbst wahr, oder genauer, wie begreifen sie ihre Chancen, auf gegebene oder befürchtete Ungewissheiten zu reagieren?* In Anlehnung an die obige Konzeption des Begriffs der Unsicherheitsperzeption (3.1) können Unsicherheiten von den Älteren eher als Gefahren oder eher als Risiken gedeutet werden.

Eine *Gefahrenperzeption* könnte sich beispielsweise darin ausdrücken, dass das Problem der materiellen Sicherung im Alter als eine Bedrohung wahrgenommen wird, der man sich hilflos ausgeliefert fühlt. Das könnte zum Beispiel dann der Fall sein, wenn sich die Alterssicherung vorrangig aus der eigenen Arbeitskraft speist, altersbedingte Erkrankungen – die den Arbeitseinsatz verhindern – als gottgegeben hingenommen werden und sich die Älteren in der Folge nicht in der Lage sehen, dieses Problem aktiv zu bewältigen.

Ebenso können Ungewissheiten aber auch als *Risiken* wahrgenommen werden, die man aktiv bekämpfen kann: So begriffen Ältere ohne eigene Kinder im Japan der Nara-Zeit die Aussicht, ohne pflegende Angehörige im Alter dazustehen, häufig als ein Risiko, dem sie aktiv – zum Beispiel durch die Adoption eines Kindes – begegnen konnten (vgl. Formanek 1994).

---

8   Dass parallel zu dieser Entwicklung Ältere zunehmend räumlich-institutionell vom Rest der Gesellschaft segregiert wurden, in dem man sie in den entstehenden Altenheimen unterbrachte, passt zum Bild der „rollenlosen Rolle" Älterer (vgl. Kondratowitz 1988).

Beiden Varianten ist gemein, dass die Zurechnung des Problems relativ eindeutig und damit sicher ausfällt: Entweder wird es dem eigenen Handlungsbereich zugerechnet und kann damit aus der Perspektive des Einzelnen aktiv gemeistert werden oder eben nicht. Aber eine weitere Variante ist ebenfalls denkbar: Denn es scheint durchaus möglich, dass sich die Älteren nicht sicher sind, ob sie die wahrgenommenen Unsicherheiten beeinflussen können oder nicht. Aus dieser Perspektive würde sich die Lebensphase Alter als in doppelter Hinsicht unbestimmt darstellen: zum einen, weil sie durch mögliche zukünftige Unsicherheiten bestimmt erscheint, und zum anderen, weil nicht klar ist, ob diese mit eigenen Mitteln bewältigt werden können oder nicht. Diese Wahrnehmung kann als *doppelte Uneindeutigkeit* und damit als besonders folgenschwere Unsicherheit begriffen werden, da sie das Selbstbild der Älteren selbst in Frage stellt (vgl. Pelizäus-Hoffmeister 2006: 287).

Wie oben anhand der vielen Beispiele verdeutlicht wurde, reagieren verschiedene Akteure mit unterschiedlichsten Strategien auf die von ihnen wahrgenommenen Unsicherheiten. Um differenzierte Aussagen machen zu können, sollte daher immer gefragt werden: *Wer – der Staat, spezifische betroffene soziale Gruppen, die Älteren selbst etc. – reagiert, auf der Basis seines Selbstbilds, wie auf Ungewissheiten in welchen Bereichen?*

Im Sinne der vorherigen Konzeptualisierung (in Kapitel 3.1) ist zu vermuten, dass mehr oder weniger jeder bemüht sein wird, Unsicherheiten zu beseitigen bzw. zu *bekämpfen*, um dadurch zukünftige Gewissheit zu erlangen. Eine mögliche Form des Bekämpfens oder Beseitigens materieller Unsicherheit im Alter auf *individueller Ebene* stellt zum Beispiel das Abschließen einer privaten Lebensversicherung dar, die zuverlässig nach dem Eintritt in die Rentenphase ausbezahlt wird.[9] Eine weitere Form von Gewissheit hinsichtlich der Existenzsicherung im Alter kann aber ebenso im unhinterfragten Glaube daran bzw. im Vertrauen darauf bestehen, von den eigenen Kinder finanziell unterstützt zu werden, wenn ihre Hilfe notwendig wird.[10]

Als *gesellschaftliche* Form der aktiven, risikoorientierten Bekämpfung einer ungewissen materiellen Sicherung im Alter wäre zum Beispiel die Einführung eines Rentensystems zu sehen. So reagierte der deutsche Staat Ende des 19. Jahrhunderts auf die ungewisse Existenzsicherung Älterer nach ihrem verstärk-

---

9   Es zeigt sich hier eine Risiko-Orientierung in dem Sinne, dass die ungewisse Altersversorgung
     als Problem betrachtet wird, das durch eigene Vorsorgemaßnahmen erfolgreich bewältigt
     werden kann.

10   In diesem Fall läge der Strategie des „Vertrauens" eine sogenannte Gefahrenperzeption zu-
     grunde.

ten Ausschluss aus dem Arbeitsmarkt mit der Einführung von allgemeinen Alterssicherungssystemen.

Aber: Unsicherheiten werden nicht immer bekämpft und beseitigt. Ebenso ist es möglich, dass Menschen einen gewissen Grad an Unsicherheit wertschätzen und bestrebt sind, diesen zu bewahren bzw. zu *erhalten*. So könnte die sogenannte „rollenlose Rolle" im Rentenalter durchaus von einigen Älteren als Chance begriffen werden, nun ganz nach eigenen Bedürfnissen und Wünschen leben und handeln zu können. Denn wenn (Rollen-)Festlegungen wegfallen oder bewusst für die Zukunft vermieden werden, entstehen Freiheitsgrade und Handlungsoptionen, die die Älteren in Abhängigkeit von ihrer momentanen Stimmung nutzen können oder eben auch nicht. Insofern ist eine Strategie des Erhaltens von Unsicherheiten denkbar, wenn auch vermutlich nicht in allen Bereichen zu finden. Denn es ist naheliegend, dass beispielsweise Ungewissheiten hinsichtlich der materiellen Reproduktion im Alter kaum als Chancen und Freiheitsräume begriffen werden.

Noch eine weitere Ebene, die schon im Kapitel 2 von *Schnelle* behandelt wurde, kann durch Unsicherheiten geprägt sein, und zwar die der gesellschaftlichen Vorstellungen vom Alter(n). Die *Altersbilder* können einerseits klar und eindeutig sein, so wie beispielsweise im Sparta der Antike. Auf der Basis der Gerontokratie wurden Ältere hier eindeutig als hochrangige Persönlichkeiten geachtet, denen eindeutig das höchste Prestige in der Gesellschaft zugeschrieben wurde.

Meist jedoch zeichnen sich Altersbilder durch Widersprüchlichkeiten und Uneindeutigkeiten aus. So kann die Deutung des Alters in der europäischen Spätmoderne nach Kondratowitz (1998) als überaus uneindeutig beschrieben werden, da sich das gängige Altersbild durch eine große normative Unbestimmtheit auszeichne. Diese resultiere aus der beschleunigten Produktion verschiedenster „Modelle", die in immer schnellerer Abfolge entstünden, sich gegenseitig überlagerten und komplementäre oder konkurrierende Sichtweisen präsentierten (vgl. Kondratowitz 1998: 67).

Mit Bezug auf die Thematik dieses Buches soll also gefragt werden: *Welche Vorstellungen vom Alter(n) kommen in den Altersbildern zum Ausdruck, und inwiefern können sie als unsicher oder als sicher bezeichnet werden?*

Neben der Analyse möglicher (Un-)Sicherheiten und Strategien im Umgang mit ihnen muss allerdings – im Sinne der hier verfolgten Fragestellung – gleichzeitig geprüft werden, welche Zusammenhänge zwischen den einzelnen Bereichen festgestellt werden können, und dabei ist insbesondere nach Zusammenhängen zwischen den Altersbildern und den gesellschaftlichen Strukturen zu fragen. Oder genauer formuliert: Es wird danach gefragt, *welche Wechselwirkungen zwischen den Altersbildern und den Selbstdeutungen der Älteren, ihren Sozial- und*

Rollenbeziehungen und ihrer materiellen Sicherung aus der Perspektive von (Un-)Sicherheit bestehen.
Dass gesellschaftliche Altersbilder eine prägende Wirkung auf die Selbstdeutung der Älteren haben können, ist unmittelbar einleuchtend. Existiert beispielsweise ein Altersbild, das Ältere relativ eindeutig als eher „nutzlos", entbehrlich und als eine Last für Jüngere beschreibt, so wie verstärkt im Japan der Gegenwart, dann ist es naheliegend, dass sich die Älteren selbst als Ballast für ihre Kinder begreifen. Und die überproportional hohe Suizidrate bei den über 75-Jährigen in Japan – im Vergleich zu anderen Ländern – könnte eine mögliche Folge davon sein (vgl. Ehrlich 1997).

Wichtig ist auch die Frage danach, ob Unsicherheiten in den Bereichen der materiellen Reproduktion, der Sozial- und Rollenbeziehungen und der Selbstdeutungen der Älteren zugleich zu unsicheren gesellschaftlichen Altersbildern führen. Oder entstehen vor dem Hintergrund eines eher unsicheren gesellschaftlichen Kontextes vielleicht besonders eindeutige Altersbilder? So vermutet Ehmer (1996) beispielsweise, dass die eindeutige Darstellung der Lebensphasen in Form von Lebenstreppen eine sicherheitsstiftende Reaktion auf die völlige Ungewissheit hinsichtlich der eigenen Lebensspanne in der Frühen Neuzeit war.

Zusammenfassend bleibt festzuhalten, dass es auf der Basis der oben vorgenommenen Konzeptualisierungen möglich sein sollte, in den folgenden Beiträgen systematisch wahrgenommene (Un-)Sicherheiten in verschiedenen Bereichen, Strategien des Umgangs mit ihnen und die Wechselbeziehungen zwischen den Bereichen herauszuarbeiten. Aufgrund der engen Zeitvorgaben für die Studierenden konnten diese allerdings nicht alle aufgeführten Bereiche in ihren jeweiligen Untersuchungen berücksichtigen. Es blieb ihnen überlassen, die auszuwählen, die sie als besonders wichtig erachteten.

Zur Veranschaulichung wird das Modell in der folgenden Darstellung nun mit seinen Differenzierungen dargestellt.

Abbildung 2: Bereiche potenzieller (Un-)Sicherheiten, mögliche
Wechselwirkungen

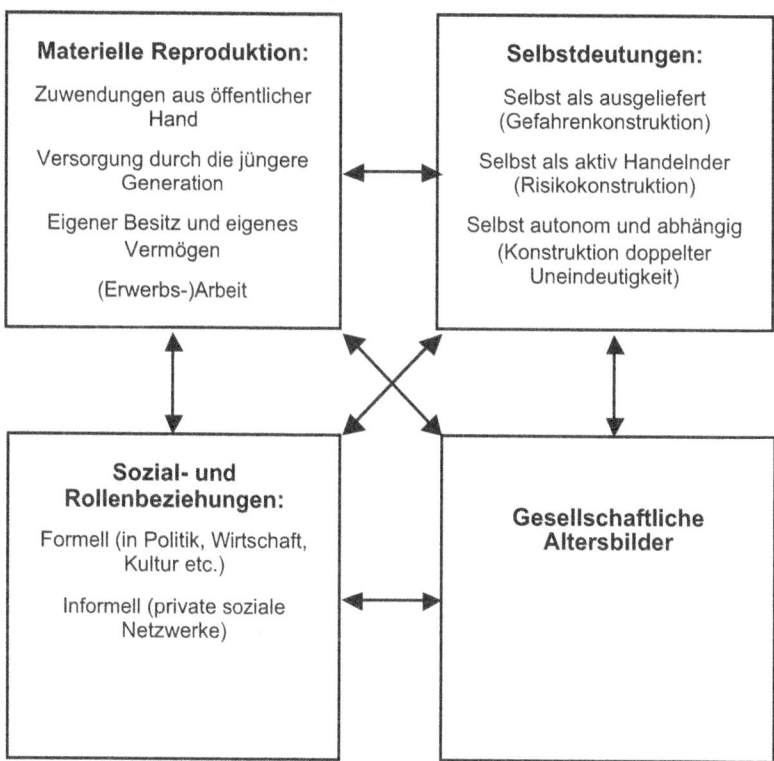

Materielle Reproduktion:

Zuwendungen aus öffentlicher
Hand

Versorgung durch die jüngere
Generation

Eigener Besitz und eigenes
Vermögen

(Erwerbs-)Arbeit

Selbstdeutungen:

Selbst als ausgeliefert
(Gefahrenkonstruktion)

Selbst als aktiv Handelnder
(Risikokonstruktion)

Selbst autonom und abhängig
(Konstruktion doppelter
Uneindeutigkeit)

**Sozial- und
Rollenbeziehungen:**

Formell (in Politik, Wirtschaft,
Kultur etc.)

Informell (private soziale
Netzwerke)

**Gesellschaftliche
Altersbilder**

3.3 Zusammenfassung

Erst durch die Konzeptualisierung des schillernden und unbestimmten Begriffs
der (Un-)Sicherheit als eine *soziale Konstruktion* kann er für die soziologische
Analyse nutzbar gemacht werden. Unsicherheiten und Sicherheiten sind in diesem Sinne keine objektiven Eigenschaften von Dingen oder Situationen, sondern
Zuschreibungen. Das heißt, bei der Beschreibung von (Un-)Sicherheiten geht es
immer darum, zu erfassen, was von den Menschen als sicher oder als unsicher
erlebt wird. Fehlende Sicherheit bedeutet dementsprechend, dass die Zukunft als
ungewiss wahrgenommen wird. Daher kann Sicherheit präziser als *Erwartungs-*

sicherheit konzeptualisiert werden, deren Ausmaß durch die Interpretation des Betrachters bestimmt wird.

Um den Begriff für die folgenden Untersuchungen „operationalisierbar" zu machen, wird er hier im Sinne einer *relativen Eindeutigkeit* verstanden. Das bedeutet, Sicherheit wird als die mehr oder weniger eindeutige Kenntnis zukünftiger Ereignisse definiert.

Zugleich gilt, dass der Begriff der (Un-)Sicherheit *frei sein muss von jeglicher Bewertung*, um nicht schon vorab die Forschungsperspektive zu verengen. Er soll in der Lage sein, die jeweiligen gesellschaftlichen und individuellen, positiven wie negativen Bewertungen abzubilden, und insofern muss er in dieser Hinsicht indifferent sein. Die gemeinhin übliche positive Bewertung von Sicherheit darf daher nicht in die Konzeptualisierung einfließen.

Zwei Formen von Unsicherheitswahrnehmungen lassen sich unterscheiden: Unsicherheiten können einmal als nicht aktiv bewältigbare Uneindeutigkeiten erlebt werden. Sie erscheinen den Menschen als Bedrohungen von außen, die sie nicht mit eigenen Mitteln bekämpfen können. Diese Variante wird als *Gefahrenkonstruktion* bezeichnet. Unsicherheiten können aber auch auf das eigene Handeln zurückgeführt werden. Ihre Bewältigung wird dann als entscheidungsbezogen, kalkulierbar und verantwortbar begriffen. Diese sogenannten *Risiken,* die Menschen sich selbst zurechnen, werden als beherrschbar wahrgenommen.

Warum spielt unserer Meinung nach Unsicherheit beim Phänomen Alter(n) eine so bedeutende Rolle? Unsere These lautet, dass gerade mit der Lebensphase Alter ein eher hoher Grad an Ungewissheiten verbunden wird, und zwar auf unterschiedlichen Ebenen bzw. in verschiedenen Bereichen. Um einen systematischen Überblick geben zu können, wird in den folgenden Beiträgen zwischen den Bereichen der materiellen Reproduktion, der Sozial- und Rollenbeziehungen, der Selbstdeutungen und der gesellschaftlich konstruierten Altersbilder unterschieden.

Im Bereich der *materiellen Reproduktion* finden unterschiedliche „Säulen" der Sicherung Berücksichtigung, die sich je nach kulturellem und historischem Kontext unterscheiden. Es wird zwischen öffentlichen Zuwendungen, der Versorgung durch eigene Kinder, dem eigenen Besitz und Vermögen und der (Erwerbs)-Arbeit differenziert. Alle genannten Varianten können mit unterschiedlichen Unsicherheiten assoziiert werden. Im Bereich der *Sozial- und Rollenbeziehungen* wird zwischen formellen und informellen Beziehungen unterschieden, wobei hier der Schwerpunkt auf den formellen Rollenbeziehungen liegt, weil diese das gesellschaftliche Altersbild prägen. Im Bereich der *Selbstdeutungen* wird danach unterschieden, ob sich der Betreffende den Ungewissheiten hilflos ausgeliefert fühlt, ob er glaubt, zukünftige Risiken aktiv bewältigen zu können, oder ob auch Unsicherheit darüber herrscht, inwieweit eigene Strategien der Bewältigung sinnvoll oder sinnlos sein werden.

Ausgehend von der These, dass ein enger Zusammenhang zwischen den jeweiligen Altersbildern und den gesellschaftsstrukturellen Bedingungen besteht, ist es das grundlegende Ziel des Buches, diese Zusammenhänge und Wechselbeziehungen herauszuarbeiten. Es werden aber auch Wechselbeziehungen zwischen einzelnen Bereichen wie materielle Reproduktion, Sozial- und Rollenbeziehungen und Selbstdeutungen berücksichtigt, wenn ihnen herausragende Bedeutung zukommt.

Darüber hinaus wird insbesondere auf die Strategien des Umgangs mit Unsicherheiten eingegangen, denn auch diese bleiben möglicherweise nicht ohne Wirkungen auf die Altersbilder. Es wird zwischen differierenden Vorgehensweisen unterschieden: Einerseits wird vermutet, dass Unsicherheiten in erster Linie bekämpft werden, mit dem Ziel, sie möglichst ganz aus der Lebensphase Alter zu verbannen. Aber eine weitere Variante wird als denkbar angesehen: So erscheint vorstellbar, dass bestimmte Ungewissheiten bewusst erhalten bzw. bewahrt werden, wenn sie als Handlungsspielräume und Freiheiten erlebt werden. Hier wird Bezug genommen auf die These, dass Unsicherheiten nicht immer als negative Ereignisse wahrgenommen werden.

Auf der Basis dieser Konzeptualisierungen werden nun in den folgenden Beiträgen die Zusammenhänge zwischen Altersbildern und gesellschaftlichen Bedingungen des Alter(n)s aus unterschiedlichen historischen und kulturellen Kontexten aus der Perspektive von (Un-)Sicherheit herausgearbeitet.

Literatur

Allmendinger, Jutta (Hrsg.) (2003): Entstaatlichung und soziale Sicherheit. Verhandlungen 31. Kongress der Deutschen Gesellschaft für Soziologie in Leipzig. Opladen: Leske + Budrich

Beck, Ulrich/Lau, Christian (Hrsg.) (2004): Entgrenzung und Entscheidung: Was ist neu an der Theorie reflexiver Modernisierung. Frankfurt/Main: Suhrkamp

Bonß, Wolfgang (1995): Vom Risiko. Unsicherheit und Ungewissheit in der Moderne. Hamburg: Hamburger Edition

Bonß, Wolfgang (1997): Die gesellschaftliche Konstruktion von Sicherheit. In: Lippert et al. (1997): 21-41

Bonß, Wolfgang (1998): Berechenbarkeit und Vertrauen. Zur Herstellung von Sicherheit in der Risikogesellschaft. In: Koch/Willingmann (1998): 47-67

Bonß, Wolfgang et al. (2004): Biographische Sicherheit – Perspektiven und Fragmente. In: Beck/
    Lau (2004): 211-233

Cole, Thomas/Winkler, Mary G. (1988): „Unsere Tage" zählen. Ein historischer Überblick über
    Konzepte des Alterns in der westlichen Kultur. In: Göckenjan/Kondratowitz (1988): 35-66

Diewald, Martin (1991): Soziale Beziehungen: Verlust oder Liberalisierung? Soziale Unterstützung
    in informellen Netzwerken. Berlin: Rainer Bohn Verlag

Durkheim, Emile (1983): Der Selbstmord. Frankfurt/Main: Suhrkamp

Ehmer, Josef (1990): Sozialgeschichte des Alters. Frankfurt/Main: Suhrkamp

Ehmer, Josef (1996): The Life Stairs: Aging, Generational Relations, and Small Commodity Pro-
    duction in Central Europe. In: Hareven (1996): 53-74

Ehrlich, Linda C. (1997): Undesired Ones: Images of the Elderly in Japanese Cinema. In: Forman-
    ek/Linhart (1997): 271-287

Fehr, Alexander/Twork, Stefan (2011): Gesellschaftliche Konstruktion von (Un-)Sicherheit. In: Pe-
    lizäus-Hoffmeister (2011): 33-46

Flick, Uwe et al. (Hrsg.) (1991): Handbuch qualitative Sozialforschung. München: Psychologie Verlag

Formanek, Susanne (1994): Denn dem Alter kann keiner entfliehen. Altern und Alter im Japan
    der Nara- und Heian-Zeit. Wien: Verlag der Österreichischen Akademie der Wissenschaften

Formanek, Susanne/Linhart, Sepp (Hrsg.) (1997): Life Histories, Life Cycles, Life Stages. Wien:
    Verlag der Österreichischen Akademie der Wissenschaften

Göckenjan, Gerd/Kondratowitz, Hans-Joachim von (Hrsg.) (1988): Alter und Alltag. Frankfurt/
    Main: Suhrkamp

Hareven, Tamara K. (Hrsg.) (1996): Ageing and Generational Relations over the Life Course. A His-
    torical and Cross-Cultural Perspective. Berlin: Walter de Gruyter

Hillmann, Karl-Heinz (1994): Wörterbuch der Soziologie. Stuttgart: Alfred Kröner Verlag

Junge, Matthias (2002). Individualisierung. Frankfurt/Main: Campus

Kardoff, Ernst von (1991): Soziale Netzwerke. In: Flick et al. (1991): 402-405

Kaufmann, Franz-Xaver (1970): Sicherheit als soziologisches und sozialpolitisches Problem. Un-
    tersuchungen zu einer Wertidee hochdifferenzierter Gesellschaften. Stuttgart: Enke Verlag

Kaufmann, Franz-Xaver (2003): Sicherheit: Ambivalenzen der sozialen Sicherheit. In: Allmendin-
    ger (2003): 114-133

Keupp, Heiner/Röhrle, Bernd (1987): Soziale Netzwerke. Frankfurt/Main: Campus

Koch, Harald/Willingmann, Armin (Hrsg.) (1998): Großschäden – Complex Damages. Rechtliche
    und alternative Regulierungsstrategien im In- und Ausland. Baden-Baden: Nomos Verlag

Kondratowitz, Hans-Joachim (1988): Allen zur Last, niemandem zur Freude. Die institutionelle Prä-
    gung des Alterserlebens als historischer Prozess. In: Göckenjan/Kondratowitz (1988): 100-135

Landschaftsverband Rheinland (2009): Die Blüte des Alters aber ist ihre Weisheit. Mainz: Verlag
    Philipp von Zabern

Lippert, Ekkehard/Prüfert, Andreas/Wachtler, Günther (Hrsg.) (1997): Sicherheit in der unsicheren
    Gesellschaft. Opladen: Westdeutscher Verlag

Luhmann, Niklas (1984): Soziale Systeme. Grundriß einer allgemeinen Soziologie. Frankfurt/
    Main: Suhrkamp

Luhmann, Niklas (1990): Risiko und Gefahr. In: Ders. (1990): Soziologische Aufklärung. 5. Kons-
    truktivistische Perspektiven, S. 131-169. Opladen: Westdeutscher Verlag

Makropoulos, Michael (1990): Möglichkeitsbändigungen. Disziplin und Versicherung zur sozia-
    len Steuerung von Kontingenz. In: Soziale Welt. Zeitschrift für sozialwissenschaftliche For-
    schung und Praxis 4. 1990. 407-423

Parsons, Talcott (1951): The social system. London: Routledge & Paul

Pelizäus-Hoffmeister, Helga (2006): Biographische Sicherheit im Wandel? Eine historisch vergleichende Analyse von Künstlerbiographien. Wiesbaden: DUV Verlag

Pelizäus-Hoffmeister, Helga (Hrsg.) (2011): Autobiografische Updates. Jahresbriefe zur Bewältigung biografischer Unsicherheit. Wiesbaden: VS Verlag für Sozialwissenschaften

Schmitz, Winfried (2009): Nicht ‚altes Eisen‘, sondern Garant der Ordnung – Die Macht der Alten in Sparta. In: Schmitz/Gutsfeld (2009): 87-112

Schmitz, Winfried/Gutsfeld, Andreas (Hrsg.) (2009): Altersbilder in der Antike. Am schlimmen Rand des Lebens? Bonn: University Press

Sennett, Richard (1998): Der flexible Mensch. Die Kultur des neuen Kapitalismus. Berlin: Berlin Verlag

Tartler, Rudolf (1961): Das Alter in der modernen Gesellschaft. Stuttgart: Enke Verlag

Vössing, Konrad (2009): Die Veteranen der römischen Armee. In: Landschaftsverband Rheinland 2009. 141-150

Weber, Max (1919): Vom inneren Beruf zur Wissenschaft. In: Ders. (1919): Wirtschaft und Gesellschaft. Grundriß einer verstehenden Soziologie, S. 311-340. Tübingen: Mohr Verlag

Teil II
Historische Perspektiven

4. Alter(n) in der griechischen Antike: ein Vergleich zwischen Sparta und Athen

Maximilian Miglanz

> *„Die Jugend ist die Zeit, Weisheit zu lernen.*
> *Das Alter ist die Zeit, sie auszuüben."*
> Jean-Jacques Rousseau (1712–1778)

Das Zitat von Jean-Jacques Rousseau, der zwar einem anderen Kulturkreis entstammte und in einer anderen Zeit lebte, wäre im spartanischen Staat sicher auf große Zustimmung gestoßen. Denn Sparta, das in der Antike vor allem aufgrund seiner Militärmacht Berühmtheit erlangte, besaß eine ganz besondere Einstellung zum Alter: Alte Spartaner waren in dieser Gesellschaft hoch angesehen und wurden von den jüngeren Generationen verehrt. Ihre Erfahrung und ihr Wissen hatten den höchsten Stellenwert, ob in den politischen Gremien wie dem „Rat der 500" oder in kriegerischen Auseinandersetzungen (vgl. Schmitz 2008: 91f). Jeder spartanische Bürger hätte Rousseau daher zugestimmt.

Eine ganz andere Auffassung vom Alter(n) vertraten die Athener. Sie hätten der Überzeugung Rousseaus entschieden widersprochen. Im attischen Staat galten die „Alten"[1] als gesellschaftliche Randerscheinung und wurden von den jüngeren Generationen primär als eine Belastung wahrgenommen, da diese für ihre Betreuung und Versorgung verantwortlich waren. Die Erfahrung und das Wissen der Alten galten hier als wertlos und unnütz, so dass alte Athener im politischen und gesellschaftlichen Leben kaum eine Rolle spielten. Darüber hinaus wurden sie sowohl in der Tragödie als auch in der Komödie mit Hohn und Spott überzogen und selbst von philosophischen Größen wie Aristoteles diffamiert (vgl. Parkin 2005: 57).

Der vorliegende Beitrag befasst sich mit unterschiedlichen Altersbildern in der griechischen Antike bzw. mit der Frage danach, welche Wechselbeziehungen sich zwischen diesen und den jeweiligen unsicheren bzw. sicheren gesellschaftlichen und sozialen Lebensbedingungen der alten Menschen erkennen lassen. Es werden die beiden antiken Zentren Athen und Sparta im Zeitraum vom 9. bis zum 6. Jahrhundert vor Christus miteinander verglichen, da die Spannbreite und

---

1   In diesem Beitrag werden die Älteren als die „Alten" bezeichnet, da sie auch in den vorliegenden Quellen so benannt werden.

Heterogenität der Deutungen vom Alter zwischen diesen Städten kaum größer hätten sein können. Bei der Gegenüberstellung sollen lediglich die männlichen[2] Spartaner und Athener mit Bürgerstatus verglichen werden.

Der erste Teil des Beitrags ist dem spartanischen Staat gewidmet. Dabei wird der Fokus zunächst auf sein kulturelles Altersbild gerichtet. Anschließend werden die vorherrschenden formellen Sozial- und Rollenbeziehungen der Alten im hierarchischen System und in der Politik analysiert. Anhand der politischen Entscheidungsprozesse wird die herausragende Stellung der Alten aufgezeigt. Der nächste Abschnitt befasst sich mit den unterschiedlichen Strategien, die zur Stabilisierung dieses Rollensystems eingesetzt wurden. Insbesondere das spartanische Erziehungssystem, die Speisegemeinschaften und der lakonische Sprachstil rücken hier in den Mittelpunkt, da sie wesentlichen Anteil an der Stabilisierung der Rollenbeziehungen hatten. Thema im zweiten Teil dieses Beitrags ist Athen. Auch hier wird zunächst das kulturelle Altersbild betrachtet, das sich als uneindeutig und deutlich negativ präsentiert. Hier ist von besonderem Interesse, dass der Zeitpunkt, zu dem jemand als alt bezeichnet wird, unklar bleibt. Daran schließt sich die Betrachtung der formellen Sozial- und Rollenbeziehungen im attischen Staat an, bei denen die Alten nur eine untergeordnete Rolle spielten. Auch die Möglichkeiten zur materiellen Reproduktion im Alter in Athen werden beleuchtet. Dabei werden staatliche und familiäre Maßnahmen in den Blick genommen, die dazu beitragen sollten, die Existenz im Alter zu sichern. In der Abschlussbetrachtung wird das Alter(n) in Sparta und in Athen anhand eines Vergleichs der kulturellen Altersbilder und der jeweiligen Rollenbeziehungen gegenübergestellt.

4.1 Alter(n) in Sparta

In der Antike war Sparta einerseits für seine Militärmacht, andererseits für sein ungewöhnlich hartes Erziehungssystem bekannt und berühmt. Die Spartaner selbst zeichneten sich durch ein Höchstmaß an Disziplin und Tapferkeit aus und führten ein Leben, das von Entbehrungen und Genügsamkeit geprägt war. Innerhalb der Staatsordnung gab es kein ausgeprägtes Familien- oder Privatleben, da jeder Bürger eine feste Aufgabe im Staat hatte und die Erfüllung dieser Aufgabe die höchste Priorität besaß (vgl. Baltrusch 1998: 64). Auch alte Spartaner partizipierten am gesellschaftlichen Leben und waren integraler Bestandteil des gesamten gesellschaftlichen Lebens (vgl. Dreher 2006: 39).

---

2   Frauen werden in den vorliegenden Quellen fast nicht erwähnt.

4.1.1 Das Altersbild

Die spartanische Gesellschaft verehrte und respektierte ihre Alten und verlieh ihnen ein außerordentlich hohes Ansehen. Das Bild ihrer Weisheit und Klugheit war fest im kulturellen Wissensvorrat verankert und galt als unantastbar. Daher war die Lebensphase Alter das höchste Ziel eines jeden Spartaners. In Sparta galt die Prämisse: Je höher das Lebensalter, umso höher das Ansehen der betreffenden Person. Dabei korrelierte das Ansehen mit der jeweiligen gesellschaftlichen Stellung. Zwar genossen auch Jüngere mitunter Ansehen; dies konnte aber nicht darüber hinwegtäuschen, dass das hohe Alter das bestimmende Merkmal war.

Als alt galt jeder in Sparta, der das 30. Lebensjahr vollendet hatte. Diese Altersgrenze wurde klar und eindeutig gezogen, so dass kein Zweifel aufkam, wer zur Gruppe der Alten gehörte und wer nicht (vgl. Schmitz 2009: 98). Aus heutiger Sicht ist dies kein hohes Lebensalter. Aufgrund von Krankheiten und kriegerischen Auseinandersetzungen war die Lebenserwartung der Spartaner allerdings nicht sehr hoch. Die Zahl der Alten war daher sehr überschaubar.

4.1.2 Die Rollenbeziehungen zwischen Alt und Jung

Betrachtet man den Aufbau der spartanischen Gesellschaft, dann stellt man fest, dass das Leben der Spartaner von der Geburt bis zu ihrem Tode systematisch und eindeutig durchorganisiert war. Jeder einzelne Lebensabschnitt war genau festgelegt und musste von allen durchlaufen werden. Dabei war die jeweilige Position mit spezifischen Rollenerwartungen verknüpft, die ausnahmslos jeder Spartaner während dieser Zeit zu erfüllen hatte. Die bestehende Ordnung basierte auf einem System, das allein durch das kalendarische Alter strukturiert wurde. Das Alter war demnach *das* bestimmende Merkmal des gesamtgesellschaftlichen Aufbaus. Und dieses System implizierte zugleich eine teleologische Perspektive, indem es ein eindeutiges Unterordnungsverhältnis der Jungen gegenüber den Alten konstruierte (vgl. Schmitz 2009: 93). Demgemäß stellte sich das gesamte Leben der Spartaner – und damit auch die Phase des Alters – als höchst eindeutig und damit – in unserer Terminologie – als sicher dar. Aufgrund der teleologischen Ausrichtung des Lebenslaufs war die Altersphase zugleich mit der höchsten Position und – darauf aufbauend – mit der höchsten gesellschaftlichen Anerkennung verbunden.

Schon im Alter von 30 Jahren, wenn die Spartaner die Torturen ihres strengen Ausbildungssystems – der *agogé* – überstanden hatten, wurden sie in die Männergesellschaft aufgenommen und zählten damit zu den Alten. Mit dem Eintritt in diese Lebensphase wurden ihnen umfassende Rechte und Privilegien gewährt, wie zum Beispiel das Abstimmungsrecht in der Volksversammlung.

Alle jungen Spartaner hatten sich – gemäß dem Unterordnungsverhältnis – den Anordnungen der jeweils älteren Generation zu fügen. Den älteren Spartanern war es vorbehalten, die jüngeren zu belehren und bei entsprechenden Verfehlungen zu tadeln oder körperlich zu strafen. Diesem Vorgehen lag die Überzeugung zugrunde, dass zunehmendes Alter zugleich einen Zuwachs an Erfahrung, Wissen und Tapferkeit bedeutete. Für die Jungen bedeutete das Unterordnungsverhältnis ein hohes Maß an Sicherheit, da ihnen das Verhalten der Alten immer als Orientierungsrahmen vorgegeben war (vgl. Clauss 1983: 145).

Die Alten lenkten die Geschicke des Staates in verschiedenen politischen Gremien.[3] Die Machtzentren Spartas waren der Ältestenrat (*Gerusia*), das *Ephorat* und die Volksversammlung (vgl. Dreher 2001: 56f.). Der Ältestenrat besaß sowohl einen prozessualen als auch einen politischen Charakter und bestand aus 28 Mitgliedern, die alle älter als 60 Jahre waren. Auf der politischen Ebene bereiteten die Alten alle elementaren Entscheidungen vor, die dann später in der Volksversammlung beschlossen werden sollten. Zusätzlich fungierte das Gremium als Oberster Gerichtshof mit prozessualen Befugnissen und urteilte über Kapitalverbrechen wie Mord und Hochverrat (vgl. Thommen 2003: 97f.).

Die Volksversammlung *(Apella)* war eine Versammlung im klassischen Sinne, die in direkten Abstimmungsverfahren über diverse Angelegenheiten im Staat richten konnte. Die Teilnahme an den Abstimmungen war den Spartanern vorbehalten, die das 30. Lebensjahr überschritten hatten (vgl. Link 1994: 71f.). Die Versammlung selbst besaß allerdings kein Initiativrecht und konnte lediglich über die Annahme oder Ablehnung von Vorschlägen aus dem Ältestenrat entscheiden. Das dritte politische Organ war das *Ephorat*, das als „Aufseheramt" fungierte und aus lediglich fünf Spartanern bestand (vgl. Schubert 2003: 62). Für das Ephorat durfte sich jeder Spartaner bewerben, der das 30. Lebensjahr überschritten hatte. Jeder Gewählte durfte dann für genau ein Jahr dieses Amt ausüben (vgl. Baltrusch 1998: 27f.). Schon anhand dieser knappen Ausführungen zu den politischen Partizipationsmöglichkeiten wird der große Einfluss der Alten deutlich. Ihre Rolle im Staat war aufgrund des Glaubens an ihre Weisheit, ihre Klugheit und ihre Stärke überaus einflussreich, was gleichzeitig eine Grundlage für ihr hohes Ansehen und das durchweg positiv konnotierte Altersbild bildete. Insofern deutet sich hier eine Wechselbeziehung zwischen dem Status der Älteren und dem gesellschaftlichen Altersbild an. Ein hoher Status war mit einem positiven Altersbild verbunden.

---

3   Aber ihr Wissen und ihr Erfahrungsschatz wurden nicht nur bei politischen Angelegenheiten, sondern auch in militärischen Auseinandersetzungen geschätzt.

4.1.3 Strategien zur Stabilisierung des Rollensystems

Der spartanische Staat unterschied sich in seiner Konzeption wesentlich von anderen antiken Staaten und beschritt mit seiner Verehrung der Alten einen einmaligen Sonderweg. Doch wie gelang es den alten Spartanern, ihre Machtposition zu festigen und gegen Widerstände abzusichern? Welche Strategien und Maßnahmen trugen innerhalb dieses Staates dazu bei, das System stabil zu halten? Nachfolgend richtet sich der Fokus auf drei Strategien, die die Beständigkeit des hierarchischen Rollensystems zu garantieren halfen: das Ausbildungssystem *(agogé)*, die Speisegemeinschaften (vgl. Welwei 2004:79) und ein besonderer, lakonischer Sprachstil.

Die *agogé* stellte die zentrale Ausbildungseinrichtung dar und war auf die Erziehung der Spartaner im Alter von sieben bis 18 Jahren ausgerichtet. Ab dem siebten Lebensjahr wurden die Knaben von ihren Eltern getrennt und mit Gleichaltrigen aufgezogen. Die Einteilung der jungen Spartaner erfolgte in aufeinander aufbauenden Klassen. Jede Klasse wurde dabei von einem älteren Spartaner geführt, der für die Ausbildung seiner Klasse verantwortlich war (vgl. Balrutsch 1998: 66). In der ersten Klasse erfolgten die körperliche Ertüchtigung der Knaben und die Vermittlung rudimentärer Lese- und Schreibkenntnisse. Integraler Bestandteil der Ausbildung war zudem das Erlernen des respektvollen Umgangs und Gehorsams gegenüber älteren Menschen. Nachdem die Knaben das 14. Lebensjahr erreicht hatten, kamen sie in eine höhere Klasse. In dieser Lebensphase sollten die Heranwachsenden auf ihr zukünftiges soldatisches Leben vorbereitet werden. Im Mittelpunkt stand das Erlernen wichtiger militärischer Grundfertigkeiten in Vorbereitung auf einen Lebensalltag als Soldat (vgl. ebd. 66f.). Auch in diesem Lebensabschnitt waren die Alten omnipräsent und lehrten die Jugendlichen nicht nur den richtigen Umgang mit Schild und Schwert, sondern auch die konsequente Unterordnung unter ältere Spartaner. Mit dem 18. Lebensjahr endete die „offizielle" Ausbildung innerhalb der *agogé*. Dennoch verweilten die Spartaner weiterhin, bis zu ihrem 30. Lebensjahr, in Gemeinschaften mit ihren Altersgenossen und wurden von älteren Spartanern weiter ausgebildet oder in den Krieg geführt.

Jeder Spartaner verbrachte insofern seine „gesamte Jugend mit Gleichaltrigen und unter der Aufsicht von älteren Männern" (vgl. ebd. 68). Im Zentrum seiner gesamten Ausbildung standen Unterordnung unter und die Orientierung an den Alten. Das Ausbildungssystem lehrte jungen Männern schon ab dem Kindesalter unbedingten Gehorsam gegenüber Älteren (vgl. Todd 1996: 34f.). Und es ist naheliegend, dass hierdurch gleichzeitig das gesellschaftliche Bild eines weisen und höchst mächtigen Alten befördert und geprägt wurde.

In der Struktur der sogenannten Speisegemeinschaften waren die gleichen altersbezogenen Deutungs- und Handlungsmuster angelegt wie in den Ausbildungs-
einrichtungen. Sie können daher als ein weiteres „Machtinstrument" der Alten
charakterisiert werden. An den Speisegemeinschaften mussten alle männlichen
Spartaner teilnehmen, die das 18. Lebensjahr erreicht und die *agogé* absolviert
hatten. Die täglichen Gemeinschaftsmähler wurden von etwa 15 Personen verschiedener Altersgruppen besucht. Die Zuteilung der jüngeren Spartaner zu den
bestehenden Gemeinschaften erfolgte meist willkürlich. Voraussetzung für ihre
Teilnahme war die Abgabe von Naturalien. Nur wenn es einem Spartaner nicht
möglich war, diese Mitgliedsbeiträge zu entrichten, wurde er von der Speisege-
meinschaft ausgeschlossen. Auch in den Speisegemeinschaften galt das Senio-
ritätsprinzip und bestimmte die Stellung und Autorität einer Person (vgl. Baltrusch 1998: 70). Und auch diese Gemeinschaft war dadurch geprägt, dass sie den
Älteren die Möglichkeit bot, jüngere Spartaner zu überwachen, anzuleiten und
zu maßregeln.

Ein weiterer Aspekt, der zur Machtsicherung der Alten in Sparta beitrug, war
die Instrumentalisierung einer besonderen, reduzierten Sprache. So drückten die
Gesellschaftsmitglieder ihre Gedanken möglichst knapp in nur wenigen Worten
aus. Ziel war es, die „Quintessenz möglichst in einem Satz" zusammenzufassen
(Schmitz 2006: 94). Der den jungen Spartanern aufoktroyierte eingeschränkte
Wortschatz nahm ihnen gleichzeitig die geistigen und kommunikativen Möglichkeiten, die Alten zu diskreditieren oder ihre Stellung anzuzweifeln. Der auch als
„lakonisch" bezeichnete Sprachgebrauch unterband konsequent sprachliche Auseinandersetzungen. Ein Anzweifeln der Machtposition der Alten konnte damit
verhindert und Konformitäts- und Gehorsamsgedanken gewahrt werden (vgl. ebd.
98). Symptomatisch für den spartanischen Staat war auch das Verbot von Komödien und Tragödien, zu denen den Spartanern allerdings auch der entsprechende Wortschatz fehlte. Während der attischen Redekunst in der Antike eine hohe
Bewunderung zuteilwurde, waren umfangreiche Reden in Sparta verpönt. Rhe-
torik und ausgefeilte Reden galten als hinterhältige Täuschungsversuche, um die
Zuhörer zu hintergehen. „Ausländische" Redner oder Boten hatten in Sparta aufgrund der Andersartigkeit ihrer Sprache einen schwierigen Stand (vgl. ebd. 106).

4.1.4 Fazit

Den Spartanern war es gelungen, eine Gesellschaft zu konstituieren, die in der
Literatur zu Recht als Gerontokratie bezeichnet wird. Denn das gesamte gesell-
schaftliche Leben war auf den Staat zentriert, und dieser wiederum wurde von den
Alten bestimmt. Basis des gesellschaftlichen Lebens war die unhinterfragte Unter-

ordnung der Jüngeren bei gleichzeitiger Anerkennung der Alten und ihrer Autorität, was letztlich zu einer völligen Konformität führte (vgl. Schmitz 2009: 112). Die klar strukturierten Rollenbeziehungen wiesen ein ausgesprochen hohes Maß an Eindeutigkeit auf, was mit großer Handlungssicherheit sowohl für die Individuen als auch für den Staat einherging. Und diese Eindeutigkeit spiegelte sich auch in den Altersbildern wider. Aber diese waren nicht nur eindeutig, sondern zugleich höchst positiv konnotiert, was insofern naheliegt, als die gesellschaftliche Position der Alten ebenfalls höchste Anerkennung erfuhr. Die Spartaner entwickelten spezifische Strategien, um dieses System einer altersbasierten gesellschaftlichen Hierarchie zu stabilisieren: Sowohl das Erziehungssystem, die Speisegemeinschaften als auch eine spezifische, reduzierte Art der Sprache waren Instrumente zur systematischen Unterordnung der Jüngeren unter die Alten und können nach Schmitz (2006: 108f.) als ein Teil des spartanischen Sonderwegs bezeichnet werden.

4.2 Alter(n) in Athen

Der attische Staat galt als die Wiege der Zivilisation und der Demokratie. Berühmtheit erlangte Athen durch seine Fortschrittlichkeit, seine Aufgeschlossenheit und seine kulturellen Errungenschaften in den Bereichen Mathematik, Kunst, Philosophie, aber auch in den Naturwissenschaften. Darüber hinaus entstammten zahlreiche namhaften Philosophen wie beispielsweise Aristoteles (384–322 v. Chr.), Platon (428–348 v. Chr.) oder Sokrates (469–399 v. Chr.) diesem Kulturkreis. Die antike Gesellschaft in Athen galt als fortschrittlich und aufgeschlossen. Den Alten gegenüber besaß sie jedoch viele Vorurteile und eine deutlich negative Einstellung (vgl. Baltrusch 2009: 62).

4.2.1 Das Altersbild

Die staatliche Ordnung Athens unterschied sich so grundsätzlich vom spartanischen Staatswesen, dass ein zur völlig anderes kulturelles Bild vom Alter entstand. Während in Sparta beispielsweise klar geregelt war, welche Personen zu den Alten zählten, galt in Athen eine genaue Zuordnung als schwierig. Die attische Gesellschaft besaß keine vorgegebene Altersgrenze und damit auch keinen konkret bestimmbaren Zeitpunkt, ab dem eine Person als alt bezeichnet wurde. Das Lebensalter war kein einschlägiges Kriterium, sondern konnte nur als vager Anhaltspunkt zur Einordnung in eine Lebensphase dienen.

Altsein wurde in Athen u. a. anhand der nachlassenden körperlichen und geistigen Leistungsfähigkeit, dem Ausfallen und Ergrauen der Haare oder den körperlichen Gebrechen bestimmt. Eine Person galt dann als alt, wenn sie eines oder
mehrere dieser Kriterien erfüllte. Letztere wiederum unterlagen jedoch immer
der subjektiven Einschätzung und ließen viel Interpretationsspielraum (vgl. Baltrusch 2009: 62). Die Grenze für den Eintritt in die Altersphase konnte insofern
von jedem anders wahrgenommen werden. Vor dem Hintergrund einer unkla-
ren Altersgrenze und einer Vielfalt an Kriterien, die zu deren Bestimmung herangezogen wurden, kann das Altersbild als eher uneindeutig bezeichnet werden.

Darüber hinaus wurde auch die Phase des Alters selbst als eher uneindeutig
und gleichzeitig als negativ beschrieben. Im gesellschaftlichen Diskurs der attischen Gesellschaft was das Alter ein wichtiges Thema und wurde selbst bei den
Philosophen kontrovers diskutiert. Platon besaß ein eher positives Bild vom Alter
und war der Meinung, dass Jung und Alt gemeinsam in das politische und gesellschaftliche Leben integriert sein sollten. Seine Ideen basierten partiell auf der spartanischen Staatskonzeption (vgl. Baltrusch 2009: 75). Diese Ansichten wurden jedoch von den wenigsten Bürgern geteilt und fanden in der Praxis kaum Zuspruch.

Aristoteles hingegen vertrat ein ähnliches Altersbild wie der Großteil der
Bevölkerung. Er bezeichnete alte Menschen als argwöhnisch, bösartig und eng-
stirnig und überzeichnete allgemeine Klischees. Positive Eigenschaften und Cha-
rakterzüge sprach er den Alten ab, weil diese körperlich und geistig sehr labil sei-
en und verbissen und verbittert an ihrem Leben und ihren letzten Besitztümern
hingen. Aristoteles sprach dieser Lebensphase jeglichen Lebensreiz ab (vgl. Parkin 2005: 57f.).

Das negative Bild der Alten kann auch anhand der Künste verdeutlicht werden: Hier fand es Ausdruck in der zeitgenössischen Kultur. Sowohl die Dichtung
als auch das Theater „stempelten" den alten Athener als „altes Eisen" oder als „ab-
getragenen Schuh" ab und schrieben ihm vorwiegend negative Eigenschaften zu
(Baltrusch 2009: 66). Immer wieder wurde den Zuschauern von Tragödien und
Komödien das Bild des rüstigen, schwachen und gleichzeitig geizigen Greises
suggeriert. Alte Menschen galten als mit einem besonderen Makel behaftet und
wurden mit vielfältigen negativen Wesenszügen assoziiert (vgl. Schmitz 2009:
90f.). Sie waren das Ziel von Spott und Vorurteilen. Nicht zuletzt sollte den alten
Menschen durch das in der Öffentlichkeit stets präsente negative Altersbild gezeigt werden, dass sie ihre Aufgabe innerhalb des Staates erfüllt hatten und nun
überflüssig waren.

4.2.2 Die Stellung der Alten in Athen

Die gesellschaftliche Position bemaß sich in Athen vor allem an den Besitzständen. Ihr Besitz war das ausschlaggebende Kriterium dafür, ob eine Person akzeptiert, geschätzt und in die Gesellschaft integriert oder ob sie ausgegrenzt wurde. Zum Nachteil der Alten war es in Athen gängige Praxis, dass der Besitz ab einem bestimmten Zeitpunkt an ihre Nachkommen übergeben wurde. Es gab insofern keine lebenslang währende Hausgewalt (vgl. Baltrusch 2009: 59).

Vor diesem Hintergrund ist es naheliegend, dass die jüngere Generation die Alten zum frühestmöglichen Zeitpunkt beerben und die Besitzstände für sich beanspruchen wollte und den Übergabeprozess forcierte. Da die Alten mit der Übergabe des Besitzes sowohl ihre Autorität als auch ihre gesellschaftliche Reputation verloren und fortan als Bürger zweiter Klasse galten, war es eine gebräuchliche Strategie von ihnen, „den Zeitpunkt der Hofübergabe hinauszuzögern" (Schmitz 2009: 90), um den Verlust ihrer sozialen Stellung so lange wie möglich aufzuschieben. Die Interessen beider Generationen standen sich insofern diametral gegenüber und lieferten die Grundlage für einen andauernden intergenerationalen Konflikt zwischen Jung und Alt.[4]

Darüber hinaus konnten Athener, die den Alten zugerechnet wurden, nur begrenzt an politischen Entscheidungsprozessen teilnehmen. Zu wichtigen politischen Gremien hatten sie nur beschränkt Zugang. In der Volksversammlung *(Ekklesia)*, die als wichtigstes Entscheidungsgremium fungierte, saßen überwiegend junge Bürger, da deren gesellschaftlicher Anteil in Athen besonders groß war (vgl. Welwei 1992: 110f.). Die Alten stellten in der *Ekklesia* eine Minderheit dar, deren Wort im politischen Diskurs wenig Gewicht hatte. Ein weiteres politisches Gremium war der „Rat der 500" (Schulz 2003: 38). Dieser Rat räumte den Alten ebenfalls keine Privilegien bzw. einen Sonderstatus ein, mit der Folge, dass sie auch hier von den Jungen stark dominiert wurden. Zudem wurden die politischen Ämter und Positionen des Rates durch das Losverfahren (Zufallsprinzip) besetzt, was aufgrund des eher kleinen Anteils der alten Bevölkerung eine zusätzliche Benachteiligung bedingte. Partizipation am politischen Leben war für sie daher nur eingeschränkt möglich (vgl. Baltrusch 2009: 84f.). Trotz ihres großen Erfahrungsschatzes wurden sie in der Demokratie ausgegrenzt und damit ihrer Funktion als „Wissensvermittler" beraubt, die sie häufig in anderen Kulturen innehatten (Baltrusch 2009: 69).

---

4   Daraus ergibt sich ein weiterer Aspekt zur Bestimmung der Altersgrenze: Spätestens mit der Übergabe des Hofes an seinen Nachfolger wurde ein attischer Bürger als den Alten zugehörig betrachtet.

Die Position der Alten in der attischen Bevölkerung kann insofern als eine prekäre bzw. unsichere beschrieben werden, da sie keine staatstragenden Funktionen ausübten und auch in ihrer Familie spätestens mit der Übergabe des Besitzes ihre Rolle als Hausvorstand einbüßten. Ihre damit verbundene Bedeutungslosigkeit oder auch „Nutzlosigkeit" für Staat und Familie war, so lautet die hier vertretene These, einerseits die Basis für ein negativ konnotiertes Altersbild, das das Alter vor allem aus der Perspektive nachlassender körperlicher und geistiger Fähigkeiten und Fertigkeiten und körperlicher Gebrechen beschrieb. Andererseits war es der Ausgangspunkt für die Beschreibung der Alten als eine Last für die Jungen (vgl. Brandt 2002: 45).

4.2.3 Die materielle Absicherung im Alter

Das gesellschaftliche Leben der Alten in Athen war von Altersdiskriminierung gekennzeichnet. Alte Athener besaßen wenig gesellschaftliches Ansehen und wurden primär als Belastung wahrgenommen, weshalb sich die jüngere Generation möglichst wenig mit ihnen befasste. Allein diese Aspekte können ihre prekäre Situation allerdings nicht ausreichend beschreiben. Denn wesentlich ist darüber hinaus, dass sie aufgrund ihrer „Rollen- und Positionslosigkeit" gleichzeitig ihrer Möglichkeiten beraubt wurden, für die eigene materielle Sicherheit zu sorgen. Sie waren, ob sie wollten oder nicht, bei der Existenzsicherung auf die Hilfe ihrer Nachkommen angewiesen. Denn spätestens mit der Übergabe ihres Besitzes an die Nachkommen bedurften die Alten der Unterstützung. Ihr Verzicht auf materielle Werte führte sie nach Schmitz (2009: 90) in eine existenzielle Notlage. Und Clauss (1983: 95) bezeichnet ihre Situation als eine „negative Abhängigkeit".

Ein staatliches Versorgungssystem für die Phase des Alters, wie wir es heute kennen, gab es zum damaligen Zeitpunkt nicht. Allein die Familien standen in der Pflicht, für die Versorgung der Alten aufzukommen (vgl. Baltrusch 2009: 82). Mit einigen Ausnahmen: Herausragende Persönlichkeiten, die sich in der Politik oder im Sport profiliert und Leistungen für den Staat erbracht hatten, wurden im Alter durch den Staat versorgt. So wurde Kriegsinvaliden und den Eltern gefallener Soldaten eine Entschädigung gezahlt (vgl. Baltrusch 2009: 82f.). Aber beispielsweise eine klassische Veteranenversorgung, wie sie *Wöhler* in Kapitel 5 bei der Betrachtung des Römischen Reiches beschreibt, oder Institutionen wie Altersheime (siehe dazu *Dathe*, Kapitel 10) waren in Athen nicht vorhanden.

Die Altenversorgung wurde in Athen von staatlicher Seite aber dennoch nicht „auf die leichte Schulter" genommen. Ein Bewusstsein für die Not der Alten war durchaus vorhanden. Das bezeugen zahlreiche Gesetzeserlasse zur Altenversorgung (vgl. Weber 2009: 116). Spätestens seit der Zeit Homers (etwa 9.

Jahrhundert v. Chr.) galt es als Pflicht der Nachkommen, ihre bedürftigen Eltern zu pflegen und zu versorgen. Eine Unterlassung der Fürsorgepflicht konnte mit dem Entzug der Bürgerrechte geahndet werden. Diese drakonischen Strafen verdeutlichen, dass eine Versorgung der Alten nicht immer als unhinterfragt selbstverständlich galt, sondern hin und wieder nur widerwillig erfolgte. Zudem wurde jeder Bürger dazu angehalten, einen anderen zu verklagen, der seine Eltern schlecht behandelte und ihnen nicht die notwendige Versorgung gewährte (vgl. Parkin 2005: 44f.). Die Beachtung der Fürsorgepflicht gegenüber den Alten war auch bei der Besetzung politischer Ämter von großer Bedeutung: Kandidaten, die ein politisches Amt anstrebten, mussten Auskunft darüber geben, ob sie ausreichende Sorgfalt bei der Altenpflege walten ließen (vgl. ebd.).

Hinsichtlich der materiellen Reproduktion der Alten kann insofern festgehalten werden, dass sie sich als eher unsicher darstellte und mitunter sogar einen prekären Charakter annahm, da die Alten ohne Möglichkeit zur Selbstversorgung vollständig von der Hilfe der jüngeren Generation abhängig waren. Trotz der Gesetze, die die Alten vor Armut schützen sollten, muss ihre Lebenssituation vor allem als unsicher beschrieben werden.

4.2.4 Fazit

Das Altwerden im klassischen Athen war für jeden Menschen mehr „Bürde als Würde". Baltrusch (2009: 81) hebt hervor, dass „sich das soziale und politische Leben der alten Menschen in der modernen und aufgeklärten Welt des klassischen Athen" an der Peripherie der Gesellschaft abspielte. Die Gruppe der Alten besaß wenig Handlungsmöglichkeiten und blickte einer Zukunft in „negativer Abhängigkeit" (Clauss 1983) entgegen. Denn mit dem Alter verloren sie ihre gesellschaftliche Stellung und damit ihre Möglichkeiten zur materiellen Reproduktion, während das absolute „Angewiesensein" auf die Nachkommen begann. Ihre Lebenssituation kann zugleich als eindeutig und als uneindeutig beschrieben werden: eindeutig in der Hinsicht, dass das Alter unausweichlich eine absolute Abhängigkeit von den Nachkommen bedeutete; uneindeutig in der Hinsicht, dass meist nicht einschätzbar war, ob und wenn ja, in welcher Weise diese ihre Pflichten erfüllen würden. Diese prekären gesellschaftlichen Bedingungen in der Lebensphase Alter, so die These, finden ihren Ausdruck in einem Altersbild, das zum einen eindeutig negativ konnotiert ist und das zum anderen unterschiedlichste und damit uneindeutige Charakteristika sowohl der Phase des Alters als auch der Altersgrenze hervorbringt.

4.3 Abschlussbetrachtung

Athen und Sparta besaßen außer ihrer griechischen Herkunft nur wenige Gemeinsamkeiten. Obwohl beide Staaten räumlich nicht weit voneinander entfernt waren, entwickelten sie sich grundlegend verschieden. Insbesondere hinsichtlich der Wertschätzung der Alten und deren gesellschaftlichen Bedingungen zeigen sich gravierende Unterschiede (vgl. Schmitz 2005: 105).

Während sich das kulturelle Altersbild in Sparta durch eine klar definierte, eindeutige Altersgrenze auszeichnete – alt war man mit 30 Jahren –, ließ sich der Eintritt in die Phase des Alters im attischen Staat nur schwierig bestimmen und wurde an spezifischen „Kennzeichen" festgemacht. Die Zuordnung einer Person zur Gruppe der Alten erfolgte beispielsweise aufgrund ihrer nachlassenden körperlichen und geistlichen Leistungsfähigkeit, der Graufärbung der Haare, aber auch aufgrund negativer Eigenschaften wie Geiz, Verbissenheit, Verbitterung, körperliche und geistige Labilität etc. Als alt galt der Athener aber insbesondere dann, wenn er seinen Besitz auf seine Nachkommen übertragen hatte.

Und während das spartanische Altersbild einen weisen und kompetenten Alten mit hoher Autorität beschrieb, der zugleich hohes Ansehen in der gesamten Gesellschaft genoss, zeigt das attische Bild eher das Gegenteil. Der Alte wurde als „altes Eisen" oder als „abgetragener Schuh" gedeutet, der nicht mehr in der Lage war, der Gesellschaft nützliche Dienste zu erweisen. Alte wurden vor allem als Last für die Jungen wahrgenommen und mit negativen Wesenszügen assoziiert.

Diese unterschiedlichen Vorstellungen vom Alter finden ihr Spiegelbild in den unterschiedlichen gesellschaftlichen Positionen, die alte Athener und Spartaner besetzten. Hier zeigt sich ein enger Zusammenhang, der als Wechselbeziehung gedeutet wird: Die jeweiligen Rollen und Positionen in der Phase des Alters, so lautet die These, wirken auf die jeweiligen Altersbilder ein, während diese wiederum die vorhandene Position der Alten stützen.

So findet in Sparta die hohe Position der Alten im Staatswesen ihren Ausdruck in einem Altersbild, das durch Respekt vor dem Alter und höchste Anerkennung für die Alten geprägt ist. Das gesamte Staatssystem ist altershierarchisch aufgebaut, so dass Junge den Älteren stets untergeordnet sind und ihnen strengsten Gehorsam schulden. Und dieser Gehorsam wiederum speiste sich aus dem Glauben an die Erfahrung und an das große Wissen der Alten. Diese Gerontokratie wurde durch ein strenges Erziehungssystem und durch altershierarchisch strukturierte Speisegemeinschaften stabilisiert, ebenso wie durch den „lakonischen" Sprachstil, der konsequent sprachliche Auseinandersetzungen unterband und damit Kritik und Zweifel der Jungen an den Alten erfolgreich verhinderte.

Im attischen Staat hingegen wurden die Alten an den gesellschaftlichen Rand gedrängt. Weder im Staatswesen noch in der eigenen Familie konnten sie wichtige Positionen besetzen. Ihre Existenz war nahezu bedeutungslos für das Funktionieren der verschiedenen Systeme. Grundlage für diese Rolle der Alten war die gesellschaftliche Überzeugung, dass sie ihren körperlichen und geistigen „Zenit" überschritten hätten und daher dem Staat und der Familie in keiner Weise mehr nützlich sein könnten. Mit dem Verlust ihrer Rollen waren die Alten gleichzeitig nicht mehr in der Lage, ihre materielle Existenz aus eigenen Kräften zu sichern. Sie wurden von ihren Nachkommen abhängig, was aber zugleich bedeutete, dass sie von diesen vor allem als eine Last angesehen wurden. Denn im Falle ihrer Bedürftigkeit waren allein die Jungen für ihre Betreuung und Versorgung verantwortlich.

Diese attischen Rollenbeziehungen spiegeln sich zugleich in den Vorstellungen von den Alten wider. Denn Alte wurden vor allem als überflüssig und als Last angesehen; die Phase des Alters wurde mit keinerlei Lebensreizen, sondern vor allem mit negativen Wesenszügen und Gebrechen verbunden. Alte waren daher dem dauerhaften Spott und Hohn der jungen Generation ausgesetzt.

Was kann mit diesem Beitrag gezeigt werden? Vor dem Hintergrund der oben präsentierten völlig unterschiedlichen Vorstellungen vom Alter(n) in der griechischen Antike wird einerseits deutlich, dass diese vor allem soziale Konstruktionen sind. Andererseits zeigt sich, dass die Altersbilder in einem engen Zusammenhang mit den jeweiligen gesellschaftlichen Bedingungen stehen. Sie sind vor allem geprägt durch die Sozial- und Rollenbeziehungen, über die Alte in die Gesellschaft eingebunden sind. Und eine weitere allgemeinere Vermutung soll geäußert werden: Es scheint zumindest plausibel, dass sich vor allem unsichere und prekäre Lebensbedingungen der Alten in einem negativen Altersbild widerspiegeln, dass Unsicherheit im Alter insofern nicht als Möglichkeitsraum, sondern vor allem als eine Bedrohung wahrgenommen wird.

Literatur

Baltrusch, Ernst (1998): Sparta. Geschichte, Gesellschaft, Kultur. München: C.H. Beck Verlag

Baltrusch, Ernst (2009): An den Rand gedrängt – Altersbilder im Klassischen Athen. In: Gutsfeld et al. (2009): 57-86

Brandt, Hartwin (2002): Wird auch silbern mein Haar. Eine Geschichte des Alters in der Antike. München: C.H. Beck Verlag

Clauss, Manfred (1983): Sparta. Eine Einführung in seine Geschichte und Zivilisation. München: C.H. Beck Verlag

Dreher, Martin (2001): Athen und Sparta. München: C.H. Beck Verlag

Dreher, Martin (2006): Die Primitivität der frühen spartanischen Verfassung. In: Luther (2006): 43-62

Gutsfeld et al. (2009): ##nachtragen##

Link, Stefan (1994): Der Kosmos Sparta. Recht und Sitte in klassischer Zeit. Darmstadt: Wissenschaftliche Buchgesellschaft

Luther (2006): ##nachtragen##

Parkin, Tim (2005): Das antike Griechenland und die Römische Welt. Das Alter – Segen oder Fluch? In: Thane (2005): 31-69

Schmitt (2005): ##nachtragen##

Schmitz, Winfried (2005): Altersklasse in Sparta. In: Schmitt (2005): 105-126

Schmitz, Winfried (2006): Die Macht über die Sprache. Kommunikation, Politik und soziale Ordnung in Sparta. In: Luther (2006): 89-111

Schmitz, Winfried (2009): Nicht ‚altes Eisen‘, sondern Garant der Ordnung – Die Macht der Alten in Sparta. In: Gutsfeld et al. (2009): 87-112

Schubert, Charlotte (2003): Athen und Sparta in klassischer Zeit. Ein Studienbuch. Stuttgart: J.B. Metzler Verlag

Schulz, Raimund (2003): Athen und Sparta. Darmstadt: Wissenschaftliche Buchgesellschaft

Thane (2005): ##nachtragen###

Thommen, Lukas (2003): Sparta. Verfassungs- und Sozialgeschichte einer griechischen Polis. Stuttgart: J.B. Metzler Verlag

Todd, Stephen (1996): Athens and Sparta. London: Classical World Series

Weber, Gregor (2009): Zwischen Macht und Ohnmacht – Altersbilder in hellenistischer Zeit. In: Gutsfeld et al. (2009): 113-140

Welwei, Karl-Wilhelm (1992): Athen. Vom neolithischen Siedlungsplatz zur archaischen Großpolis. Darmstadt: Wissenschaftliche Buchgesellschaft

Welwei, Karl-Wilhelm (2004): Sparta. Aufstieg und Niedergang einer antiken Großmacht. Stuttgart: Klett-Cotta

5. Alter(n) im Römischen Reich

Denny Wöhler

„Immer galt in unserem Gemeinwesen
das hohe Alter als verehrungswürdig."
Brandt (2002: 165)

Schon in Kapitel 4 hat *Miglanz* gezeigt, wie unterschiedlich das hohe Alter bzw. der Lebensabend in der Antike bewertet und gestaltet wurde. Während das radikaldemokratische Athen die Alten ausgrenzte und verspottete, wurde in Sparta die Altenverehrung schon von Kindesbeinen an eingeübt. Herrmann-Otto beschreibt die Vielfalt des Alters in der Antike folgendermaßen:

> „Die Antike ist alles andere als ein monolithischer Block. Ganz unterschiedliche gesellschaftliche und familiäre Systeme, divergierende Verfassungsstrukturen und differente Bevölkerungsschichtungen haben voneinander abweichende Einstellungen zu den alten Menschen hervorgebracht, die grundlegend sind für deren rechtliche und soziale Stellung in Familie, Gesellschaft und Staat" (Herrmann-Otto 2004: 4).

Zu den Gesellschaftsystemen der Antike gehört auch das Römische Reich von der späten Republik bis zur römischen Kaiserzeit, d. h. von ca. 200 v. Chr. bis 120 n. Chr. Im Folgenden soll der Frage nachgegangen werden, welche Wechselbeziehungen zwischen den gesellschaftlichen Bedingungen und dem Altersbild in diesem Zeitraum bestanden. Hierbei kommt dem besonderen römischen Familienkonzept der damaligen Zeit und der Arbeit im Alter eine Sonderstellung zu.

Im ersten Teil werden einerseits die allgemeinen kulturellen Altersbilder und -normen präsentiert (5.1). Im Mittelpunkt steht dabei die Gesellschaftsschicht des römischen Staates, die das Bürgerrecht innehatte, da hierzu ausreichende Quellen existieren. Andererseits wird der Blick auf die medizinische Sicht des Alters gerichtet (5.2). Insbesondere die von Hippokrates entworfene und von Galen weiterentwickelte Humoralpathologie ist für die Darstellung des Altersbildes in der römischen Antike unverzichtbar.

Daran anschließend werden die Rollen der Alten in der Gesellschaft und damit verbunden ihre Möglichkeiten zur Existenzsicherung diskutiert (5.3). Dabei wird zwischen der Schicht der Sklaven und Freigelassenen (5.3.1) und der Oberschicht differenziert (5.3.2), ebenso wie zwischen den sozialen Gruppen der Witwen (5.3.3) und der Veteranen (5.3.4). In diesen Abschnitten wird deutlich, welche

wichtige Rolle das Familienkonzept des Römischen Reichs, die Möglichkeiten
zur Arbeit im Alter und staatliche Versorgungssysteme spielen. Die jeweiligen
Rollenbeziehungen und die damit verbundenen Möglichkeiten zur Alterssicherung bilden eine Grundlage für die damaligen Altersbilder, so lautet die hier vertretene These. Abschließend werden die Erkenntnisse im Fazit systematisch zusammengefasst (5.4).

5.1 Kulturelle Altersbilder und Altersnormen

Sucht man nach Altersbildern in der Römischen Antike, so wird man zunächst
feststellen, dass sie sich – aufgrund der untergeordneten gesellschaftlichen Stellung von Frauen – fast nur auf Männer beziehen. Hinzu kommt die große Heterogenität der gesellschaftlichen Positionen der Männer[1], so dass kein einheitliches
Bild des Alters existiert. Dennoch lässt sich eine fast durchweg positive Konnotation des Alters feststellen.

Schichtunabhängig lässt sich der Lebensmittelpunkt eines alten Menschen in
der Familie verorten. Und Gesetz und Sitte sorgten im Römischen Reich für eine
starke Stellung der Familienältesten und damit für ihr hohes Ansehen. So blieb
der Paterfamilias[2] bis zu seinem Tod Familienoberhaupt, lenkte dementsprechend
die Familiengeschäfte und erlangte von allen Abläufen der Familie Kenntnis. Diese Stellung war die Grundvoraussetzung für das positive Ansehen der Alten, für
die Hochachtung und den Respekt, der ihnen entgegengebracht wurde (vgl. Baltrusch 2011: 25). Ihr Ansehen stieg somit, vergleichbar den Bedingungen in Sparta, proportional zum Alter.[3] Im Römischen Reich galten alte Bürger als erfahren
und vorbildhaft. Der Respekt vor dem Alter war eine basale Grundeinstellung
der römischen Bevölkerung, wie die kanonische römische Leitlinie: „Semper in
civitate nostra sensatus venerabilis fruit", verdeutlicht.[4]

Ein besonders hohes Ansehen genossen die Alten aus der Oberschicht. Sie
fungierten in den Führungsschichten als die Denker und Lenker im Staat und

---

1   „Alte Menschen bildeten in den antiken Gesellschaften keine homogene Gruppe: Die Zuge-
     hörigkeit zu einer gesellschaftlichen Schicht, der personale Status – und damit verbunden das
     Bürgerrecht – bestimmten die Lebenswirklichkeit" (Baltrusch 2011: 25).
2   Der *Paterfamilias* war das uneingeschränkte Oberhaupt der Familie zur Zeit des Römischen
     Kaiserreichs. Er hatte die *patria potestas* inne, die ihm die oberste Gewalt über alle Mitglieder
     der Familie zugestand. Dadurch verfügte er über den Familienbesitz und durfte beispielsweise
     auch unerwünschte Neugeborene aussetzen oder in die Sklaverei verkaufen. Die Familienmit-
     glieder mussten seinen Befehlen Gehorsam leisten.
3   Vgl. *Miglanz*, Kapitel 4.
4   Diese römische kanonische Leitlinie bedeutet so viel wie: „[...] immer galt in unserem Ge-
     meinwesen das hohe Alter als verehrungswürdig" (Brand 2002: 165).

sorgten für einen reibungslosen Ablauf des Verwaltungsapparates (vgl. Brandt 2002: 166). Bis ins hohe Alter führten sie die wichtigsten Staatsgeschäfte. Durch die Übernahme dieser ehrenvollen und wichtigen Aufgaben manifestierte sich auch außerhalb der Familie ein positives Altersbild.

Die Führer militärischer Eliten, die ebenfalls überwiegend höheren Alters waren, waren ebenfalls durch ein hohes Ansehen gekennzeichnet (vgl. Vössing 2009: 141). Aus der Sicht des römischen Volkes vereinten sie Erfahrung, Ausdauer, Training und Disziplin in sich. Da sie und die Veteranen die expansive Phase des Römischen Reichs einleiteten und damit für eine riesige Ausdehnung des Imperiums sorgten, wurde ihnen große Hochachtung und Respekt entgegengebracht.

Theoretisch war das Alter in der römischen Antike klar definiert. Mit 60 Jahren galt der römische Staatsbürger als alt. Mit Vollendung des 60. Lebensjahres wurde er von militärischen Aufgaben und anderen staatsbürgerlichen Verpflichtungen befreit (vgl. Luh 2003: 5). Für den ärmeren Teil der freien Bevölkerung bedeutete das Erreichen des 65. Lebensjahres den Eintritt in die Lebensphase Alter. Sie war mit dem Wegfall der Kopfsteuer verbunden und bedeutete eine große finanzielle Erleichterung. Es kann festgehalten werden, dass der Eintritt ins Alter mit dem Erreichen des 60. bzw. 65. Lebensjahres assoziiert wurde und mit dem Wegfall militärischer oder finanzieller Gemeinschaftsverpflichtungen einherging (vgl. ebd.). Dennoch zeigen die vorangegangenen Betrachtungen, dass eine Weiterbeschäftigung auch nach dem Eintritt in die Altersphase üblich war und eine Grundlage für das hohe Ansehen und die Vorbildfunktion der Alten bildete.

Auch in den unteren Schichten der römischen Sozialpyramide, wie beispielsweise bei den Sklaven oder anderen nichtbürgerlichen Teilen der römischen Gesellschaft, galt das Alter als vorbildhaft und erstrebenswert. Auch hier bildete die Familie den Lebensmittelpunkt. Zwar gab es keine so strenge Rangordnung wie in bürgerlichen Familien. Dennoch galt auch hier, dass die Arbeitsleistung der Alten geachtet und sie deshalb geehrt und geschätzt wurden. Bis ins hohe Alter bzw. solange es ihre körperliche Verfassung zuließ, arbeiteten auch die alten Sklaven, um die Existenz ihrer Familien zu sichern (vgl. Schumacher 2001: 242).

Insgesamt wurde das Alter in der Römischen Antike also durchaus positiv interpretiert. Es war zwar mit einer Loslösung von einigen Gemeinschaftsverpflichtungen verbunden. Dennoch hatten die bürgerlichen Alten weiterhin Anteil am Staatsleben, was mit Ruhm und Ehre bedacht wurde. Und auch in nicht bürgerlichen Gesellschaftsschichten wurde den Alten Anerkennung und Respekt entgegengebracht, da sie weiterhin an der Existenzsicherung ihrer Familien beteiligt waren.

5.2 Das medizinische Bild vom Alter

Galen war nach Hippokrates der bedeutendste Arzt der Antike, der mit seinen ana-
tomischen Untersuchungen und Beobachtungen der Körperfunktionen des Menschen ein umfassendes System der Medizin schuf, das mehrere Jahrhunderte die
Heilkunde und das medizinische Denken und Handeln bestimmte. Er stützte sich
auf die *Viersäftelehre*, welche schon im altgriechischen Raum durch Hippokrates
verbreitet wurde (vgl. Tielemann 2005: 315f.). Mit ihr erklärte er Veränderungen
im Alter und entwickelte Möglichkeiten der Bekämpfung von Altersbeschwerden. Er konstruierte damit ein medizinisches Bild vom Alter, das den Menschen
der Römischen Antike Orientierung und Einsicht in die körperlichen Vorgänge
beim Prozess des Alterns geben sollte.

Nach Galen waren für den menschlichen Körper die vier Säfte Blut, Schleim,
gelbe Galle und schwarze Galle maßgeblich. Diese seien in einer für jeden Menschen spezifischen Mischung im Gleichgewicht. Besteht ein Ungleichgewicht, ist
der Mensch nach dieser Lehre krank (vgl. Gundert 2005: 436ff.).

Aus der Viersäftelehre entwickelte Galen ein medizinisches Konzept für die
Lebensphase Alter (vgl. Baltrusch 2011: 28). Für ihn galt es als erwiesen, dass Al-
terserscheinungen auf ein Ungleichgewicht der Säfte zurückzuführen sind. Dabei sei das Alter selbst keine Krankheit, so seine Annahme, sondern ein Mangel
an Vollkommenheit. „Was alle Menschen Alter nennen […], ist die kalte und tro-
ckene Säftemischung im Körper, die als Folge der langen Reihe von Jahren entsteht" (ebd., 29).

Nach Galens Meinung bot es sich als mögliche Form der Behandlung bzw.
der Therapie an, dem Körper Wärme und Feuchtigkeit, beispielsweise durch Nahrung, Massagen und Gymnastik zuzuführen.[5] Galen empfahl insofern eine altersgerechte Behandlung. Er betonte:

> „Mit einer auf das Alter abgestimmten Lebensweise könne man die altersbedingten Beschwer-
> den und Krankheiten wie Heiserkeit, Schnupfen, Steinbildung in den Nieren, Gicht, Podag-
> ra, Asthma, Schwindel, Schwierigkeiten beim Harnlassen, Sehschwäche, Schlaflosigkeit und
> Verstopfung wirksam bekämpfen" (Baltrusch 2011: 29).

---

5   Diese Lehre blieb allerdings nicht ohne Widerspruch. Sie war: „medizinisch umstritten, schien
     doch diese Behandlungsmethode offenkundig der hippokratischen Lehre vom Alter als phleg-
     matisch (schleimig) zu widersprechen, da die bestehende Meinung vieler Ärzte davon ausging,
     dass das Alter an einem Zuviel an Schleim (im Magen) leide und deshalb eher ‚trockengelegt'
     werden müsse, und sie vergaßen darüber, zwischen der altersbedingten Trockenheit des Körpers
     und der überflüssigen Magenfeuchtigkeit zu unterscheiden" (Baltrusch 2011: 29).

Er verwies darauf, einen Beruf zu wählen, den man auch im Alter noch ausüben könne. Insofern berücksichtigte er, dass in der Römischen Antike auch im hohen Alter gearbeitet wurde.

Allein die Humoralpathologie Galens berücksichtigte in der Römischen Antike eine mögliche Gebrechlichkeit des Körpers beim Älterwerden. Aber dadurch, dass Galen betonte, Beschwerden würden nicht durch das Alter an sich, sondern durch ein Ungleichgewicht der Säfte im Körper verursacht, verlieh er dem Alter selbst einen neutralen Charakter. Darüber hinaus konstruierte er das Alter als ein Risiko-Phänomen[6], dessen mögliche negative Seiten durch eine geeignete Behandlung aktiv beseitigt werden könnten.

Insofern bleibt abschließend zu resümieren, dass das Bild des Alters in der Römischen Antike in der Regel positiv konnotiert war und dass die Wertschätzung der Alten allenfalls durch die medizinische Sichtweise auf das Alter etwas geschmälert wurde.

5.3 Altersrollen und die materielle Reproduktion im Alter

Im Rom der Kaiserzeit hatten viele Männer bis ins hohe Alter sowohl wichtige gesellschaftliche bzw. soziale als auch politische Aufgaben zu erfüllen und dienten insofern eine sehr lange Zeit ihres Lebens dem Gemeinwohl des Reiches. Tendenziell galt für viele: Je älter, desto höher war die gesellschaftliche, soziale oder politische Rolle, die man innehatte. In der Oberschicht galten die Alten in den Führungsschichten als die wichtigsten Leistungsträger und Garanten der kommunalen Selbstverwaltung (vgl. Brandt 2002: 166). Sie führten noch bis ins hohe Alter die Geschäfte des Staates. Und der Ruhestand, der weitestgehend sehr spät angestrebt wurde, war keinesfalls als ein Ort der Ruhe gedacht. Auch diese Zeit sollte genutzt werden, um sich weiterzubilden und kreativ zu sein.

Eine Beschäftigung bis ins hohe Alter fand aber nicht nur in der bürgerlichen Oberschicht Zustimmung. Ähnlich staffelte sich auch die Kompetenzverteilung im Militär. Zu jener Zeit bildeten 40- bis 50-Jährige das Rückgrat der Legionen und Zenturionen (vgl. Vössing 2009: 141). Oftmals waren die Soldaten sogar noch älter. Alter galt hier als eine Vereinigung von Erfahrung, Ausdauer, Training und Disziplin. Je älter der Soldat war, desto größer war daher sein Ansehen. Die Veteranen galten als die Garanten für den machtpolitischen Aufstieg und die territoriale Expansion des römischen Kaiserreichs. Es lässt sich hier folgender Grundsatz feststellen: Je höher das Alter, desto höher die Macht.

---

6   Siehe hierzu Kapitel 3.1.

Dieser Zusammenhang galt allerdings nur für die gehobenen Gesellschaftsschichten. Menschen aus unteren Schichten, wie zum Beispiel Sklaven und Freigelassene, hatten wenige Chancen auf politische Teilhabe. Bei ihnen war eine Steigerung von Macht und Einfluss mit zunehmendem Alter nicht erwünscht. Dennoch wurde Sklaven durch eine Beschäftigung bis ins hohe Alter die Möglichkeit zur materiellen Reproduktion geboten.

Wie sich die konkrete Altersversorgung vor dem Hintergrund der jeweiligen Rollen in unterschiedlichen Gesellschaftsschichten – der Schicht der Sklaven und Freigelassenen und der Oberschicht – und in verschiedenen sozialen Gruppierungen – wie Witwen und Veteranen – gestaltete, sollen die folgenden Abschnitte beschreiben. Es soll gezeigt werden, in welchen Gruppen eine gesicherte Alterssicherung existierte und wo von prekären, unsicheren Verhältnissen gesprochen werden muss.

5.3.1 Die Sklaven und Freigelassenen

Sklaven standen auf der untersten Stufe der römischen Sozialpyramide. Aus rechtlicher Sicht gab es nach Apathy et al. (2007) zwei Möglichkeiten, zum Sklaven zu werden:

> „Zum Sklaven wird man entweder geboren oder gemacht. Geboren: wenn die Mutter Sklavin ist. Gemacht: entweder nach *ius gentium*, d. h. durch Kriegsgefangenschaft, oder nach *ius civile*, wenn sich ein freier Mensch, älter als 20, selbst verkaufen lässt, um mit seinen Komplizen den Kaufpreis zu teilen" (Apathy et al. 2007: 24).

Unabhängig davon, wie man in die Sklaverei geraten war, versuchte jeder Sklave, sich seiner Fesseln zu entledigen und frei zu werden. Der einzige Weg zum *status libertatis* führte über die Freilassung. Es gab drei Freilassungsformen: Zum einen konnte der Sklave durch den Willen des Prätors oder Statthalters – *manumissio vindicta* – freigelassen werden. Zum anderen konnte der Herr seinem Sklaven erlauben, sich in die Bürgerlisten einzutragen (*manumissio censu*). Und darüber hinaus konnte der Herr über die Freilassung seines Sklaven in einer letztwilligen Verfügung entscheiden (*manumissio testamento*) (vgl. ebd. 26). Ein Freigelassener stand aber immer noch in einem Abhängigkeitsverhältnis zu seinem Herrn und hatte für ihn gewisse Dienste zu leisten. Erst die Kinder eines Freigelassenen hatten den Status eines römischen Vollbürgers mit all seinen rechtlichen Vorteilen.

Es lässt sich nicht leugnen, dass der Lebensabend eines Unfreien eine äußerst prekäre und unsichere Situation bedeuten konnte. Dennoch war das hohe Alter eines Sklaven, laut verschiedener Quellen, nicht unbedingt mit Armut und Not verbunden. Es gibt zahlreiche epigrafische Hinweise darauf, dass es einen starken und gut funktionierenden Zusammenhalt in den Sklavenfamilien gab (vgl. Schumacher 2001: 242). Insofern konnten die Alten mit einer Unterstützung durch ihre Kinder rechnen. Und war es den Unfreien gesundheitlich möglich, dann gilt als belegt, dass diese bis ins hohe Alter arbeiten konnten und durften und dementsprechend selbst für ihre Alterssicherung sorgen konnten (vgl. Brandt 2002: 160). Eine Unterscheidung zwischen den verschiedenen Einsatzbereichen von Sklaven ist hier zwingend notwendig. Ein Sklave in der gewerblichen Produktion – wie Bergwerken, Steinbrüchen oder im Agrarsektor – konnte aufgrund der erforderlichen körperlichen Anstrengungen nur in den seltensten Fällen bis ins hohe Alter arbeiten. Und mit der Aufgabe seiner Tätigkeit wurde auch seine Existenzsicherung prekär. Die körperlichen Anstrengungen eines Haussklaven hingegen waren eher gering, so dass dieser seine Tätigkeiten meist bis ins hohe Alter ausüben konnte. Ihm boten sich zudem im Alter soziale Aufstiegschancen, sobald er bei der stadtrömischen Aristokratie angestellt war (vgl. Kolb 2002: 198).

Nach der Freilassung eines Sklaven galten für seine Familie in der Regel dieselben Grundvoraussetzungen zur Alterssicherung wie für alle römischen Bürger (vgl. Brandt 2002: 160). Es bedeutete, dass die Sorge für die Alten bei Bedürftigkeit nun ihren Kindern oblag (vgl. ebd.). Viele Grabinschriften verdeutlichen, dass es dabei zwei Seiten der Medaille gab. Teilweise wird deutlich, welch große Anerkennung die (Groß-)Eltern durch ihre Kinder erhielten. So ist auch die Grabinschrift von Flavius Pudens zu verstehen, der auf ein glückliches Leben zurückblickt:

> „Hier liegt der Urgroßvater Flavius, der als Greis mehrere Lebensalter zählend, verdient, dass Folgendes oft vergegenwärtigt werde: Er lebte ein beispielhaftes Leben und hätte wegen seiner Mannhaftigkeit zugleich Vater seiner Enkel genannt werden können; er pflegte nämlich oft mit seinem schnellen Pferd große Flüsse zu durchqueren und noch als Alter zeigte er (auf der Jagd) den Hunden den Hasen" (Brandt 2002: 161).

Gestaltete sich die Beziehung zwischen den Familiengenerationen nach diesem Muster, konnten sich die Alten auf die Jungen verlassen. Ihr Lebensabend konnte als gesichert gelten. Schwieriger sah es hingegen für diejenigen aus, die sich nicht auf ihre Nachkommen verlassen konnten oder die keine eigenen Kinder hatten. Und waren sie nicht mehr in der Lage zu arbeiten, dann hatten sie geringe Chancen auf einen sicheren Lebensabend.

5.3.2 Die Oberschicht

Der anfangs zitierte Grundsatz, dass das Greisenalter stets höchste Verehrung verdiente, hatte in der Oberschicht die größte Bedeutung. Das hohe Ansehen der

Alten zeigte sich darin, dass sie selbst im höchsten Alter, also auch jenseits des 70. Lebensjahres, eine Vielfalt an öffentlichen Ämtern und Positionen bekleiden konnten (vgl. Brandt 2002: 166).

Auch die Sonderstellung der zahlreichen *Gerusien* muss in diesem Zusammenhang erwähnt werden. Wie schon der Name „Ältestenrat" suggeriert, waren hier nur erfahrene, alte Bürger vertreten, die die Aufgabe hatten, den Staat zu lenken und ihre Ideen zu verwirklichen. Die Gerusien waren ein Ort, an dem beispielsweise vermögende, einflussreiche alte Männer zusammenkamen und Stiftungen oder Zuweisungen für öffentliche Angelegenheiten organisierten (vgl. ebd.). Insofern arbeiteten die alten Bürger der römischen Oberschicht bis ins hohe Alter für die Gesellschaft und das Gemeinwohl. Und konnten sie aus körperlichen Gründen nicht mehr arbeiten, dann versuchten sie, ihren Geist und ihre Seele weiter zu formen (vgl. ebd. 167 ff.). Verdeutlicht wird die kreative und ruhige Form des Lebensabends eines Bürgers der Oberschicht in Plinius, Brief, der das Leben des ihm befreundeten Suffektkonsuls T. Vestricius Spurinna beschreibt:

> „Ich weiß nicht, ob ich jemals eine angenehmere Zeit verlebt habe, als die kürzlich bei Spurinna verbrachte, so angenehm, dass ich im Alter – wenn anders es mir vergönnt ist, alt zu werden – niemandem lieber nacheifern möchte; eine geordnetere Lebensweise lässt sich gar nicht denken" (vgl. ebd., 167).

Ein Maximum an Vermögen, Zeit sowie funktionierenden sozialen Bindungen und ein hoher Bildungsstand ermöglichten den Alten der Oberschicht im Römischen Reich, einen existenziell gesicherten und zugleich abwechslungsreichen und sorgenfreien Lebensabend zu führen.

5.3.3 Die alten Witwen

Geht man aufgrund der friedlichen und wohlstandssichernden Gesamtsituation der römischen Kaiserzeit davon aus, dass Witwen und Alleinstehende nur ein Randphänomen darstellten, dann liegt man völlig falsch. In der Realität war die Zahl der Witwen enorm hoch. So machten sie knapp ein Drittel der weiblichen Gesamtbevölkerung aus (vgl. Brandt 2002: 163).

Witwen mussten nicht immer ein hohes Alter haben. In der römischen Antike war es üblich, dass junge Frauen auch weitaus ältere Männer heirateten. Und da die Lebenserwartung der Männer auch zu dieser Zeit geringer war als die der Frauen, hinterließen sie oft auch jüngere Frauen. Auch die Witwen von gefallenen Soldaten waren mitunter sehr jung. Während für diese eine schnelle Wiederverheiratung angestrebt wurde, hatten alte Witwen, im Alter von über 60 Jahren, hierzu keine Chance (vgl. Krause 1995: 33f.). Gerade deshalb muss man sich die Frage stellen, wie die alten Witwen ihren Lebensabend sicherten.

In der Antike war es völlig unüblich, sich testamentarisch abzusichern. Die Altersversorgung der Witwen war also nur unzureichend durch Vererbung von Besitztümern und Wertgegenständen gesichert. Häufig zu beobachten war ihre Aufnahme in den Haushalt des (ältesten) Sohnes. Witwen bauten insofern auf eine Unterstützung durch ihre Kinder, auch wenn diese darüber nicht immer erfreut waren (vgl. Brandt 2002: 160ff.).

Um den eigenen Kindern möglichst wenig zur Last zu fallen, bemühten sich viele Witwen, insbesondere die aus den unteren Bevölkerungsschichten, zu arbeiten. So betätigten sie sich beispielsweise als Verkäuferinnen im Textilgewerbe, auf dem Markt oder aber als Hebammen (vgl. ebd. 164). Gleichwohl war es für diese Frauen äußerst schwer, überhaupt Verdienstmöglichkeiten zu finden (vgl. Krause 1994: 168). In den Städten boten sich eher Möglichkeiten als auf dem Land.

Oftmals hielten sich Witwen zum eigenen Schutz auch Sklaven. Zum einen, um sich vor Gewalttätigkeiten zu schützen, die in der Praxis keine Seltenheit waren (vgl. Brandt 2002: 164). Zum anderen boten di Sklaven, sobald sie ausgebildet waren, eine existenzielle Absicherung für die Witwen bis ins hohe Alter.

Generell lässt sich festhalten, dass die Verhältnisse, die das Leben der alten Witwen prägten, äußerst unsicher waren. Wurden sie nicht von ihrer Familie aufgenommen und versorgt, war ihre Alterssicherung extrem prekär.

5.3.4 Die Sonderstellung der Veteranen

„Ein moderner Beobachter würde sich verwundert die Augen reiben, wenn er die überwiegend älteren Männer in der römischen Armee sehen würde", so argumentiert Vössing (2009: 141). Denn während heute bei den Streitkräften vor allem junge Menschen gefragt sind, bildeten im Römischen Reich die Alten das Rückgrat der Kriegsformationen.

Oftmals waren Soldaten zwischen vierzig und fünfzig Jahre alt oder sogar noch älter (vgl. ebd.). Der Grund hierfür war ebenso banal wie sinnvoll: Kriege erforderten aus damaliger Sicht vor allem Erfahrung, Ausdauer, Training und Disziplin; Eigenschaften, die mit älteren Soldaten assoziiert wurden. Und ein weiterer Aspekt ist in diesem Zusammenhang wichtig: Die Bereiche Politik und Militär waren im Römischen Kaiserreich eng miteinander verwoben. Wer ein hohes politisches Amt innehatte, der musste zwangsläufig auch als Militärkommandant in den Krieg ziehen (vgl. ebd., 142). Und da das hohe politische Amt mit einem eher hohen Alter verknüpft war, war auch der militärische Führer immer ein älterer und erfahrener Bürger.

Zur näheren Beschreibung der Alterssicherungsformen von Beschäftigten im militärischen Bereich muss eine Unterscheidung zwischen den Legionären und den Soldaten der Hilfstruppe vorgenommen werden, da mit den jeweiligen Positionen je spezifische Bedingungen verknüpft waren.

Legionäre waren römische Bürger. Soldaten der Hilfstruppe hingegen hatten den juristischen Status eines „Fremden" (vgl. ebd.: 143). Erst wenn sie ihren Dienst fünfundzwanzig Jahre lang verrichtet hatten, bekamen sie die römische Staatsbürgerschaft verliehen (vgl. Link 1989: 123f.). An dieser Stelle wird offensichtlich, dass sich das hohe Alter vieler Soldaten nicht nur mit der im Krieg nötigen Disziplin und Erfahrung erklären lässt, sondern dass sie durch ihren langjährigen Dienst die Staatsbürgerschaft erhalten wollten. Zudem konnten sie ihren Sold und ihre Sonderzahlungen ansparen, um sich einen späteren Alterssitz zu finanzieren und damit ihren Lebensabend zu sichern.

Für Legionäre galten andere Motive, da sie bereits römische Staatsbürger waren: Ihnen wurde nach ihrer Entlassung ein namhafter Betrag ausgezahlt (vgl. Cowan, McBride 2008: 85ff.). In der Literatur wird vielfach von ca. 3000 Denaren gesprochen. Hinzu kamen der Sold und die zurückgelegten Sonderzahlungen für die abgeleisteten Dienstjahre. Von dem ersparten Geld und der einmaligen Entlassungszahlung kauften sich viele Legionäre Landsitze. Ein Hektar Ackerland kostete zur Römischen Kaiserzeit ca. 1000 Denare (vgl. Vössing 2009: 145). Die Landgüter in der Nähe der Veteranenstadt Köln beispielsweise umfassten meist ein bis drei Hektar. Den Gutsbesitzern wurden meist zusätzlich noch Steuervorteile und andere Rechte gewährt.

Die Veteranen der römischen Streitkräfte galten als Eckpfeiler der Expansionspolitik des Reiches und entsprechend wurden sie geehrt. Ohne sie hätte das Römische Kaiserreich nicht seine territorialen und machtpolitischen Einflüsse ausüben können. Aus dieser Perspektive wird verständlich, dass der Staat die Attraktivität militärischer Posten durch eine spezifische Form der Alterssicherung steigern wollte.

5.4 Fazit

In der römischen Antike galt es als selbstverständlich, dass alten Menschen große Hochachtung und Respekt entgegengebracht wurden, denn mit dem hohen Alter wurde vor allem ein großer Vorrat an Wissen, Erfahrung und Weisheit verbunden. Leicht getrübt wurde dieses positive Altersbild nur durch ein medizinisches Bild des Alters, das auch altersbedingte Beschwerden erwähnte. Da diese aber

als mit geeigneten Mitteln zu bewältigende Phänomene begriffen wurden, haben
sie die positive Konnotation des Altersbildes kaum beeinträchtigt.

Gestützt wurden die Vorstellungen vom Alter durch eine klar hierarchisch
geordnete Familienstruktur in allen Gesellschaftsschichten, in der jeweils der
Älteste als das Familienoberhaupt galt und die innerfamiliären Angelegenheiten
nach innen und außen präsentierte und lenkte. Und eine weitere Besonderheit im
Römischen Reich trug zum hohen Ansehen der Alten bei: Zu dieser Zeit galt es
als unhinterfragt selbstverständlich, dass die Menschen aller Schichten bis ins
hohe Alter einer Beschäftigung nachgingen und dementsprechend zum eigenen
und zum Gemeinwohl beitrugen. So bekleideten beispielsweise die Bürger der
Oberschicht Roms noch im hohen Alter wichtige politische Staatsämter und waren in der kommunalen, regionalen oder überregionalen Verwaltung tätig (vgl.
Brandt 2002: 166). Die sogenannten *Gerusien* – die Ältestenräte – spielten dabei
eine wichtige Rolle, woran sich zeigt, dass gerade den alten Menschen zugetraut
wurde, staatstragende Aufgaben angemessen zu erfüllen.

Waren diese Alten aus der Oberschicht aus gesundheitlichen Gründen nicht
mehr in erster Linie politisch tätig, so bedeutete das dennoch nicht, dass sie dem
Staat nicht mehr dienten. Vielmehr nutzten sie die ihnen verbliebene Zeit, um
sich kreativ und geistig – für den Staat – weiterzubilden.

Aber auch in nichtbürgerlichen Kreisen galt die Arbeit bis ins hohe Alter als
unhinterfragt selbstverständlich, sowohl um die eigene Altersversorgung sicher-
zustellen als auch die Familie weiter zu unterstützen.

Es lassen sich hieraus mögliche Wechselbeziehungen zwischen Altersbild
und gesellschaftlicher Stellung der Alten ableiten: Die verschiedenen, wichtigen
gesellschaftlichen und sozialen Rollen der Älteren, so lautet die hier verfolgte Argumentation, bilden die Grundlage für ein positiv konnotiertes Altersbild, während gleichzeitig die Hochachtung und der Respekt vor den Alten dazu beitrugen, dass den Alten die Bewältigung dieser wichtigen Aufgaben zugetraut wurde.

Es lässt sich weiter schließen, dass das Leben der Alten im Römischen Reich
durch eine vergleichsweise hohe Eindeutigkeit und Sicherheit gekennzeichnet war.
Insbesondere für die Männer der oberen Gesellschaftsschichten ging das steigende Alter mit einer kontinuierlichen Zunahme an Macht und Einfluss und damit
verbunden mit einer Sicherung ihrer materiellen Reproduktion einher.

Aber auch in den unteren Schichten – bei den Sklaven und Freigelassenen
beispielsweise – waren die Menschen bis ins hohe Alter beschäftigt, mit der Konsequenz, dass sie dadurch ihren Lebensabend meist selbst sichern konnten. Und
wenn altersbedingte Einschränkungen schließlich doch zur Aufgabe ihrer Arbeit

führten, galt es als unhinterfragt selbstverständlich, dass die jungen Familienmitglieder unterstützend und helfend einsprangen.

Auch die Veteranen konnten auf einen relativ gesicherten Lebensabend hoffen, da ihnen nach Beendigung ihrer Tätigkeit ein größerer Betrag ausgezahlt wurde, mit dem sie sich einen Alterssitz anschaffen konnten. Zudem war es ihnen möglich, einen Großteil ihres Soldes anzusparen, so dass auch dieser zur Alterssicherung beitragen konnte. Allein die alten Witwen sahen sich eher ungünstigen Bedingungen ausgesetzt. Falls sie keine Arbeit fanden, was insbesondere auf dem Land eher schwierig war, konnten sie nur noch bei ihren Kindern unterkommen, um sich von ihnen versorgen zu lassen.

Auch wenn im Römischen Reich bis ins hohe Alter gearbeitet wurde, markiert dennoch ein deutlicher Einschnitt die Lebensphase Alter: In den oberen Schichten galt man ab 60 Jahren als alt, was mit der Befreiung von einigen militärischen und staatsbürgerlichen Pflichten einherging. Für die unteren Bevölkerungsschichten bedeutete das 65. Lebensjahr den Eintritt in die Altersphase, wobei der Wegfall der sogenannten Kopfsteuer eine große finanzielle Erleichterung bedeutete.

Was die Lebensphase Alter betraf, konnten die Menschen im Römischen Reich insofern ihre Situation recht gut einschätzen bzw. vorhersehen. Und auch ihre Altersversorgung konnte durch die lebenslange Arbeit und den Zusammenhalt innerhalb der Familien in der Regel als relativ gesichert gelten. Aufgrund dieser Erkenntnisse könnte thesenhaft formuliert werden, dass ein Zusammenhang zwischen eindeutigen und sicheren Verhältnissen im Alter und einem positiv konnotierten Altersbild besteht.

Literatur

Apathy, Peter/Klingenberg, Georg/Pennitz, Martin (2007): Einführung in das römische Recht. Köln/ Wien: Böhlau Verlag

Baltrusch, Ernst (2011): Nachttopf bei Gerichtssitzungen, Wie die Antike den Alten Menschen sah und mit ihm umging. In: fundiert, Wissenschaftsmagazin der Freien Universität Berlin. 2011. 25-31. URL: http://www.fu-berlin.de/presse/publikationen/fundiert/archiv/2004_01/04_01_ baltrusch/index.html (Zugriff am 06.07.12)

Brandt, Hartwin (2002): Die römische Kaiserzeit. In: Ders.: Wird auch silbern mein Haar. Eine Geschichte des Alters in der Antike, S. 157-176. München: C.H. Beck Verlag

Christ, Karl (2004): Die römische Kaiserzeit von Augustus bis Diokletian. München: C.H.Beck Verlag

Colognesi, Luigi (2004): Max Weber und die Wirtschaft der Antike. Göttingen: Vandenhoeck & Ruprecht

Cowan, Ross/McBride, Angus (2008): Römische Legionäre: Republik (58 v.–69 n. Chr.) und Kaiserreich (161–284 n. Chr.). Königswinter: Brandenburgisches Verlagshaus Siegler

Dönni, Gerd (1996): Der alte Mensch in der Antike: ein Vergleich zwischen christlicher und paganer Welt anhand der Aussagen von Hieronymus, Augustinus, Ambrosius und Cicero. Bamberg: Difo-Druck

Finley, Moses (1985): Die Sklaverei in der Antike. Geschichte und Probleme. Frankfurt: Fischer-Taschenbuch-Verlag

Giardina, A. (2005): Der Mensch in der römischen Antike. Essen: Magnus Verlag

Gundert, B. (2005): Humoralpathologie. In: Leven (2005): 3-32

Herrmann-Otto, Elisabeth (2004): Die Ambivalenz des Alters. Gesellschaftliche Stellung und politischer Einfluss der Alten in der Antike. In: Dies. (2004): Die Kultur des Alterns von der Antike bis zur Gegenwart, S. 3-32. St. Ingbert: Röhrig Universitätsverlag

Kolb, Frank (2002): Rom: Die Geschichte der Stadt in der Antike. München: C.H.Beck Verlag

Krause, Jens Uwe (1994): Witwen und Waisen im Römischen Reich/Wirtschaftliche und gesellschaftliche Stellung von Witwen. Stuttgart: Franz Steiner Verlag

Landschaftsverband Rheinland (2009): Alter in der Antike. Die Blüte des Alters aber ist ihre Weisheit. Mainz: Verlag Philipp von Zabern

Leven, Karl-Heinz (2005): Antike Medizin. Ein Lexikon. München: C.H. Beck Verlag

Link, Stefan (1989): Konzepte der Privilegierung römischer Veteranen. Stuttgart: Franz Steiner Verlag.

Luh, Andreas.(2003): Das „Goldene Zeitalter der Alten"? Alter in historischer Perspektive. In: Zeitschrift für Gerontologie und Geriatrie 36, Heft 4. 2003. 303-316 (Bochum: Steinkopff Verlag)

Schumacher, Leonhard (2001): Sklaverei in der Antike. Alltag und Schicksal der Unfreien. München: C.H. Beck Verlag

Thébert, Yvon (2004): Der Sklave. In: Giardina (2004): 74-183

Tielemann, Teun (2005): Galen. In: Leven (2005): 315-319

Vössing, Konrad (2009): Die Veteranen der römischen Armee. In: Landschaftsverband Rheinland (2009): 141-150

Wiedemann, Thomas (1996): Servi senes: The role of the old slaves at Rome. Nottingham: Polis.

6. Hexen: Alte Frauen in der Frühen Neuzeit

Eva Lechler

Legt man bei der Suche nach Altersbildern den Fokus auf Frauen, so wird man in der Frühen Neuzeit, ebenso wie in den meisten anderen historischen Epochen, aufgrund der untergeordneten gesellschaftlichen Bedeutung der weiblichen Bevölkerung keine entsprechenden Anhaltspunkte dafür finden. Berücksichtigt man hingegen bei der Recherche das Schlagwort Hexe, stellt sich die Situation ganz anders dar, denn die europäische Hexenverfolgung ist recht umfassend erforscht. Das Feindbild Hexe war für die Menschen der Frühen Neuzeit klar definiert: Es handelte sich um eine alte, hässliche und vor allem böse Frau, die ihren Mitmenschen durch Zauberei absichtlich Schaden zufügte.[1] Schätzungen zufolge wurden im Zeitraum von 1430 bis etwa 1780 im Europa der Frühen Neuzeit 50.000 bis 60.000 Menschen wegen des Verbrechens der Hexerei angeklagt (vgl. Behringer 2009: 35), verurteilt und hingerichtet (vgl. Rummel, Voltmer 2008: 74). Dabei handelte es sich in vielen Regionen Europas vorzugsweise um (alte) Frauen (vgl. Sallmann 1994: 462). Insgesamt wird davon ausgegangen, dass schätzungsweise 80 % der Menschen, die damals den Tod fanden, weiblichen Geschlechts waren (vgl. Schmölzer 1987: 8).

Natürlich kann und soll das „Bild" alter Frauen in der Frühen Neuzeit hier nicht mit dem der Hexe gleichgesetzt werden. Denn nicht allen alten Frauen wurden die gesellschaftlich konstruierten Merkmale und Eigenschaften einer Hexe zugerechnet. Dennoch kann eine Fokussierung auf das Phänomen Hexe bei der Suche nach einer besonderen Variante des Altersbildes von Frauen der damaligen Zeit weiterhelfen. Denn es liefert Hinweise auf eine spezifische Gruppe von Frauen, die sich in besonders prekären und unsicheren Lebensverhältnissen befanden und vor diesem Hintergrund von der Bevölkerung meist mit großem Argwohn und Misstrauen betrachtet wurden. Und deren „Beseitigung" durch ihre Identifikation als Hexe trug mitunter zur Befriedigung einer Vielzahl von gesellschaftlichen und sozialen Bedürfnissen bei. Insofern sollte es gerade durch

---

[1] Diese Eigenschaften werden auch heute noch mit Hexen assoziiert; allerdings begegnen sie uns nur noch in Büchern und Filmen bzw. in fremden Kulturen.

den Einbezug des Phänomens Hexe möglich sein, die Wechselbeziehungen zwischen der in jeder Hinsicht unsicheren Situation einer Gruppe von alten Frauen dieser Zeit und der gesellschaftlichen Neigung, sie dem Feindbild Hexe – als einem negativen Altersbild – zuzuordnen, herauszuarbeiten. Darüber hinaus wird vermutet, dass auch gesamtgesellschaftliche Unsicherheiten dieser Zeit dazu beitrugen, dass Hexenverfolgungen als legitime Mittel zur Bewältigung von unterschiedlichsten Problemen anerkannt wurden.

Es gilt daher im Folgenden einerseits die möglichen Ursachen aufzudecken, weshalb die Hexenverfolgung im Europa der Frühen Neuzeit von der Bevölkerung grundsätzlich akzeptiert und über einen Zeitraum von ca. 350 Jahren nicht in Frage gestellt wurde. Andererseits muss geklärt werden, warum insbesondere alte und alleinstehende Frauen mehr als andere Bevölkerungsgruppen dazu „geeignet" erschienen, als Hexen verfolgt und vernichtet zu werden.

Der Beitrag ist wie folgt gegliedert: Zunächst wird einführend ein kurzer Einblick in das Phänomen Hexe gegeben (6.1). Im nächsten Kapitel (6.2) werden die unsicheren gesellschaftlichen Rahmenbedingungen in der Frühen Neuzeit aufgedeckt (6.2.1), die dazu beitrugen, dass sich die Hexe zu einem „adäquaten" Sündenbock entwickeln konnte und die Hexenverfolgung zunehmend als ein legitimes Mittel zur Lösung verschiedener Probleme angesehen wurde (6.2.2). Kapitel 6.3 ist der Frage gewidmet, warum es überwiegend alte Frauen waren, die in den Augen der Gesellschaft als „geeignete" Hexen erschienen. An dieser Stelle muss allerdings eine Einschränkung vorgenommen werden: Denn nicht im gesamten europäischen Raum bzw. während des gesamten Zeitraums der europäischen Hexenverfolgung wurden allein alte Frauen der Hexerei bezichtigt. Auch Männer und junge Frauen fielen der Hexenverfolgung zum Opfer. In bestimmten Regionen und Zeiträumen wurden jedoch überwiegend alte Frauen als Hexen identifiziert, verfolgt und vernichtet (vgl. Bever 1982: 156). Exemplarisch sei an dieser Stelle die Grafschaft Essex in England genannt, wo der Anteil der über 50-jährigen Frauen, die als Hexe verurteilt wurden, 87% betrug (vgl. Levack 1995: 139). Und ebendiese Region soll hier als Beispiel dienen, um herauszuarbeiten, wie prekäre und unsichere Lebensbedingungen im Alter ihren Ausdruck in negativen Altersbildern finden. Im Fazit (6.4) werden die wichtigsten Erkenntnisse zusammengefasst.

6.1 Das Phänomen Hexe

Um einen Überblick über das Phänomen Hexe zu geben, beinhaltet dieses Kapitel einleitend die Darstellung des Hexenbildes (6.1.1). Daran schließt sich die Betrachtung der weltanschaulichen Grundlagen für den Hexenglauben an (6.1.2), gefolgt von der gesellschaftlichen Konstruktion des sogenannten „Superverbrechens" (6.1.3). Im letzten Abschnitt wird der typische Ablauf einer Hexenverfolgung vom Verdacht bis zur Hinrichtung beschrieben (6.1.4).

6.1.1 Das Feindbild Hexe

Die frühneuzeitlichen Vorstellungen von einer Hexe reichten von angeblich typischen Merkmalen ihres äußeren Erscheinungsbildes über charakteristische Eigenschaften bis hin zu Verhaltensweisen, die ihnen zugeschrieben wurden.

Eine Hexe in diesem Sinne wurde meist als eine alte Frau mit einem hageren Gesicht, einer schmalen und vorstehenden Nase, Warzen, schielenden oder Triefaugen und einem Buckel beschrieben. Sie zeichnete sich oft durch weitere Absonderlichkeiten aus, wie beispielsweise Zahnlosigkeit. Darüber hinaus lebte sie allein und hatte ein Haustier, bei dem es sich in den meisten Fällen um einen Kater handelte (vgl. Schmölzer 1987: 151).

Sie wurde zudem als scharfzüngige, übellaunige und streitsüchtige Frau beschrieben, die zum Fluchen neigte. Da es sich (meist) um alte Frauen handelte, kamen Zeichen von Senilität hinzu, was zu dem weit verbreiteten Glauben führte, Hexen seien geistig verwirrte Menschen. Darüber hinaus legten sie verschiedene Formen religiöser und moralischer Abnormität an den Tag und waren deshalb nach dem allgemeinen Verständnis zutiefst böse Geschöpfe, die durch den Bund mit dem Teufel die Fähigkeit erlangt hatten, Zauber anzuwenden und ihren Mitmenschen damit absichtlich zu schaden (vgl. Levack 1995: 148).

6.1.2 Weltanschauliche Grundlagen des Hexenglaubens

Der Glaube an übernatürliche Kräfte und Geister bestand nicht erst seit der Frühen Neuzeit, sondern geht auf das heidnische Altertum zurück. Schon bei den Germanen, Römern, Griechen und Kelten finden sich ähnliche Elemente wie im späteren Hexenglauben; allerdings unterschieden die Menschen vormals nützliche und schädliche Zauber, von denen nur letztere unter Strafe standen. Erst die Kirche brachte im Zuge der Christianisierung Zauberei und Wahrsagerei mit dem Teufel in Verbindung, dessen Macht ihrer Meinung nach nur in der Vorstellungskraft seiner Opfer existierte. Im Verlauf der Ketzerverfolgung im 12. und 13. Jahrhundert änderte sich dieses Dogma jedoch: Der Hexerei wurde nun von den Klerikern des Spätmittelalters eine reale Existenz zuerkannt, wobei der Pakt mit dem Teufel den Verrat des christlichen Glaubens bedeutete. Über diesen Pakt hinaus wurde auch ein sexuelles Verhältnis mit dem Teufel als möglich angesehen (vgl. Schachtner 1982: 6f.).

Ende des 14. Jahrhunderts manifestierte sich der Mythos der Hexerei endgültig als Ausdruck von Häresie, und es kam zu strengeren Verfolgungen und ersten Prozessen, die von kirchlichen Richtern (Inquisitoren) eingeleitet wurden (vgl. Sallmann 1994: 462f.). Während in dieser ersten Entstehungsphase des Mythos die Prozesse selbst von primärer Bedeutung für die Verbreitung des Hexenglaubens waren, wurde durch die Erfindung des Buchdrucks in der zweiten Hälfte des 15. Jahrhunderts die Literatur zum entscheidenden Multiplikator dieses Wissens (vgl. Levack 1995: 61).

Auch der fanatische Eifer von Einzelpersonen spielte bei der Ausbreitung des Hexenglaubens eine Rolle. Insbesondere der gelehrte Dominikaner Heinrich Kramer hatte mit der Veröffentlichung seines Werks *Malleus Maleficarum* (dt. *Der Hexenhammer*) im Jahr 1486 dazu beigetragen. Dabei handelt es sich um die erste systematische Zusammenfassung der Thematik, die einem breiten Publikum zugänglich gemacht wurde (vgl. Rummel/Voltmer 2008: 31). Insgesamt gab es zwischen 1486 und 1669 etwa dreißig Auflagen, was die zentrale Bedeutung des Buches für die Geschichte der europäischen Hexenverfolgung verdeutlicht (vgl. Jerouschek/Behringer 2000: 11). Gleichzeitig wurde es (als Inbegriff der juristischen Ungerechtigkeit) zur Grundlage für die Vernichtung Tausender Menschen in ganz Europa, da sich die durch Kramer vorgegebenen Richtlinien zum Erkennen, Behandeln und Töten von Hexen rasch zum offiziellen „Leitfaden" entwickelten. Zudem hatte die Hexenjagd zwei Jahre vor dem Erscheinen des *Hexenhammers* durch die Bulle *Summis desiderantes affectibus* den päpstlichen Segen erhalten (vgl. Durschmied 2004: 67ff.).

Kramer stellte in seinem Werk erstmals eine direkte Verbindung zwischen der Hexerei als Häresie und der Frau her. Um diesen Zusammenhang zu untermauern, bediente er sich bereits bestehender Ansichten der frühchristlichen und mittelalterlichen Kirche, indem er die bis dahin disparaten oder impliziten Vorstellungen systematisierte und für seine Zwecke nutzte. Demnach geht die Abwertung der Frau durch die Kirche auf die Genesis zurück: Da Eva aus einer Rippe Adams geschaffen wurde; ist die Frau dem Mann nicht ebenbürtig, sondern ihm untertan. Der Rippe kommt in diesem Fall eine symbolische Bedeutung zu. Da sie ein gebogener Knochen ist, könne der Geist der Frau zwangsläufig nur verbogen und pervertiert sein, so die Annahme. Außerdem war Eva für den Sündenfall des Mannes verantwortlich, da sie der Verführung nicht widerstehen konnte, also schwach war. Die Existenzberechtigung der Frau sah Kramer ausschließlich darin, dem Mann zu dienen und ihm Kinder zu schenken. Er behauptete zudem, dass die Frau aufgrund ihrer rebellischen Natur und ihrer angeborenen Schwäche empfänglich für die Versuchung durch den Teufel sei, und sorgte so dafür, dass sich das Bild der dämonischen weiblichen Hexe im ganzen Abendland durchsetzte (vgl. Sallmann 1994: 464f.).

6.1.3 Die Konstruktion des „Superverbrechens"

Nachdem die Hexenprozesse anfänglich hauptsächlich von päpstlichen Inquisitoren initiiert worden waren, fand im 16. und frühen 17. Jahrhundert mit zunehmender Intensivierung der Hexenverfolgung eine Verschiebung in Richtung der weltlichen Gerichtsbarkeit statt. Die theoretischen Grundlagen für diese Entwicklung waren bereits im *Malleus Maleficarum* angelegt (vgl. Levack 1995: 91). Darüber hinaus erließ der Regensburger Reichstag 1532 die *Peinliche Halsgerichtsordnung Kaiser Karls V. (Carolina)*, eine Strafprozessordnung, die sich unter anderem mit dem Straftatbestand der Hexerei befasste und darüber hinaus eine Klausel enthielt, die den Reichsländern die Möglichkeit einräumte, eigene Hexengesetze zu erlassen, wovon viele Fürsten Gebrauch machten (vgl. Schormann 1991: 35f.). Auch in anderen europäischen Gebieten wurden Gesetze gegen die Hexerei erlassen. Somit wurde einerseits eine rechtliche Grundlage geschaffen, auf deren Basis weltliche Gerichte Hexenprozesse durchführen konnten, was andererseits zur weiteren Ausbreitung der Hexenverfolgungen beitrug (vgl. Levack 1995: 91f.).

Da die *Carolina* aufgrund der enthaltenen Klausel die Partikularrechte der Fürsten bestehen ließ, wurde der Straftatbestand der Hexerei vielerorts zu einem *crimen exceptum* abgewandelt, wodurch die Voraussetzungen für eine willkürliche Verfahrenspraxis geschaffen wurden (vgl. Schachtner 1982: 38ff.). Welche Bedingungen sich daraus für die betroffenen Frauen ergaben, soll im Folgenden anhand der einzelnen Stationen der Hexenverfolgung kurz dargestellt werden. Hierbei handelt es sich notwendigerweise um ein systematisches Konstrukt, da es in den einzelnen Gebieten Europas, wie bereits erwähnt, verschiedene Hexengesetze gab und insofern nicht alle Prozesse in der gleichen Weise abliefen (vgl. Behringer 1988: 267).

6.1.4 Vom Verdacht bis zur Hinrichtung

Frauen wurden aus den verschiedensten Gründen verdächtigt, die Hexerei auszuüben; und wenn dieser Verdacht erst einmal ausgesprochen war, gab es für
sie keine Möglichkeit mehr, ihm zu entkommen. Da die zu dieser Zeit üblichen
Prozessbedingungen aufgrund der Konstruktion des *crimen exceptum* nicht
galten, konnten schon wenige Indizien zur Verhaftung führen. Die vermeintlichen Hexen wurden zumeist in sogenannte Hexentürme eingesperrt, wo sie unter katastrophalen Bedingungen oft wochen- oder monatelang auf ihr Verhör
warten mussten. Eine andere Variante bestand darin, die Verdächtigen draußen
anzuketten, wo ihnen die Kleider am Leib verfaulten, während sie dem Hohn
und Spott der Bevölkerung ausgesetzt waren. Auch diente das eigentliche Verhör nicht der Wahrheitsfindung, sondern sollte zum Erfolg führen, also ein Geständnis erzwingen; was oftmals aufgrund der vorangegangenen Haftbedingun-
gen auch gelang, da die Hexen körperlich und seelisch bereits gebrochen waren
(vgl. Schmölzer 1987: 95ff.).

Falls sich die Verdächtigen bis zu diesem Zeitpunkt noch nicht schuldig bekannt hatten, musste auf andere Mittel zurückgegriffen werden, damit letztlich
eine Verurteilung erfolgen konnte. Die Auflagen zur Erlaubnis der Folter waren
insbesondere in den Gebieten, wo Hexerei als *crimen exceptum* galt, so stark eingeschränkt worden, dass sie fast immer zur Anwendung kam (vgl. Rummel/Volt-
mer 2008: 49). Sie galt als „Seele des Hexenprozesses" (Behringer 1988: 269).
Die Methoden waren vielfältig: Daumen- und Schienbeinschrauben, Auspeit-
schen, Abbrennen von Schwefel auf der Haut, stehen auf einer glühenden Ofen-
platte oder sitzen auf einem glühenden Stuhl, überziehen mit brennendem Pech,
Schlafentzug, Nahrungs- und Wasserentzug, heiße Säurebäder, das Ausbrechen
der Arme aus den Gelenken usw. (vgl. Rummel/Voltmer 2008: 49). Die meisten
Angeklagten legten angesichts dieser Misshandlungen ein Geständnis ab. Andere starben bereits während der Folter (vgl. Behringer 1988: 270).

Sobald sich eine Hexe schuldig bekannte, konnte ein Urteil gefällt werden,
unabhängig davon, unter welchen Umständen es zu diesem Geständnis gekommen war. Ein Hexendelikt zog in der Regel das Todesurteil nach sich und die
betreffende Person wurde hingerichtet (vgl. Rummel/Voltmer 2008: 51). Dazu
wurde die Verurteilte entweder bei lebendigem Leib verbrannt oder zuerst er-
drosselt bzw. durch das Schwert getötet und dann den Flammen übergeben. In
besonders schweren Fällen oder wenn das Opfer während des Prozesses keine
Reue gezeigt hatte, kam es vor der Hinrichtung noch zu speziellen Marterun-
gen, wie etwa der Räderung (vgl. Schmölzer 1987: 113).

6.2 Gesellschaftliche Unsicherheiten in der Frühen Neuzeit

Im Folgenden sollen die gesellschaftlichen und sozialen Bedingungen aufgedeckt werden, die zur Entstehung des Phänomens der Hexenverfolgung beigetragen haben. Die hier verfolgten Thesen lauten: Die unsichere und uneindeutige gesellschaftliche Gesamtsituation hatte maßgeblich dazu beigetragen, dass sich das Feindbild Hexe im Europa der Frühen Neuzeit etablieren und über einen Zeitraum von ca. 350 Jahren stabil halten konnte. Und bei der Hexenverfolgung handelte es sich um eine Strategie der Regierenden, um von den allgemeinen Unsicherheiten abzulenken und der Bevölkerung durch eindeutige, klare und zielgerichtete Aktivitäten ein Gefühl von Sicherheit und Stabilität zu vermitteln. Diese Strategie wurde von der Mehrheit der Gesellschaft akzeptiert und aufgrund ihrer Praktikabilität nicht in Frage gestellt.

6.2.1 Gesellschaftliche Rahmenbedingungen

Die Menschen im Europa der Frühen Neuzeit waren mit Veränderungen in fast allen Lebensbereichen konfrontiert und durchlebten eine Zeit der Unruhe, der Instabilität und der Verwirrung. Dabei spielten nicht nur soziale und wirtschaftliche Faktoren eine große Rolle, sondern insbesondere der tiefgreifende Wandel der politischen und der religiösen Verhältnisse war von entscheidender Bedeutung.

Durch die Reformation kam es zur Spaltung der Einheit des mittelalterlichen Christentums. Die katholische Kirche stand bereits seit dem 14. Jahrhundert aufgrund des Supremats[2], der Simonie[3] sowie des Ablasshandels in der Kritik. Als Auslöser für die schließlich im 16. Jahrhundert einsetzende kirchliche Erneuerungsbewegung galt der 1521 erfolgte Thesenanschlag von Martin Luther. Im weiteren Verlauf kam es zur sogenannten Konfessionalisierung, die sich nicht ohne Konflikte und Kampfhandlungen vollzog. Den Höhepunkt der Auseinandersetzung zwischen Katholizismus und Protestantismus bildete der von 1618 bis 1648 stattfindende Dreißigjährige Krieg, der zu einer Neuordnung in Europa führte. Durch den im Jahre 1648 beschlossenen Westfälischen Frieden wurden die römisch-katholische Kirche sowie die neu entstandene protestantische Kirche als gleichberechtigte Religionsgemeinschaften anerkannt (vgl. Erbe 2007: 18ff.).

Des Weiteren fand seit dem Hohen Mittelalter vielerorts eine Destabilisierung der politischen Verhältnisse statt, und es entwickelten sich sogenannte Territorialstaaten. Die traditionellen Herrschaftsformen gerieten in Bedrängnis, und

---

2 Darunter versteht man den uneingeschränkten Führungsanspruch des Papstes innerhalb der Kirche.

3 Hiermit ist der Kauf oder Verkauf eines kirchlichen Amtes bzw. von Pfründen, Sakramenten, Reliquien oder ähnlichem gemeint.

es kam in verschiedenen Gebieten zu innenpolitischen Krisen, da die Machtver-
hältnisse zwischen dem jeweiligen „Landesherrn" und der Landesvertretung
in Form von Ständen austariert werden mussten. Im Ergebnis führte dies beispielsweise in Frankreich, Österreich, Brandenburg-Preußen und Dänemark zur
Etablierung des Absolutismus, während sich in England bereits im 17. Jahrhundert nach heftigen Konflikten eine frühe Form des modernen Parlamentarismus
durchsetzte (vgl. Erbe 2007: 15f.).

    Neben diesen beiden gesellschaftlichen Umbrüchen in den Bereichen Reli-
gion und Politik führten aber auch eine Reihe weiterer Entwicklungen dazu, dass
sich die Bevölkerung Europas während der Frühen Neuzeit einer ungewissen Zukunft gegenüber sah. Das Gefühl der Erwartungsunsicherheit wurde verstärkt
durch die Ressourcenknappheit aufgrund des ständigen Bevölkerungszuwachses,
die um sich greifende Verarmung, den Zustrom von Edelmetallen aus den spani-
schen Kolonien in Amerika und die daraus resultierende Inflation sowie durch
das Aufkommen des Kapitalismus. Der allgemeine Lebensstandard sank, was
durch den steigenden Anteil an unverheirateter Frauen und damit verbundener
Modifikationen in der Familienstruktur noch verstärkt wurde. Diese sowohl sozial als auch wirtschaftlich prekäre Lage war darüber hinaus der Grund für eine
Vielzahl von bewaffneten Aufständen, die sich teilweise in Bürgerkriege (z. B.
Deutscher Bauernkrieg 1525) ausweiteten (vgl. Levack 1995: 151f.).

6.2.2 Die Hexe als Sündenbock

Aber wie lässt sich ein möglicher Zusammenhang zwischen den gesellschaftlichen Unsicherheiten und den Hexenverfolgungen denken? Levack (1995: 151)
formuliert es folgendermaßen:

> „Wenn soziale und wirtschaftliche Veränderungen mit religiösen und politischen Verände-
> rungen zusammenfielen, schufen sie ein Klima der Angst in allen Teilen der Gesellschaft,
> das den Menschen eine vom Hexenwesen ausgehende Gefahr stärker bewusst machte, so daß
> sie eifriger darauf bedacht waren, diese zu bekämpfen".

Während der Reformation fühlten sich die Menschen durch die zahlreichen kon-
fessionellen Auseinandersetzungen moralisch und religiös zutiefst verunsichert.
Um diesen Verunsicherungen entgegenzuwirken, entwickelten sowohl die Katholiken als auch die Protestanten besonders eindeutige und klare Regeln. So
sahen sie ihre Aufgabe beispielsweise darin, die Wiederherstellung der Sitten-
haftigkeit zu forcieren; das heißt jede von der Norm abweichende Form der Se-

xualität wurde nun als Unzucht verurteilt und mit schwerer Strafe belegt.[4] Dabei kam es zu einer Verflechtung des Unzuchtsdelikts mit dem Straftatbestand der Hexerei, der ebenfalls sexuell konnotiert war. Man ging davon aus, dass diejenigen, die bewusst gegen die neue moralische Ordnung verstießen und Unzucht begingen, auch dazu bereit wären, sich auf ein intimes Verhältnis mit dem Teufel einzulassen. Gleichzeitig führten die verschärften religiösen Normen und die damit einhergehenden obrigkeitlichen Disziplinierungskampagnen zu einer gestiegenen Denunziationsbereitschaft innerhalb der Bevölkerung, was eine enorme Verschlechterung des gesellschaftlichen Klimas nach sich zog (vgl. Rummel/Voltmer 2008: 88ff.).

Aber auch die Folgen der sozialen und wirtschaftlichen Veränderungen trugen dazu bei, dass das Feindbild Hexe immer wirkmächtiger wurde, indem Schuldige für existenzielle Bedrohungen identifiziert werden konnten. Bedingt durch Ernteausfälle, Viehsterben und Kriegseinwirkungen, zunehmender Inflation, den aufkommenden Kapitalismus und das Bevölkerungswachstum verschlechterte sich die Versorgungssituation, und die Menschen litten unter Hunger, Not und einer erhöhten Sterblichkeit. Die gemeinschaftliche Solidarität innerhalb der Kleinstädte, Dörfer und Nachbarschaften wurde brüchig, und es gediehen Neid, Missgunst, Streitsucht und Gewalttätigkeit. Die Schuldigen für diese existenziell bedrohlichen Situationen waren dann schnell gefunden; man machte die Hexen verantwortlich.

Ein wichtiges Indiz für diese These ist, dass die Perioden extremer Preissteigerungen durch die Inflation in weiten Teilen Europas mit denen extremer Hexenjagden zusammenfielen (vgl. Rummel/Voltmer 2008: 87). Auch die Entstehung des Agrarkapitalismus und die damit verbundene Konzentration des Grundbesitzes sowie die Auflösung kollektiver Zusammenhänge lösten eine soziale Angst aus, auf die die Bevölkerung mit der Akzeptanz des Phänomens der Hexenverfolgung reagierte. Man kann eine enge Verbindung zwischen den durch den Kapitalismus ausgelösten Veränderungen in der Besitzstruktur, den Armengesetzen und der Hexenverfolgung feststellen, so Sallmann (1994: 466).

Das „Hexenmuster" war auch deshalb über einen so langen Zeitraum erfolgreich, weil es sowohl den gebildeten und herrschenden Schichten als auch der einfachen Bevölkerung als Erklärungs- und Konfliktlösungsmodell dienen konnte (vgl. Schachtner: 1982: 36). Die gebildeten Teile der Bevölkerung neigten dazu, die in der Gesellschaft herrschenden Unsicherheiten dem Wirken Satans zuzu-

---

4   Insbesondere bei den jungen Männern rief die äußerst strenge Sexualmoral erhebliche Frustrationen hervor. Denn durch den Wandel der Familienstrukturen und dem seit dem 16. Jahrhundert immer höheren Heiratsalter wurden viele von ihnen vom Heiratsmarkt ausgeschlossen (vgl. Sallmann 1994: 466).

schreiben, und hielten sowohl die religiöse Spaltung, die bäuerliche Rebellion, die Verarmung als auch die Entstehung des kapitalistischen Denkens für Beweise ihrer Theorie. Aus ihrer Sicht war es erforderlich, die Handlager des Teufels, also die Hexen, zu vernichten, um so die Welt von der teuflischen Verunreinigung zu befreien und die rechte Gesellschaftsordnung wiederherzustellen. Darüber hinaus boten die Hexenprozesse den Regierenden zumindest zeitweise die Möglichkeit, die Aufmerksamkeit aller auf einen gemeinsamen Feind zu richten und so von innenpolitischen Problemen abzulenken (vgl. Levack 1995: 152). Um ihre Macht zu erhalten und zu stabilisieren, forcierten die Herrschenden die Hexenverfolgung immer dann, wenn Petitionen oder Rebellionen drohten. Man nutzte also das Hexenmuster, um die Stimmung der Bürger zu beeinflussen und Konflikte zu lösen (vgl. Behringer 1988: 267).

Für die einfache Bevölkerung stellten die Hexenverfolgungen eine Erleichterung von physischen wie psychischen Belastungen dar, denen sie ausgesetzt war. Sie versuchte, ihr inneres Gleichgewicht zu wahren, indem sie das erfahrene Leid auf die vermeintlichen Hexen projizierte. Nicht nur das persönliche Missgeschick Einzelner wurde auf ihr Wirken zurückgeführt, sondern ganze Gemeinden beteiligten sich angesichts der unsicheren gesellschaftlichen Gesamtsituation an der Ergreifung der Hexen (vgl. Levack 1995: 152f.). Darüber hinaus konnten sich die Menschen die Naturkatastrophen, von denen sie heimgesucht wurden, nur auf diese Weise erklären. Auch Kriege und ihre Auswirkungen, Epidemien, schlechte Ernten, unerklärliche Todesfälle und Unglücke waren in ihren Augen ein Werk des Teufels (vgl. Sallmann 1994: 465). Diese Überzeugungen verstärkten sich durch das Aufkommen der neuen Druckmedien noch, da sensationslüsterne Nachrichten aus allen Teilen Europas verbreitet wurden, welche die Angst in der Bevölkerung weiter steigerten (vgl. Rummel/Voltmer 2008: 88). Die Menschen sahen sich insofern täglich Bösem und Bedrohlichem ausgesetzt, sei es in Form von Kriegen, Krankheiten, Hungersnöten oder Naturkatastrophen, und konnten sich nicht erklären, warum ein guter Gott solches Unrecht zuließ. Indem sie das Übel der Welt übernatürlichen Kräften in Form des Teufels und der Hexen zuschrieben, konnte das Verhältnis zu Gott wieder harmonisiert werden. Gleichzeitig bot die Vernichtung der Hexen die ideale Strategie, um sich des vermeintlichen Sündenbocks zu entledigen und die damit einhergehenden Unsicherheiten zu bekämpfen (vgl. Schachtner 1982: 26).

Natürlich kann man argumentieren, dass auch andere Epochen der Geschichte von religiösen, politischen, wirtschaftlichen und sozialen Veränderungen geprägt waren, aber die Frühe Neuzeit nimmt eine Sonderstellung ein, da der hier vollzogene Wandel grundlegender, schneller und umfassender war als in allen anderen Epochen der europäischen Geschichte vor der industriellen Revolution. Es war eine verwirrende Erfahrung für die Menschen jener Zeit, die vormals an eine feststehende Weltordnung geglaubt hatten, und weckte tiefsitzende Ängste. Unter diesen Voraussetzungen konnte sich das Konzept der Hexenverfolgung rasch etablieren, wobei die psychologische Bereitschaft zur Hexenjagd über einen Zeitraum von ca. 350 Jahren nicht abnahm (vgl. Levack 1995: 152f.).

6.3 Frauen als „geeignete" Hexen

Nachdem im vorangegangenen Abschnitt die gesellschaftlichen Grundlagen für die Konstruktion und Akzeptanz des Feindbilds Hexe veranschaulicht wurden, soll nun der Frage nachgegangen werden, warum es in bestimmten Regionen und zu bestimmten Zeiten vor allem alte Frauen waren, die als Hexen identifiziert wurden. Es wird versucht zu plausibilisieren, dass gerade alte, alleinstehende Frauen durch die ihnen gesellschaftlich zugeschriebenen negativen Eigenschaften, durch ihre untergeordnete gesellschaftliche Rolle und die damit verbundene prekäre materielle Absicherung und durch ihre „geheimnisvollen" Berufe zum bevorzugten Ziel der Hexenverfolgung werden konnten.

6.3.1 Das „schwache" Geschlecht: Angriffsfläche für den Teufel

Im Europa der Frühen Neuzeit wurden Hexen auch als *Teufelshuren* bezeichnet, da man davon ausging, dass sich gerade Frauen aufgrund ihrer angeborenen Schwäche auf eine sexuelle Beziehung mit dem Teufel einließen: Dieser vereinigte sich mit ihnen in Form eines Incubus oder verleitete sie zur Teilnahme an Orgien während des Sabbats, so lauteten die Überzeugungen (vgl. Dinzelbacher 1995: 181). Fleischeslust galt als ein Hauptmotiv der Hexerei. Und gerade diese wurde den Frauen zugeschrieben, da sie als sinnlicher, zügelloser und versessener auf Sex galten. Es wurde behauptet, der Teufel pflege sexuellen Umgang mit allen Hexen, weil er von ihrer Veranlagung wisse und seine berüchtigte Sexualkraft dazu einsetze, sie gefügig zu machen (vgl. Levack 1995: 135f.).

Dementsprechend kann der Glaube an Hexen sowie ihre Verfolgung auch als eine *tödliche Form der westlichen Misogynie,* als Frauenfeindlichkeit oder als Frauenhass bezeichnet werden, so die These. Die gesellschaftliche Abwertung des weiblichen Geschlechts durch die Männer bestand schon vor der Frühen Neuzeit und beruhte größtenteils auf Mythen und unbeweisbaren psychologischen Konzepten. So wurde beispielsweise angenommen, dass Männer Gefahr liefen, verrückt zu werden oder den Verstand zu verlieren, wenn sie zu zärtlich zu ihren Frauen wären. Den eigentlichen Grund für die vorherrschende Misogynie sieht Quaife (1987: 82) allerdings in einem Missverhältnis zwischen Männern und Frauen in Bezug auf ihre sexuelle Leistungsfähigkeit: Während Frauen als unersättlich galten, waren Männer nach dem Orgasmus erschöpft und damit (zumindest vorübergehend) entmachtet, so die Annahme.

Aus dieser Perspektive liegt es nahe zu vermuten, dass insbesondere schöne, junge Frauen der Hexenverfolgung zum Opfer fielen. Aber diese nahmen lediglich die Rolle einer Komplizin ein. Das Hauptaugenmerk lag auf der Gruppe der alten Frauen, da von ihnen, aus männlicher Sicht, die größere Gefahr ausging. Dies ist zurückzuführen auf die damaligen Zuschreibungen von weiblicher sexueller Attraktivität, die unseren heutigen Annahmen eher entgegengesetzt sind. Traditionell ging eine junge Frau als Jungfrau in die Ehe. Zum Zeitpunkt der Heirat war sie insofern sexuell vollkommen unerfahren. Für ihren Mann jedoch befand sie sich gerade dadurch auf dem Höhepunkt ihrer sexuellen Attraktivität. Sobald eine Frau sexuelle Erfahrungen gesammelt hatte, galt sie als weniger attraktiv. Von ihr wurde erwartet, dass sie sich auf ihre Rolle als Hausfrau und Mutter konzentrierte und Sexualität in ihrem Leben keine Rolle mehr spielte (vgl. Ruether 1974: 293). Diese gesellschaftliche Norm kann nach Levack (1995) als Ausdruck der großen männlichen Furcht vor sexuell erfahrenen Frauen gelesen werden. Im Vergleich zur jungen, unerfahrenen Frau wirkten sie für Männer bedrohlich, insbesondere wenn sie nicht mehr verheiratet waren oder die Wechseljahre bereits hinter sich hatten (vgl. Levack 1995: 140). „Daher wurde die alte Hexe [Frau] und besonders die alte Witwe zum Objekt männlicher Angst, männlicher Feindseligkeit und männlicher Beschuldigungen wegen Hexerei" (ebd. 140). Darüber hinaus galten alte Frauen auch deshalb als ideale Opfer für den Teufel, weil sie aufgrund ihres fortgeschrittenen Alters meist keine Sexualpartner mehr finden konnten (vgl. ebd. 140f.).

Es gehörte außerdem zum Dogma der Inquisitoren, dass Hexen nach dem Sexualakt mit dem Teufel an intimen Stellen mit einem Mal gekennzeichnet waren oder dass sie mit einer dritten Brustwarze einen Dämon in Tiergestalt ernährten.[5] Da die Wahrscheinlichkeit zur Entwicklung von Muttermalen bzw. Altersflecken mit zunehmendem Alter ansteigt, waren alte Frauen auch aus dieser Perspektive besonders „geeignet", als Hexe identifiziert und verurteilt zu werden (vgl. Ruether 1974: 294).

---

5   Während der Hexenprozesse wurden die angeklagten Frauen daher gezwungen, sich komplett zu entkleiden, um Beweise für ihre Schuld auf ihrem Körper sichtbar zu machen. Muttermale oder kleine Verwachsungen galten als hinreichender Grund, um die Angeklagte als Hexe hinzurichten.

Darüber hinaus spielte die Menopause eine entscheidende Rolle: Das zentrale medizinische Konzept der Frühen Neuzeit, die sogenannte „Viersäfte-Lehre"[6], ging davon aus, dass die Gesundheit der Menschen davon abhängt, dass sich die vier Körpersäfte Blut, Schleim, gelbe und schwarze Galle im Gleichgewicht befinden. Da Frauen ohne Periode nicht mehr dazu in der Lage waren, Menstruationsblut auszustoßen, kam es im Sinne dieser Überzeugungen zu einem Ungleichgewicht der Körpersäfte und das Menstruationsblut verwandelte sich in ein tödliches Gift. Infolgedessen glaubte man, dass Frauen in der Menopause böse und gefährlich würden und mit Hilfe des *bösen Blicks* dazu in der Lage wären, Menschen zu töten; eine Verbindung zum Feindbild Hexe lag also sehr nahe (vgl. Thane 2005: 127).

6.3.2 Alte Frauen: Außenseiter der Gesellschaft

Ein großer Teil der alten Frauen in der damaligen Zeit war ohne männliche Versorgung, von Armut betroffen und wurde an den Rand der Gesellschaft gedrängt. Warum war dies so? Warum mussten sich alte Frauen häufig selbst um ihre finanzielle Absicherung kümmern? Und wieso führte ihre Außenseiterrolle dazu, dass sie zu bevorzugten Opfern der Hexenverfolgung wurden?

Die prekäre, unsichere materielle Sicherung eines Teils der Frauen im Alter ist u. a. auf die demografische Entwicklung in der Frühen Neuzeit zurückzuführen. Der Anteil der Witwen an der weiblichen Bevölkerung, der zuvor meist zwischen 10 und 20 % lag, stieg nun in manchen Kommunen zeitweise auf bis zu 30 % an. Gründe hierfür waren Epidemien, bei denen meist mehr Männer als Frauen den Tod fanden, und Kriege, die naturgemäß mehr männliche Opfer forderten (vgl. Levack 1995: 144). Aber auch die höhere Lebenserwartung und das jüngere Heiratsalter der Frauen sorgten dafür, dass diese ihre Ehemänner oft überlebten und, im Gegensatz zu Witwern, im höheren Alter nicht die Möglichkeit hatten, erneut zu heiraten. In England waren beispielsweise 88 % der über 60-jährigen Männer verheiratet, aber nur 25 % der Frauen (vgl. Quaife 1987: 165).

Das bedeutete, dass die Versorgungsinstitution der Ehe für die restlichen 75 % der über 60-jährigen Frauen wegfiel. Jedoch waren nicht nur Witwen, sondern auch ältere alleinstehende Frauen mit dem Problem der Armut konfrontiert, da sie aufgrund des Frauenüberschusses gar keine Ehe hatten eingehen können. Sie wurden als Außenseiter gebrandmarkt, da die patriarchalische Gesellschaftsstruktur vorsah, dass alle Frauen einem Mann, dem Vater oder zumindest einem Bruder untergeordnet sein müssten, der sie disVipliniere (vgl. Quaife 1987: 163ff.). Somit wurden alte alleinstehende Frauen aus (mindestens) zwei Gründen an den

---

6   Siehe hierzu auch *Wöhler*, Kapitel 5.2.

Rand der Gesellschaft gedrängt: Einerseits stellten sie eine (finanzielle) Bedrohung dar, da sie aufgrund ihres Alters selbst nur wenige Möglichkeiten zur materiellen Reproduktion hatten; andererseits waren alleinlebende Frauen in der patriarchalischen Gesellschaftsstruktur nicht vorgesehen (vgl. Levack 1995: 144).
Aber auch veränderte Familienstrukturen trugen zum Versorgungseng-
pass bei alten, alleinstehenden Frauen bei. So verließen Kinder im frühneuzeitlichen England häufig ihr Heimatdorf, um in nahe gelegenen Städten Arbeit zu
suchen und konnten ihre Mutter aus diesem Grunde nicht mehr versorgen. Und
die Entstehung der Kernfamilie führte dazu, dass ältere weibliche Verwandte
zunehmend nicht mehr zum unmittelbaren Familienkreis gezählt und deshalb
auch nicht mehr versorgt wurden (vgl. Quaife 1987: 88).
In der Konsequenz waren diese alten Frauen auf die Wohltätigkeit der Gemeindemitglieder ihres Dorfes angewiesen, wenn sie nicht in der Lage waren,
ihre Existenz durch eigene Arbeit zu sichern. Am Beispiel Englands soll im Folgenden erklärt werden, warum diese Abhängigkeit dazu führte, dass alte Frau-
en in besonderem Maße dazu „geeignet" erschienen, als Hexe identifiziert und
verfolgt zu werden.
Vor dem 16. Jahrhundert hatte sich in England ein System zur Unterstützung von Witwen und anderen älteren Mitbürgern etabliert. Witwen hatten das
Recht, einen Anteil des Landes aus dem Besitz ihres verstorbenen Mannes zu
erben. Wenn sie dieses nicht selbst bewirtschaften konnten, hatten sie die Möglichkeit, es einem jüngeren Gemeindemitglied zu übertragen, das sich im Gegen-
zug dazu verpflichtete, sie zu versorgen. Durch die sozialen und wirtschaftlichen
Veränderungen im 16. und 17. Jahrhundert jedoch veränderte sich die Situation. Durch den Rückgang des gutsherrschaftlichen Systems verknappte sich die
Verfügbarkeit von Land. Darüber hinaus sorgten Preissteigerungen, die Entstehung des Agrarkapitalismus und das Wachsen der Städte dafür, dass zuvor gel-
tende Traditionen von gegenseitiger Wohltätigkeit und Hilfsbereitschaft von den
Menschen immer weniger beachtet wurden. Selbst bessergestellte Dorfbewoh-
ner entschieden sich immer häufiger, ihre Ressourcen in den eigenen Hof zu investieren, anstatt ihren Beitrag zur Versorgung alter Frauen zu leisten. Hilfe zu
verweigern fiel den Menschen zunehmend leichter, weil der Staat nach und nach
die Verantwortung für Hilfsbedürftige übernahm: Es kam zur Einführung des
nationalen Armengesetzes in England, welches Zuwendungen aus öffentlicher
Hand für Bedürftige vorsah. Allerdings dauerte es bis zur vollständigen Um-
setzung dieser Bestimmungen, so dass für alte alleinstehende Frauen zu dieser
Zeit äußerst prekäre und unsichere Lebensbedingungen bestanden (vgl. Foner

1984: 178f.). Ihnen blieb häufig nur der Weg des Bettelns, um ihr eigenes Überleben zu sichern.
    Aber warum wurden sie dadurch zum bevorzugten Ziel der Hexenverfolgung? Laut Klaits (1985) findet sich eine mögliche Antwort in der Denkweise desjenigen, der eine alte Frau als Hexe identifizierte: Die Weigerung, einer alten Frau die lebensnotwendige Unterstützung zu erteilen, bewirkte oft ein Schuldgefühl, da die Menschen der Frühen Neuzeit, trotz des aufkommenden Individualismus, noch dem mittelalterlichen Ideal verhaftet waren, das die nachbarschaftliche Verantwortung für Bedürftige als selbstverständlich ansah. In der Konsequenz, so Klaits (1985: 89), führte derjenige, der eine bettelnde alte Frau abwies, danach alle schlechten Ereignisse auf sein falsches Verhalten zurück und empfand sie als Strafe Gottes. Durch den Hexenglauben jedoch wurde ihm ein Ausweg aus seinem Dilemma geboten: Statt die Schuld auf sich nehmen zu müssen, projizierte er sie auf die Hilfesuchende, also auf die vermeintliche Hexe, die sein Haus und seine Familie unter Mitwirkung des Teufels verflucht hätte. Aus diesem Blickwinkel betrachtet war sein vorangegangenes Verhalten legitim, da man einem Diener des Teufels und somit dem Teufel selbst natürlich keine Almosen geben durfte (vgl. ebd. 89f.). Und wurde ein solcher Verdacht erst einmal geäußert, dann verbreitete sich die Angst vor der vermeintlichen Hexe rasch in der Gemeinde, und sie wurde im Folgenden für alle unerklärlichen Geschehnisse verantwortlich gemacht (vgl. Bever 1982: 164).
    Es kann insofern resümierend festgehalten werden: „The dependent old woman was not only an economic parasite; she was an evil and diabolical witch" (Quaife 1987: 89). Die Gruppe der alten alleinstehenden Frauen konnte in diesem Sinne gerade deshalb zu einem bevorzugten Ziel der Hexenverfolgung werden, da ihre Vernichtung gleich zwei Probleme beseitigte: So wurde jeweils eine vermeintlich Schuldige gefunden und zugleich ihr Versorgungsproblem gelöst.

6.3.3 Geheimnisvolle Frauenberufe

Aber es gab noch einen weiteren Grund dafür, dass insbesondere Frauen im Europa der Frühen Neuzeit der Hexerei bezichtigt wurden, und zwar deren Kompetenzen im Bereich der Heilkunde und der Geburtshilfe. Obwohl Frauen die Berufstätigkeit überwiegend verboten war, hatten sie sich diese beiden Bereiche schon lange erobert. In der Frühen Neuzeit wurde nun argumentiert, das für ihre ausgeübten Berufe nötige Wissen könnten sie nur vom Teufel erhalten haben. Eine Tätigkeit als Kräuterfrau oder Hebamme führte also zunehmend dazu, dass den betreffenden Frauen von männlicher Seite mit deutlichem Misstrauen begegnet wurde.

In den Epochen zuvor hatte sich die Situation grundlegend anders dargestellt: Schon zur Zeit der Germanen lagen die Heilkunde und die Geburtshilfe in den Händen der Frauen, die trotz der strengen patriarchalischen Strukturen hohes Ansehen genossen, was sich auf das religiös motivierte Naturverständnis der Germanen zurückführen lässt, wonach die Frau als Gebärende die Fruchtbarkeit der Natur symbolisierte. Die Frau als Heilende geht also auf eine alte Tradition zurück, und das Wissen um die Kräuterkunde wurde von Generation zu Generation weitergegeben (vgl. Schmölzer 1987: 84f.). Auch im Mittelalter gab es heilkundige Frauen und Hebammen, die sich ihren Lebensunterhalt durch Hausrezepte und Kräutermixturen verdienten. Sie leisteten dadurch einen wertvollen Beitrag zur damaligen Gesundheitsvorsorge, und ihre Kenntnisse der Volksmedizin waren allgemein anerkannt (vgl. Durschmied 2004: 18f.).

In der Frühen Neuzeit jedoch wurden die sogenannten weisen Frauen aufgrund ihres Wissens zur bevorzugten Zielscheibe der Inquisitoren und weltlicher Richter, die davon ausgingen, dass die Frauen ihre Kenntnisse nur vom Teufel erhalten haben könnten. Sie sorgten dafür, dass sich die Einstellung der Bevölkerung gegenüber den heilkundigen Frauen zum Negativen hin wandelte, so Sallmann (1994: 466f.), indem sie folgende Frage aufwarfen: Wenn eine Frau in der Lage ist, durch die Anwendung von Pflanzen Krankheiten zu heilen, ist es dann nicht auch möglich, dass sie ihre Macht dazu einsetzt, um ihrer Umgebung Schaden zuzufügen? Alles Schlechte, Unerklärliche und Ungewisse wurde dementsprechend sofort mit ihnen in Verbindung gebracht und zog ihre Verfolgung als Hexen nach sich (vgl. Ruether 1974: 293). Darüber hinaus wurde die Anwendung von Kräutern zur Krankenbehandlung nun zur offenen Häresie proklamiert, da sie im Widerspruch zur Lehre der Kirche stehe, wonach nur Gott allein über Krankheit oder Gesundheit entscheide (vgl. Durschmied 2004: 18).

Dass insbesondere *alte* Frauen bevorzugt als Hexe identifiziert und verfolgt wurden, ergab sich zum einen aus ihrer zunehmenden Erfahrung in diesen Berufen: Je älter sie waren, desto größer waren auch ihre Kompetenzen, was sie umso verdächtiger machte (vgl. Levack 1995: 139). Zum anderen waren insbesondere alte Frauen häufig dazu gezwungen, diese Berufe auszuüben, um ihre materielle Existenz zu sichern. Wenn sie durch den Verlust von Land, Ehemann oder Kindern auf sich selbst gestellt waren, blieben ihnen oft keine anderen Möglichkeiten der Alterssicherung.

6.4 Fazit

Aufgrund fehlender Literatur können keine allgemeinen Aussagen über die Altersbilder von Frauen in der Frühen Neuzeit gemacht werden. Bezieht man jedoch das Phänomen der europäischen Hexenverfolgung in die Analyse mit ein, so eröffnet sich dadurch die Möglichkeit, zumindest eine besondere Variante eines Altersbildes von Frauen der Frühen Neuzeit zu erforschen. Es kann gezeigt werden, dass ein spezifisches Bild der alten Frau – das der Hexe – existierte, ebenso wie herausgearbeitet werden kann, dass sich dieses überwiegend nur auf einen bestimmten Teil der alten Frauen dieser Zeit bezieht. Und es kann darüber hinaus gezeigt werden, dass es sich hierbei um eine Gruppe von Frauen handelt, die sich in besonders prekären und unsicheren Lebensverhältnissen befand und vor diesem Hintergrund von der Bevölkerung meist mit großem Argwohn und Misstrauen betrachtet wurde. Vor diesem Hintergrund kann plausibel die These formuliert werden, dass die unsicheren, prekären Lebensbedingungen der alten Frauen in einer äußerst negativen Variante des Altersbildes ihren Ausdruck fanden, dem der Hexe.

Im Rahmen dieses Beitrags wurden zwei Fragen aufgeworfen: Zunächst ging es darum zu klären, warum sich das Phänomen der Hexenverfolgung in der Frühen Neuzeit etablieren konnte. Es wurde gezeigt, dass diese Epoche durch eine Vielzahl von gesellschaftlichen Umbrüchen und Unsicherheiten gekennzeichnet war und die Menschen infolgedessen das „eindeutige" Modell des Sündenbocks in Form einer Hexe gern akzeptierten; einerseits, um von anderen Unsicherheiten und Ungewissheiten abzulenken, andererseits, weil sich ihnen damit die Möglichkeit bot, sich das Böse und das Leid in ihrem Leben zu erklären. Und in der Konsequenz konnten sie vermeintlich sogar ihre Probleme dadurch „lösen", dass sie die als Hexe identifizierten Menschen meistens vernichteten. Die Hexenverfolgung kann also als eine gesellschaftliche Strategie zur Bewältigung der damaligen Unsicherheiten verstanden werden.

Daran anschließend wurde der Frage nachgegangen, warum der Bevölkerung insbesondere alte alleinstehende Frauen – mehr als andere Bevölkerungsgruppen – dazu „geeignet" erschienen, als Hexen verfolgt und vernichtet zu werden. Es konnte einerseits herausgearbeitet werden, dass Frauen in der Frühen Neuzeit vor allem mit Schwäche und mit „Fleischeslust" assoziiert wurden, was sie, aus männlicher Sicht, besonders anfällig für Verführungen durch den Teufel machte. Andererseits konnte aufgezeigt werden, dass es gerade in der Frühen Neuzeit eine sehr große Zahl alter alleinstehender Frauen gab, die von Armut bedroht waren. Für Nachbarschaft und Kommune bedeutete eine bedürftige alte Frau vor allem eine finanzielle Belastung, der man sich (auch) entledigen konnte, indem man sie als Hexe identifizierte und vernichtete, so lautet eine in der Literatur verfolgte These, der hier nachgegangen wurde. Ein weiterer Aspekt konnte herausgearbeitet werden, der vermutlich mit dazu beigetrug, dass vor allem alte Frauen der Hexerei bezichtigt wurden: So begegnete man in der Frühen Neuzeit den typischen Frauenberufen der Heilkunde und der Geburtshilfe zunehmend mit Argwohn, da die behandelnden Frauen die nötigen Kenntnisse wohl nur vom Teufel erhalten haben könnten. Im Ergebnis wurde alles Schlechte, Unerklärliche und Ungewisse mit ihnen in Verbindung gebracht, was meist ihre Verfolgung als Hexe nach sich zog. Und die alten Frauen wurden als besonders gefährlich angesehen, da sie ihr Wissen mit zunehmendem Alter stetig steigerten.

Insofern kann resümierend festgehalten werden: Es lässt sich zwar kein allgemeingültiges Bild alter Frauen in der Frühen Neuzeit ausmachen, aber zumindest kann eine besondere Variante – und zwar das der Hexe – beschrieben werden. Und dieses Altersbild muss in engem Zusammenhang mit den prekären und unsicheren Lebensbedingungen der alten alleinstehenden Frauen gesehen werden, die zu dieser Zeit einen beachtlichen Anteil an der Bevölkerung hatten.

Literatur

Behringer, Wolfgang (Hrsg.) (1988): Hexen und Hexenprozesse in Deutschland. München: Deutscher Taschenbuch Verlag

Behringer, Wolfgang (2009): Hexen. Glaube, Verfolgung, Vermarktung. München: C.H. Beck Verlag

Bever, Edward (1982): Old Age and Witchcraft in Early Modern Europe. In: Stearns (1982): 150-190

Dinzelbacher, Peter (1995): Heilige oder Hexen? Schicksale auffälliger Frauen in Mittelalter und Frühneuzeit. München: Artemis & Winkler Verlag

Durschmied, Erik (2004): Hexen, Tod und Teufelswerk. Hexenverfolgung im Lauf der Jahrhunderte. Bergisch Gladbach: Bastei Lübbe

Erbe, Michael (2007): Die frühe Neuzeit. Grundkurs Geschichte. Stuttgart: Verlag W. Kohlhammer

Farge, Arlette/Davis, Natalie Zemon (Hrsg.) (1994): Geschichte der Frauen. Frühe Neuzeit. Frankfurt/New York: Campus Verlag

Foner, Nancy (1984): Ages in Conflict. A Cross-Cultural Perspective of Inequality Between Old and Young. New York: Columbia University Press

Jerouschek, Günter/Behringer, Wolfgang (Hrsg.) (2000): Der Hexenhammer. Malleus Maleficarum. Kommentierte Neuübersetzung. München: Deutscher Taschenbuch Verlag

Klaits, Joseph (1985): Servants of Satan. The Age of the Witch Hunts. Bloomington: Indiana University Press

Levack, Brian (1995): Hexenjagd. Die Geschichte der Hexenverfolgung in Europa. München: C.H. Beck Verlag

Quaife, G.R. (1987): Godly Zeal and Furious Rage. The Witch in Early Modern Europe. London/Sydney: Croom Helm

Ruether, Rosemary (1974): The Persecution of Witches: A Case of Sexism and Ageism. In: Christianity and Crisis 34. 1974. 291-295

Rummel, Walter/Voltmer, Rita (2008): Hexen und Hexenverfolgung in der Frühen Neuzeit. Darmstadt: Wissenschaftliche Buchgesellschaft

Sallmann, Jean-Michel (1994): Hexen. In: Farge/Davis (1994): 461-474

Schachtner, Christel (1982): Zur Konstitution von individueller und gesellschaftlicher Subjektivität durch Ausgrenzung und Vernichtung: Das Feindbild Hexe. Neubiberg: Unveröffentlichtes Manuskript

Schmölzer, Hilde (1987): Phänomen Hexe. Wahn und Wirklichkeit im Lauf der Jahrhunderte. München/Wien: Herold Verlag

Schormann, Gerhard (1991): Der Krieg gegen die Hexen. Das Ausrottungsprogramm des Kurfürsten von Köln. Göttingen: Vandenhoeck & Ruprecht

Stearns, Peter N. (Hrsg.) (1982): Old Age in Pre-industrial Society. New York/London: Holmes & Meier Publishers

Thane, Pat (Hrsg.) (2005): Das Alter. Eine Kulturgeschichte. Darmstadt: Primus Verlag

7. Alter(n) im Europa der Frühmoderne

Arne Piontek / Michael Voigt

Altersbilder und der gesellschaftliche Umgang mit dem Alter(n) unterscheiden sich grundsätzlich nach Raum und Zeit. Auch für die Frühmoderne[1] – im 17. und 18. Jahrhundert – lassen sich unterschiedliche Vorstellungen vom Alter belegen. Im Folgenden wird den Fragen nachgegangen, welche Altersbilder zu dieser Zeit existierten und ob ein systematischer Zusammenhang zwischen ihnen und den jeweiligen gesellschaftlichen Bedingungen dieser Zeit, aus der Perspektive von (Un-)Sicherheit, bestand. Ziel dieses Beitrags ist es insofern, nach Indizien dafür zu suchen, dass die verschiedenen in der Frühmoderne vorherrschenden normativen Altersbilder durch die Verschiedenheit der sozialen Bedingungen erklärt werden können. Auf der Basis einer Untersuchung verschiedener sozialer Gruppen und verschiedener Regionen werden die jeweiligen Rollenbeziehungen alter Menschen und ihre Formen der materiellen Reproduktion herausgearbeitet sowie ein möglicher, plausibler Zusammenhang zu den jeweiligen Altersbildern hergestellt.

Zentral ist hier zum einen die Frage, inwiefern sich die Lebensbedingungen zwischen Stadt und Land unterscheiden und ob sich dies in differierenden Altersbildern widerspiegelt. Zum anderen wird der Frage nachgegangen, ob Besitz, Eigentum und Reichtum zu einem positiven, Armut, Besitzlosigkeit und prekäre, unsichere Lebensbedingungen dagegen zu einem negativen Altersbild führen. Und auch die Abhängigkeit bzw. die Unabhängigkeit der Alten von den nachfolgenden Generationen wird daraufhin betrachtet, inwiefern sie Einfluss auf wahrgenommene Unsicherheiten nimmt.

Dabei gilt es vorauszuschicken, dass man im frühmodernen Europa durchaus davon ausgehen konnte, alt zu werden, denn immerhin waren etwa 10 % der Bevölkerung des alten Kontinents 60 Jahre oder älter (vgl. Botelho 2005: 113).

Zunächst präsentieren beide Autoren gemeinsam verschiedene Altersbilder aus der Frühmoderne (7.1), die sich in den Bereichen Kunst, Religion und Medizin manifestierten. Anschließend stellt *Voigt* die Lebensbedingungen der Älteren auf dem Land dar, wobei er den Fokus vor allem auf ihre Rollenbeziehungen, ihre

---

1 Dieser Zeitraum wird in der Literatur oftmals auch mit dem Begriff der Frühen Neuzeit beschrieben.

Strategien der Existenzsicherung und auf regionale Ungleichheiten richtet (7.2). *Piontek* betrachtet im Anschluss daran die städtische ältere Bevölkerung (7.3). In einem gemeinsamen Fazit werden die zentralen Forschungsfragen beantwortet.

7.1 Altersbilder in der Frühmoderne

Für die frühmodernen europäischen Staaten lassen sich verschiedene Altersbilder aufzeigen, die beispielsweise in der Bildenden Kunst und Literatur, in religiösen Abhandlungen und in medizinischen Texten ihren Ausdruck finden (vgl. Botelho 2005: 113 ff.).

Gemeinsam ist ihnen trotz ihrer Vielfalt, dass sie recht häufig eher negativ konnotiert sind. Altersbedingte körperliche Beeinträchtigungen, wie eine abnehmende körperliche und geistige Leistungsfähigkeit, stehen im Vordergrund und führen dazu, dass sich die Mehrheit der Menschen vor dem Altwerden fürchtet. Die negativen Seiten des Alters werden beispielsweise in Bildern ausgedrückt, die alte Frauen einsam und allein in ihrem Kämmerchen sitzend zeigen, oder in der Darstellung greiser Lüstlinge, die junge Damen bespitzeln (vgl. Luh 2003: 311).

Dennoch lassen sich auch positive Charakterisierungen der Phase des Alters ausmachen. Insbesondere nach dem Dreißigjährigen Krieg, der einen der tiefsten Einschnitte in die sozialen, politischen und wirtschaftlichen Entwicklungen im Europa des 17. Jahrhunderts darstellte, so beschreibt es Borscheid (1987: 5), „setzte ein langwährender Prozess der Versittlichung ein, der mit einer Inthronisation des Alters verbunden war". Nach und nach setzte sich die Achtung vor dem Alter als gesellschaftliche Norm durch (vgl. ebd.). Und gerade in den Städten, in denen viele Menschen einen von relativem Wohlstand gekennzeichneten, sicheren Lebensabend verbrachten, zeigte das Altersbild eher positive Züge (vgl. Troyansky 2005: 195).

In den folgenden Abschnitten wird konkreter auf Altersbilder in unterschiedlichen Bereichen eingegangen. Es werden die Altersbilder in der Kunst (7.1.1), in der Religion (7.1.2) und in der Medizin (7.1.3) mit ihren wesentlichen Merkmalen präsentiert.

7.1.1 Altersbilder in Bildender Kunst, Literatur und Theater

In diesem Bereich kann – zugespitzt formuliert – zwischen den Altersbildern der Reichen und der Armen differenziert werden. Auf Gemälden finden sich vor allem Darstellungen der reichen Alten wieder. Alte Menschen aus den oberen Schichten – wie dem Adel, reichen Bürgern und Beamten – waren ein wichtiges Sujet.

Dargestellt wurden sie meist dem vorherrschenden Schönheitsideal entsprechend. Körperliche Begleiterscheinungen des Älterwerdens galten als unerwünscht und verpönt. Daher wurden sie durch Kosmetik verdeckt, was sich einzig die Angehörigen der oberen Schichten leisten konnten (vgl. Botelho 2005: 113). Offen zur Schau getragen wurden, insbesondere durch die Kleidung und Statussymbole, die eigene Macht und der Reichtum, die in der Regel mit dem Alter zunahmen. Und da Ältere der oberen Schichten keiner schweren körperlichen Arbeit nachgehen mussten, waren ihnen auch Gebrechen, die in unteren Schichten das Alter prägten, wenig bekannt und wurden kaum thematisiert (vgl. Troyansky 2005: 194).

In der Literatur wurden den Alten in der Regel Weisheit und Lebenserfahrung zugeschrieben. Sie galten als Ratgeber und Lehrende. Dass ihr Rat hohe Wertschätzung erfuhr, zeigte sich insbesondere daran, dass ihnen häufig öffentliche Ämter – wie der Posten als Bürgermeister oder als Stadtrat – zugesprochen wurden (vgl. Troyansky 2005: 192, Borscheid 1987: 10).

Und auch alte Frauen aus den oberen Schichten wurden oft positiv, beispielsweise als liebevolle Großmütter dargestellt. Aufgrund ihrer erhaltenen Mobilität, Kraft und Agilität, trotz ihres Alters, konnten sie sich ganz ihren Enkelkindern widmen. Dies stellte ein recht neues gesellschaftliches Phänomen dar, denn erst mit der steigenden Lebenserwartung in der Frühmoderne wurde es zunehmend wahrscheinlicher, dass alte Menschen ihre Enkel kennenlernten.

Das Altersbild der Reichen in der Kunst kann dennoch als ambivalent bezeichnet werden, denn es besaß zugleich auch negative Aspekte. Als abstoßendes Merkmal alter Menschen galt nach damaliger Überzeugung beispielsweise ihr Geiz. Ihr höchstes Daseinsziel schien demnach darin zu bestehen, ihr Vermögen zu mehren und einem ausschweifenden Leben nachgehen zu können (vgl. Schnipperges 1990: 33). Dass sie ihre altersbedingten körperlichen Veränderungen zu verstecken versuchten, wurde ihnen gleichfalls verübelt.

Auch das Bild alter Menschen aus unteren Schichten war ambivalent. Im Mittelpunkt standen allerdings eindeutig die negativ bewerteten altersbedingten Einschränkungen und Gebrechen. Die Betonung der körperlichen Beeinträchtigungen ist naheliegend, da diese Menschen meist ihr Leben lang körperlich arbeiten mussten, um ihre Existenz zu sichern. Ihr körperlicher Zustand und ihre Funktionsfähigkeit waren insofern von größter Relevanz und stellten gleichzeitig den größten Unsicherheitsfaktor dar (vgl. Ehmer 1990: 35). Aber auch positive Merkmale armer Alter wurden hin und wieder hervorgehoben. Sie wurden als fleißig, strebsam und robust beschrieben, trotz ihrer Gebrechen, die ihnen das Leben zusätzlich erschwerten.

Darüber hinaus wurde ihnen eine Reihe weiterer Eigenschaften zugeschrieben, und zwar vor allem negativer Art. Arme alte Menschen galten beispielsweise als hässlich, da keine Kosmetik und Kleidung ihre altersbedingten Veränderungen kaschieren konnte. Diese Umstände ließen sie auf Gemälden oft unglücklich erscheinen.

Es kann zusammenfassend für den Bereich der Kunst im 17. und 18. Jahrhundert festgehalten werden, dass sich negative Aspekte des Altersbildes insbesondere bei der Beschreibung alter Menschen aus unteren Schichten offenbarten. Gerade ihnen wurde häufig mit Spott und Hohn begegnet, auch wenn das Altersbild insgesamt als eher ambivalent beschrieben werden kann (vgl. Botelho 2005: 115).

7.1.2 Das christlich geprägte Altersbild

Im noch nicht aufgeklärten Europa der Frühmoderne spielte die Religion eine wichtige Rolle. Sie prägte das Altersbild maßgeblich mit. Das Alter wurde in der Religion als eine Strafe Gottes für die Erbsünde der Menschen beschrieben, die erst am Jüngsten Tage durch Gott aufgehoben würde. So sehnte sich die Mehrheit der Menschen nach einem schnellen Tod, denn danach erwartete sie, so die Bibel, das Geschenk der ewigen Jugend (vgl. Schnipperges 1990: 32).[2] Alter galt als ein Mangelzustand, der nur vermieden werden konnte, wenn der Sünder vor seinem Tod den Weg zu Gott fand (vgl. Botelho 2005: 113).

Dass dem Altwerden in dieser Zeit vor allem mit Angst begegnet wurde, lässt sich mit Bibelzitaten belegen, die darauf verweisen, dass Menschen mit zunehmendem Alter darauf hofften, nicht von Gott verlassen zu werden. „Und bis ins Alter, ins hohe Alter, Gott verlasse mich nicht", heißt es in den Psalmen (Psalm 71, 18). Und „Verwirf mich nicht in den Tagen des Alters; wenn meine Kräfte schwinden, verlass mich nicht" (Psalm 71, 9). Der Glaube sollte helfen, sich besser mit den negativen Seiten des Alters abfinden zu können.

Dennoch weist die Bibel auch positive Altersbeschreibungen auf, die in dieser Zeit hervorgehoben wurden. Sie vermittelten beispielsweise die Überzeugung, dass Glaubende das Alter auch als eine Zeit der Blüte und der Fruchtbarkeit erfahren (Psalm 92,15) oder dass Frauen, die nach menschlichem Maß nicht mehr gebärfähig waren, im Alter noch Kinder bekommen konnten (1. Mose 18, 9-14). Außerdem galt das Gebot: „Vor einem grauen Haupte sollst du aufstehen, und eine greise Person sollst du ehren und deinen Gott fürchten" (Leviticus 19, 32). Hinzu kam, dass die christliche Nächstenliebe und die Zehn Gebote nach Moses für Katholiken wie auch für die wachsende Zahl an Protestanten gleichermaßen

---

2   Jesus ist im besten Mannesalter mit Anfang 30 auferstanden. Ihm werden auch die *Gerechten* am Jüngsten Tag in junger Gestalt folgen, ohne jemals wieder altern zu müssen, so die Bibel.

galten.[3] Nach diesen Geboten sollten die Christen einander, und damit auch den Alten, Respekt erweisen. Dennoch wurde den Alten in der Realität nicht immer Respekt gezollt (vgl. Botelho 2005: 125).

In der Bibel existiert kein eindeutiges Altersbild (vgl. EKD Positionspapier 2002: 6), und auch in der Frühmoderne wurde die Ambivalenz dieses Bildes unterstrichen.

7.1.3 Das medizinisch geprägte Altersbild

Das von der Medizin im 17. und 18. Jahrhundert generierte Altersbild war trotz zahlreicher Neuentdeckungen – gerade auf dem Gebiet der Pathologie – noch stark von Galens Lehre der vier Köpersäfte beeinflusst (vgl. Seidler/Leven 2003: 28). Die vier Säfte (Blut, Schleim, gelbe und schwarze Galle) wurden nach Aristoteles mit den vier Elementen – Erde, Wasser, Luft und Feuer – gleichgesetzt. Die Elemente und Säfte seien durch die vier Qualitäten der Welt (warm, kalt, trocken, feucht) gekennzeichnet, die zu den vier Jahreszeiten – Frühling, Sommer, Herbst, Winter – und letztlich zu den vier Lebensaltern des Menschen in Beziehung stünden, so lautete die Lehre. Davon abgeleitet galt, dass jeder Mensch eine einzigartige Mischung aus Temperaturen, Körpersäften, Anlagen und Fähigkeiten besaß. Das Zusammenspiel der verschiedenen Faktoren präge diverse Charaktereigenschaften, von denen einige den Menschen dominierten. Zu diesen Eigenschaften zählte auch die Melancholie, die als typisches Merkmal der Alten galt (vgl. Botelho 2005: 126 f.).

Es herrschte die Überzeugung, dass der Mensch mit zunehmendem Alter kälter und trockener würde, Eigenschaften, die nun primär negativ gedeutet wurden. Alte Menschen würden von innen her austrocknen und dadurch zugleich melancholisch werden, glaubten die Menschen der Frühmoderne und hoben dadurch negative Beschreibungen des Alters hervor (vgl. ebd.).[4]

Zusammenfassend bleibt festzuhalten, dass das Altersbild der Frühmoderne als ambivalent beschrieben werden kann. Die sich gegenseitig widersprechenden Beschreibungen lassen sich, wie oben schon angedeutet, möglicherweise auf unterschiedliche gesellschaftliche Positionen der Alten zurückführen. Diese These soll im Folgenden weiterverfolgt werden, wobei vermutet wird, dass Reichtum und Macht im Alter zu einem positiven Altersbild führen, während Armut und unsichere Lebensbedingungen eher negative Beschreibungen hervorbringen. Und

---

3   Im 17. Jahrhundert stieg die Zahl der reformierten Christen in Europa stetig.
4   Vgl. hierzu auch differierende Deutungen aus der Antike im Kapitel 5.2 von *Wöhler*.

fielen die Alten anderen zur Last, so betont beispielsweise Troyansky (2008: 183),
waren sie abhängig und unselbstständig, dann wurden sie mit Verachtung bestraft.

7.2 Das Alter(n) in der Frühmoderne auf dem Lande

Ziel dieses Unterkapitels ist es, die gesellschaftlichen Verhältnisse und insbesondere die Lebensbedingungen der Alten auf dem Land nachzuzeichnen. Der Fokus ist dabei auf ihre Rollen- und Sozialbeziehungen und auf ihre Möglichkeiten
der materiellen Reproduktion gerichtet. Es soll aufgezeigt werden, inwiefern Unsicherheiten und Ungewissheiten zu verzeichnen sind, in welcher Weise Abhängigkeiten zu anderen Bevölkerungsgruppen bestanden und welche Strategien den
Alten zur Verfügung standen, um ihren Lebensabend zu sichern.

Um präzise Aussagen treffen zu können, muss zwischen verschiedenen Bevölkerungsschichten und Regionen differenziert werden. Im Folgenden werden
daher die besitzende und die besitzlose Landbevölkerung getrennt untersucht.
Die Besitzenden werden zudem nach verschiedenen Regionen unterteilt, die sich
– idealtypisch konstruiert – durch je spezifische Haushalts- und Familienstrukturen unterscheiden.

Regional übergreifend kann für den betrachteten Zeitraum Folgendes festgehalten werden: In den Lebensläufen und Lebensaltern gab es keine Gleichför-
migkeit. Das Leben war durchweg geprägt von Uneindeutigkeiten. Oft ließen
Seuchen, Hungersnöte und Kriege gar kein hohes Alter erreichen (vgl. Guggenheimer 2006: 472, Reimann 1983: 23). Die vor allem kollektiv geprägten Lebensformen auf dem Lande wirkten sich eher begünstigend auf die Lebenssituation
der Alten aus (vgl. Reimann 1983: 23). Dennoch bildeten immer Besitz und Gewinne aus der eigenen Landwirtschaft die wesentlichen Grundlagen der Alterssicherung. Wenn es an diesen mangelte, musste mit Unsicherheiten gerechnet
werden. Ebenso problematisch stellte sich die Situation dar, wenn der Ehepartner starb, was nicht nur persönlich, sondern auch wirtschaftlich schwerwiegen-
de Folgen hatte (vgl. Guggenheimer 2006: 472).

Nach Pfister wirkten sich auch konfessionelle Unterschiede auf die Höhe der
Lebenserwartung aus. Er kann belegen, dass Katholiken im Durchschnitt früher
starben als Protestanten (vgl. Pfister 1994: 36, 44). Dies begründet er damit, dass
Katholiken dazu neigten, jedes Ereignis, und damit auch den Tod, als gottgewollt
zu verstehen und gefügig hinzunehmen. Im Gegensatz dazu bot der Protestantismus größere Räume für eigenverantwortliches Handeln, in diesem Fall zum
aktiven Bekämpfen von Krankheiten, auch bei den eigenen Kindern (vgl. ebd.).

Von besonderer Wichtigkeit für einen gesicherten Lebensabend war auf der einen Seite ein gewisses Maß an materiellem Wohlstand bzw. Besitz und auf der anderen eine enge familiäre Bindung. „Die Stellung der Alten war nämlich im Großen und Ganzen immer dann als relativ positiv anzusehen, wenn Besitz und Eigentum bei ihnen konzentriert und die Jüngeren auf die Übergabe des Besitzes angewiesen waren" (Reimann 1983: 22). Jedoch bestand schon allein durch den körperlichen Verfall eine Abhängigkeit von der Familie (vgl. Troyansky 2008: 178, Reimann 1983: 25).

7.2.1 Status der „besitzenden Alten"

Es existierten je nach Region teils stark unterschiedliche Haushaltstypen, die unmittelbaren Einfluss auf das Leben der Alten hatten und insofern differenziert betrachtet werden müssen. England bildet – idealtypisch konstruiert – den Gegenpol zu den osteuropäischen Haushaltsstrukturen, während im restlichen Europa diverse Ausprägungen zu finden sind, die nach Ehmer (1990: 25) zwischen den beiden Extremen verortet werden können. Im Folgenden werden daher die Verhältnisse in England, die in Osteuropa und die in Mittel- und Westeuropa getrennt betrachtet.

7.2.2 Haushaltsstrukturen im frühmodernen England

Hier verließen die Kinder im Zuge der Industrialisierung zunehmend ihr elterliches Zuhause und zogen in die Städte, um Arbeit zu finden. Dort heirateten sie und gründeten eigene Familien. Die Heirat führte zur wirtschaftlichen Selbstständigkeit, die mit Mitteln aufgebaut wurde, die die Ehepartner von den Eltern erhielten (vgl. Ehmer 1990: 20). So entstanden viele Kernfamilienhaushalte, die nur aus dem verheirateten Paar und seinen Kindern bestanden. Es herrschte infolgedessen eine räumliche Trennung von der Herkunftsfamilie. Diese Entwicklung war nur möglich, weil England schon in dieser Zeit durch annähernd moderne Verhältnisse wie eine umfassende Warenproduktion, einen funktionierenden Arbeitsmarkt und die Geldwirtschaft geprägt war und daher eine gewisse Unabhängigkeit der Kinder von den Ressourcen der Alten bestand.

Eine Folge dieser Entwicklung war, dass die Alten häufig als Paar oder allein lebten und damit gleichzeitig die Stellung des Haushaltsvorstands bis ins hohe Alter behielten (vgl. ebd.).[5] Damit verbunden war aber gleichzeitig, dass sie allein für ihre materielle Reproduktion verantwortlich waren. Problematisch wurde

---

5 Der Wegzug der Kinder bedeutete zudem eine Zäsur im Leben der Eltern, die als der Beginn der Phase des Alters gedeutet werden kann.

es dann, wenn die Alten durch Krankheit oder durch den Tod des Partners nicht mehr in der Lage waren, ihre Existenz zu sichern, denn diese stützte sich allein auf den selbst erwirtschafteten Besitz.

Mit dieser vergleichsweise modernen Lebensform wurde das herkömmliche Alterssicherungssystem – die Betreuung und materielle Versorgung der Alten durch ihre Kinder – außer Kraft gesetzt. Bei Krankheit und Tod des Partners konnten die Alten insofern immer weniger mit familiärer Versorgung und Unterstützung rechnen (vgl. ebd. 22ff.). Man kann schlussfolgern, dass die kapitalistischen Produktionsverhältnisse die Phase des Alters in besonderer Weise gestalteten: Sie schufen die Bedingung für die oben beschriebene Familienstruktur, mit der Folge, dass die Altersversorgung nicht mehr familiär erfolgen konnte. Zunehmend wurde nun kommunalen Organen die Verantwortung für bedürftige Alte übertragen. Künftig sollte der Umverteilungsprozess daher nicht mehr generationell, sondern vor allem sozial organisiert werden, d. h. soziale Einrichtungen mussten die materielle und betreuende Versorgung der Alten übernehmen (vgl. ebd. 21).

Das in England – zu einem wesentlich früheren Zeitpunkt als im kontinentalen Europa – entstehende Sozialsystem ist daher eine nachvollziehbare Folge der Industrialisierung. Obgleich die Alten in der Regel den Kontakt und die Nähe zur Familie suchten, bekam die gesellschaftlich organisierte Unterstützung eine immer größere Bedeutung für ihren gesicherten Lebensabend (vgl. Troyansky 2005: 177).

7.2.3 Mehrgenerationenfamilien in Osteuropa

Mit der Betrachtung Osteuropas wird ein zweiter Idealtypus der familiären Verhältnisse in den Blick genommen. Im Unterschied zu England existierten hier komplexe Mehrgenerationenhaushalte, die ihren Ursprung in einem niedrigen Heiratsalter von 18 oder 19 Jahren und im Verbleiben der Eheleute auf dem elterlichen Grund und Boden des Mannes hatten. Die Haushaltsführung lag beim ältesten Mann der Familie, dem auch dann Autorität zugesprochen wurde, wenn seine physischen Fähigkeiten abnahmen (vgl. Geistrich 2004: 64, Ehmer 1990: 24). Roeck (1991: 14) begründet diesen Status folgendermaßen: „Die hervorgehobene Stellung des Hausvaters ist nicht allein vom Biologischen oder Sentimentalen her zu fassen; durch den Fortfall der Priesterschaft als Mittler zwischen göttlicher und weltlicher Autorität wurde gerade im Protestantismus die Stellung des Vaters in der Familie gestärkt." Diese Bedingungen gingen mit einem großen Respekt vor den Alten einher, mit einem positiven Altersbild und mit der unhinterfragten Anerkennung des Status der Alten in der Familie. Während in England mit dem Auszug der Kinder die Altersphase der Eltern „eingeläutet" wurde, lässt sich ein vergleichbarer Übergang in Osteuropa nicht ausmachen. Die beständige Struktur des Haushalts schützte alle Mitglieder und bot Halt und Unterstützung im Falle des Todes eines Familienangehörigen. Jedoch war, durch die hohe Sterblichkeit, der Familienkern meist eher von kurzer Dauer (vgl. Ehmer 1990: 23f.). Durch ihre umfassende Einbindung in einen Verband von mehreren Kernfamilien und die Haushaltsführung bis zum Tod war die materielle Versorgung der Alten so lange gesichert, wie es der Familie selbst gut ging (vgl. Ehmer 1990: 24f.). Eine andere Form der Alterssicherung stand hier nicht zur Verfügung.

7.2.4 Mittel- und Westeuropa: von Altenverehrung bis Mord

In Mittel- und Westeuropa hatte der Modus der Besitzübertragung von der älteren zur jüngeren Generation eine zentrale Bedeutung für die Existenzsicherung und die soziale Stellung der Alten (vgl. Ehmer 1990: 26). Es existierten (mindestens) drei Möglichkeiten der Besitzübergabe: Entweder wurde der Besitz als Ganzes noch zu Lebzeiten oder erst nach dem eigenen Tod abgetreten, oder der Besitz wurde in kleinen Teilstücken auf die Kinder übertragen. Insbesondere für die südwestlichen, deutschen Sprachräume stellt Ehmer fest, dass sich hier ein Mangel an Regelungen offenbart, der ein hohes Konfliktpotenzial zwischen Jung und Alt beförderte (vgl. ebd. 27). Die geringen Normierungen führten nach ihm zu Unsicherheiten, die sich negativ auf das Bild der Alten auswirkten.

Im Rahmen des flexibel gestalteten, gestückelten Übergabeprozesses wurde immer nur ein Teil des Erbes an die Nachkommen weitergegeben. Manchmal erfolgte die Besitzübergabe, obwohl die Alten noch nicht einmal das gesamte Erbe von den eigenen Eltern besaßen. Durch diesen Stückelungsprozess behielten die Alten genügend Besitz, um das eigene wirtschaftliche Auskommen zu sichern (vgl. ebd. 26). Ihre Existenz stützte sich somit auf Arbeit, auf ihre Ersparnisse und das Leben auf dem familiären Grund.

Das Ziel der Nachkommen war es in der Regel, möglichst schnell den gesamten Besitz der Eltern zu erhalten, um ihre eigenen Familien versorgen zu können. Insofern waren sie in einer schwierigen, ambivalenten Situation: Einerseits mussten sie die Alten mit Respekt behandeln, um sie zur späteren Besitzübergabe zu motivieren, andererseits aber warteten sie ungeduldig darauf, ihn endlich zu erhalten. Auch für die Alten war diese Form der Besitzübertragung mit Unsicherheiten verbunden: Sie konnten sich nicht sicher sein, ob sie von den Kindern nicht nur aufgrund ihres Besitzes geduldet wurden. Übergaben sie ihren Besitz an die Jüngeren, um ihnen bessere Möglichkeiten der Existenzsicherung zu verschaffen, konnten sie aufgrund des Mangels an sozialen Normen nicht sicher sein, auf dem Hof verbleiben zu dürfen und weiterhin an wirtschaftlichen Aktivitäten teilnehmen zu können.

Diese prekären Existenzbedingungen machten zusätzliche Absicherungen erforderlich. Es entstanden sogenannte Leibrentenverträge. In einem solchen Vertrag wurde dem Vertragspartner, der seinen Besitz abgab, eine lebenslange finanzielle Leistung zugesichert. Der Leibrentenvertrag sollte insofern die Existenz- und materielle Absicherung im Alter verbessern. Mit diesen Verträgen wurde gleichzeitig ein gewisser Grad an Flexibilität bei der Übergabe erlangt, der dennoch weniger Unsicherheiten für die Alten bedeutete. Mithilfe dieser Verträge konnten Risiken für die Alten zwar nicht verhindert, aber deren Auswirkungen zumindest abgemildert werden (vgl. Ehmer 1990: 26f., Botelho 2005: 167).

Wurde der Besitz in einem Stück abgegeben, konnte dies sowohl von Vorteil als auch von Nachteil für die Alten sein. Vorteilhaft war die Situation der Alten in den Regionen, in denen sie dennoch den Status des Familienoberhauptes behielten, wie beispielsweise in Ungarn (vgl. Troyansky 2008: 178, Ehmer 1990: 28). Ihre Rolle als Haushaltsvorstand führte zu einem eher positiven Altersbild. Auch um die materielle Absicherung brauchten sich diese Alten nicht zu sorgen, da sie durch die Leitung der Familie abgesichert waren.

Extrem gegensätzlich zeigte sich das Verhältnis zwischen Jung und Alt in Südfrankreich, wo das Altersbild eher durch Verachtung geprägt war. Hier mussten die Alten um Respekt und um die Aufrechterhaltung ihrer Autorität kämpfen. Denn durch großen wirtschaftlichen Druck und dem damit verbundenen Wunsch der Jungen nach Eigenständigkeit wurden die Alten häufig negativ in dem Sinne betrachtet, dass sie auf ihrem Besitz „hocken" würden. Doch auch die Abgabe des Besitzes brachte häufig keine Lösung des Problems für die Alten, da zumeist ihre Ausgrenzung die Folge war. Ihre Ermordung war in dieser Gegend zudem keine Seltenheit. Zur materiellen Absicherung im Alter wurden häufig Heiratsverträge aufgesetzt. Diese sollten den Alten von vornherein Rechte an Häusern, Korn oder Wein einräumen und stellten sich als eine Rentenzahlung in Form von Naturalien dar (vgl. Troyansky 2008: 178).

Auch in den nördlichen Regionen Europas entstand eine Form vertraglicher Regelung. Hier sollten sogenannte Ausgedingeverträge die materielle Versorgung der Alten sichern. Sogar Witwen konnten dadurch eine starke Stellung erlangen (vgl. Botelho, 2005: 152). Einen Auszug aus einem solchen Vertrag zitiert Geistrich (2004: 67):

„§ 1. Der Sohn Johann Georg erhält das demselben als Heiratsgut zugesicherte Hofgut mit sämtl. Gebäuden in die Benützung von welchen die Mutter in der lebenslänglichen Nutznießung behält (...)

§ 2. Der Sohn Johann Georg hat der Mutter eine Kuh zu füttern weshalb sie (sich) keine Wiese vorbehalten hat.

§ 3. Die Mutter behält den lebenl. Sitz im Hauße, der überall der nöthige Platz nach eigener Wahl eingeräumt werden muß.

§ 4. Den ledigen Töchtern muß der unentgeltliche Aufenthalt im Hauße gestattet werden, bis sie sich verheiraten.

§ 8. Die Mutter behält das Vermögen der ledigen Töchter in der Nutznießung, bis sich eine derselben verheiratet u. sie dann ihren Antheil erhält, daher die Stellung einer Pflegerechnung unterbleibt.

§ 9. Die eignen Güter u. die Ausgedinggüter der Mutter hat der Sohn Georg unentgeltlich zu bauen, überhaupt alles Fuhrwerk derselben unentgeltlich zu präsentieren.

§ 10. Die Mutter schafft das Stroh für die Kuh an u. erhält auch den Dung derselben".

Kern der Alterssicherung war es also, das Eigentum vertraglich geregelt zu übergeben, so dass die Alten die Nutznießer blieben (vgl. Troyansky 2008: 180). Die Verrechtlichung sollte die Reibungsflächen zwischen Jung und Alt so gering wie möglich halten (vgl. Geistrich 2004: 68).[6]

Im Idealfall hatten die Alten eine eigene Wohnung im Haus oder gar ein eigenes Wohnhaus auf dem Grundstück. Wenn sie sogar ein Stück Land behalten durften, bestand die Möglichkeit, weiterhin selbst Nahrung für den Eigenverbrauch anzubauen (vgl. Ehmer 1990: 30). Altersspezifische Arbeiten und eine familiäre Arbeitsteilung verwiesen auf die wechselseitigen Verbindungen. Für ihre Hilfe und Zusammenarbeit im Rahmen ihrer Kräfte wurden die Alten, als wichtiger Bestandteil der Familie, ausreichend versorgt, so dass sich nicht von Ruhestand sprechen lässt (vgl. Geistrich 2004: 68, Ehmer 1990: 36). Hier mag auch der Ursprung des romantisch gezeichneten Bildes der Großeltern zu verorten sein, die sich um die Enkel kümmerten, während sich die Eltern mit der Bewirtschaftung des Hofes beschäftigten (vgl. Troyansky 2008: 182).

Als eine reale Form des Ruhestands oder der Rente lässt sich das Geldausgedinge anführen, das in wirtschaftlich geprägten Regionen immer mehr an Bedeutung gewann. Nach der Übergabe des Besitzes erhielten die Alten eine regelmäßige Zahlung, was Flexibilität, Kreativität und Variabilität in der Wohnsitzwahl im Alter förderte (vgl. Ehmer 1990: 30).

Die materielle Reproduktion in den nördlichen Regionen Europas stellte sich somit häufig als vertraglich geregelte Fremdversorgung mit zusätzlicher Selbstversorgung im Rahmen der Möglichkeiten dar. Diese Verträge sicherten die Lebensphase Alter ab. Dennoch lassen sie zugleich Fragen danach aufkommen, ob die

---

6   Dabei war es nicht zwingend, dass der Besitz innerhalb der Familie weitergegeben wurde. War diese verzogen oder durch andere Umstände nicht vor Ort, konnte er auch auf Nicht-Verwandte übertragen werden (vgl. Ehmer 1990: 29).

menschlichen Beziehungen so dürftig und von materieller Konkurrenz bestimmt waren, dass es dieser Verträge bedurfte, und ob diese wirklich vor Vernachlässigung schützten oder nur respektvolle Verhaltensweisen, Unterstützung und höfliche Behandlung vorschrieben (vgl. Geistrich 2004: 68, Troyansky 2008: 180).

7.2.5 Die „überflüssigen" Besitzlosen

Das vor allem negativ geprägte Altersbild der Wenig-Besitzenden und der Besitzlosen, das seinen Ausdruck in Gemälden findet, die Gebrechen, Leid und Hässlichkeit der Alten hervorheben, lässt sich durch die Darstellung der gesellschaftlichen Verhältnisse nachvollziehen. Denn mit dem Verlust ihrer Arbeitsfähigkeit wurde diesen Alten nur noch die Rolle nutzloser, nicht zu gebrauchender Menschen zugeschrieben. Sie wurden als lästiges Übel für andere wahrgenommen und so dargestellt.

Die Lebensbedingungen der Besitzlosen auf dem Land – wie Dienstboten und heimatlose Arbeiter – waren von Geburt an eher schlecht. Harte körperliche Arbeit, Mangelernährung, Abhängigkeit und minderwertige Quartiere prägten ihr Leben (vgl. Prahl 1996: 95). Oftmals mussten Schulden der Eltern übernommen werden, was ihre an sich schon prekäre finanzielle Situation weiter erschwerte (vgl. Ehmer 1990: 27). Aufgrund der ständigen Suche nach Arbeit waren sie zur Mobilität gezwungen, wodurch das Aufrechterhalten familiärer Bindungen erschwert wurde (vgl. Geistrich 2004: 71).

Diese Bevölkerungsgruppe war im Alter dazu gezwungen, sich trotz altersbedingt nachlassender Kräfte ihren Lebensunterhalt mit ihrer Hände Arbeit zu verdienen. Hierdurch konnte ihre Verarmung meist nicht aufgehalten werden (vgl. Ehmer 1990: 35).[7] Zunächst wurden Angehörige verschiedener Verwandtschaftsgrade, die in der Nähe lebten, von der Gemeinde und der Kirche in die Pflicht genommen, um die Basisversorgung der Alten zu gewährleisten. War dies nicht möglich, mussten die Gemeinden selbst mit einem Minimum an Versorgung einspringen. Geringer Besitz oder Wohnraum sicherte das Leben im Alter zumindest ein wenig, schürte dabei jedoch auch die Angst vor dessen Verlust. Eine „Einbettung" der Alten in Familie und Haus, so betont Geistrich (2004: 69f.), ist eine Idealisierung, die diesem Teil der Bevölkerung nicht zuteil wurde.

Eine Strategie der Alten zum Sichern ihrer Existenz wird als Einhege bezeichnet (vgl. Ehmer 1990: 36). In diesem Sinne suchten Arbeitsunfähige ihre ehemaligen Arbeitgeber auf und baten um Unterkunft und Nahrung. Dies wurde ihnen in der schlechtesten Ecke im Stall und getrennt von der Familie häu-

---

7   Sogar für das Begräbnis fehlte oft das Geld, so dass Verträge mit der Kirche oder Gemeinden geschlossen wurden, um die eigenen Kinder zu entlasten (vgl. Geistrich 2004: 69).

fig gewährt. Abhängigkeit und Demütigung prägten diese Beziehung. Die Unterbringungszeiten variierten stark und waren vom Hofbesitzer abhängig. Wenn dieser den Alten nicht mehr haben wollte, schickte er ihn weg. Wer nicht mehr laufen konnte, wurde auf eine Karre gepackt und am nächsten Hof abgeladen, so beschreibt es Ehmer (1990: 36). Der Suizid war vermehrt der letzte Ausweg der Alten aus prekären, unsicheren Lebensbedingungen, Demütigung, Schande und Qual (vgl. Geistrich 2004: 71).

7.2.6 Schlussbetrachtung

Die Ausführungen haben gezeigt, wie wenig einheitlich das Leben im Alter in der Frühmoderne auf dem Land war und wie wenig daher ein einheitliches Altersbild existieren konnte. Der Status der Alten und ihre Existenzsicherung waren von der jeweiligen Haushaltsstruktur abhängig, ebenso wie von ihrem (Nicht-)Besitz. In Gegenden wie dem relativ modernen England wurde der Lebensabend alter Besitzender eher unabhängig von der jüngeren Generation verbracht. Die Existenzsicherung erfolgte durch eigens erwirtschaftetes Geld und eigenen Besitz. Und für den Fall, dass diese Form der Vorsorge nicht ausreichte, wurden zunehmend gesellschaftliche Absicherungssysteme, wie die Armenversorgung, geschaffen.

Im osteuropäischen Raum hingegen lebten die Alten in Mehrgenerationenfamilien bis zu ihrem Tode als Familienoberhaupt, so dass ihre Existenz, vorausgesetzt der Familie ging es gut, als gesichert gelten kann.

Relativ ungesichert erscheinen die Lebensbedingungen der Alten in den Regionen, in denen die Besitzübergabe von den Eltern auf die Kinder nicht klar geregelt war, wo zu wenig soziale Normen hierzu existierten. Hier zeigte sich ein hohes Konfliktpotenzial zwischen den Generationen, das hin und wieder auch die Ermordung alter Menschen zur Folge hatte. Deshalb wurden zunehmend Leibrentenverträge oder Ausgedingeverträge – Verträge zwischen Eltern und ihren Kindern – aufgesetzt, die die Besitzverhältnisse regelten und das Auskommen der Alten sichern sollten, was u. a. die Frage aufkommen lässt, ob die familiären Bindungen so schwach waren, dass es dieser bedurfte.[8] Hier wurde eine machtvolle Position zu einem selbstbestimmten Zeitpunkt von den Alten abgegeben, ohne sich gänzlich aus dem wirtschaftlichen Leben der Familie zurückzuziehen oder verdrängen zu lassen. Mit diesen neuen Möglichkeiten entwickelte sich zum Ende des 17. Jahrhunderts eine neue Rolle der Alten, die der wohlhabenden Großeltern, die bei der Kinderversorgung halfen und daher hohes Ansehen und Respekt genossen.

---

8   Diese Form der Verträge ebnete den Weg zu modernen Ruhestandsregelungen.

Ganz anders erging es den Armen. Hier bestand nie die Möglichkeit, sich zur Ruhe zu setzen oder von der Familie versorgen zu lassen. Die eigenen Kinder waren zumeist selbst arm oder verzogen, was die Alten dazu zwang, ihr Leben lang zu arbeiten, auch wenn die körperlichen Fähigkeiten dies kaum noch zuließen. Eine tägliche Unsicherheit bestimmte das Leben. Diese Alten waren gezwungen, mühsam Erspartes aufzubrauchen, um ihren Lebensunterhalt zu sichern. Sie konnten nur auf Geld oder Lebensmittelspenden von den Kirchen hoffen, die jedoch nur ausgegeben wurden, wenn man sich selbst darum bemühte (vgl. Botelho 2005: 167). Alte Arme wurden als Last und als unnütz empfunden. Denn mit dem Verlust ihrer Arbeitskraft waren sie für die Gesellschaft „überflüssig". So wollte sich ihrer nicht einmal die eigene Familie annehmen und sie betreuen. Es galt daher als gefürchtetes Schicksal, arm und gleichzeitig alt zu sein, was sich in einem durchweg negativen Altersbild für diese Bevölkerungsgruppe ausdrückt.

7.3 Alte Menschen in den frühmodernen Städten

Während das Leben auf dem Land – mit Ausnahme von England – eher von Abhängigkeit geprägt war, lebten die Menschen in der Stadt in relativer Freiheit (vgl. Troyansky 2005: 180). Bot das Leben in der Großfamilie oder in der Hofgemeinschaft dem Landbewohner häufig Schutz gegen alle möglichen Risiken, lockerte sich dieser Zustand mit dem Umzug in die Stadt. Die Bindung an die Großfamilie oder den Hof und die damit verbundenen Pflichten wichen einer verstärkten Eigenverantwortlichkeit. Der Stadtbewohner musste die wechselnden Lebensumstände selbst meistern (vgl. Ehmer 1990: 37).

Der Lebenslauf der Bewohner vorindustrieller Städte wies keine klar abgrenzbare Phase des Alters auf, da es noch keine Strukturen für einen geregelten Ruhestand gab (vgl. Botelho 2005: 113). Während das gesamte Leben der Unterschicht durch Arbeit geprägt war, gelang es Bürgern der Mittel- und Oberschicht in der Regel, ihr Vermögen mit zunehmendem Alter zu mehren, hin und wieder auch ohne Arbeit (vgl. Ehmer 1990: 37).

In den Städten des frühmodernen Europas waren hauptsächlich drei Schichten vertreten, die hier als Ober-, Mittel- und Unterschicht bezeichnet werden. Der Oberschicht gehörten Adlige, reiche Bürger und Beamte an. Handwerker und Kaufleute machten die Mittelschicht aus, während Arbeiter sowie Bettler und Obdachlose zur Unterschicht gezählt werden. Im Folgenden werden exemplarisch verschiedene Bevölkerungs- bzw. Berufsgruppen für die drei Schichten mit ihren je spezifischen Lebensbedingungen im Alter und den Strategien der

Alterssicherung skizziert und mögliche Wechselbeziehungen mit den Altersbildern herausgearbeitet.

7.3.1 Adelige und Beamte als Beispiele für die Oberschicht

Dass die Menschen des frühmodernen Europas große Angst vor dem Altwerden haben mussten, da es mit prekären Lebensbedingungen verbunden war, traf zumindest für die städtische Oberschicht eher nicht zu. Im Durchschnitt war das Vermögen der Adligen oder der wohlhabenden Bürger im Alter höher als im mittleren Alter. Sie konnten daher einen gesicherten, ruhigen Lebensabend, manchmal auch jenseits der Arbeit, verbringen (vgl. Ehmer 1990: 37).

Der Adel zeichnete sich durch seine Erbstrukturen seit jeher durch große Alterssicherheit aus. Denn Ämter und Positionen und auch das Vermögen wurden in der Regel erst nach dem Tod an die nächste Generation weitergegeben. Zudem – oder auch deshalb – konnten sich bedürftige alte Angehörige immer auf die Unterstützung ihres jeweiligen Adelsgeschlechts verlassen (vgl. Thane 2005: 135). Gleichzeitig genossen die Alten ein hohes Ansehen, und von ihnen wurde Ratschlag und Beistand gefordert (vgl. Göckenjan 1988: 42).

Einschränkend muss hinzugefügt werden, dass von den Angehörigen des Adels verlangt wurde, für den König Kriegsdienst zu leisten und die Untertanen zu schützen, was mit der Gefahr verbunden war, schon jung im Kampf zu fallen. Dies betraf allerdings nur einen kleinen Teil des Adels. Alle anderen konnten im Durchschnitt, aufgrund ihrer guten Versorgungslage, von einer hohen Lebenserwartung ausgehen (vgl. ebd.).

Besonders deutlich zeigte sich das gesicherte Leben im Alter bei den städtischen Verwaltungsangestellten. Positionen in den Ämtern wurden meist von reichen Bürgern bekleidet. Diese konnten ihre Ämter oft bis ins hohe Alter ausüben, da die Arbeit nicht mit körperlichen Anstrengungen verbunden war (vgl. Luh 2003: 312). Dabei galt, dass das Prestige der Positionsinhaber mit zunehmendem Alter stieg und ihre Arbeit aufgrund ihrer langjährigen Erfahrung besonders geschätzt wurde.[9] Diese Alten wurden in der Kunst als weise, erfahrene Alte beschrieben, die hohes Ansehen genossen.

Zudem existierte eine patriarchalische Form der Altenversorgung:

„Dem alt und dienstunfähig gewordenen Beamten wurde ein jüngerer beigestellt, der ihm seine Amtspflichten ganz oder zum Teil abnahm und mit dem er sich nach näherer Übereinkunft die Einkünfte des Amtes teilte. Der Gehilfe war oft der Sohn oder ein Schwiegersohn des Emeritus oder sonst ein Mann seiner Wahl; er hatte Anspruch auf die Nachfolge im Amt, wenn der Emeritus starb" (Ehmer 1990: 39).

---

9   Hierin mag auch der Grund dafür liegen, dass es keine klare Altersgrenze gab.

Abgelöst wurde dieses familienbezogene System in der Frühen Neuzeit durch erste staatliche *Alterssicherungs- bzw. Pensionssysteme.*[10] Nutznießer dieser Einrichtungen waren zu Beginn allein Staatsdiener wie Beamte und Soldaten.

Ein erstes Konzept der Altersversorgung war die Gnadenpension. Durch Geldzahlungen wurden ältere Beamte nach dem Ausscheiden aus ihrem Beruf finanziell unterstützt. Da bereits in der Frühmoderne der Beruf des Beamten als lebenslanges Dienstverhältnis gesehen wurde, war die Alimentation lebenslang konzipiert. Die Höhe der Geldbeträge richtete sich an der Wertschätzung des Beamten und an seinen Verdiensten aus. Zu dieser Zeit war das System der Pension und vor allem das der Gnadenpension allerdings noch nicht voll ausgereift. Es befand sich im 18. Jahrhundert in der Entwicklungsphase, und so ist es verständlich, dass Willkür und Zufall die Höhe der Zahlungen bestimmten. Fast jeder Beamte wurde anders behandelt. Feste Regeln und Strukturen gab es nicht. Korruption durchzog das System und so herrschten große Unterschiede in der Zahlungshöhe, auch bei Beamten mit vergleichbaren Positionen (vgl. Ehmer 1990: 40).[11]

Da die Versorgung der Alten immer mehr zum Problem wurde, wurde verstärkt daran gearbeitet, die Strukturen der Pensionssysteme zu verfeinern. Erstmals wurden im 18. Jahrhundert Steuern in Betracht gezogen, die beispielsweise die monatliche Zahlung der Geldbeträge für Beamte sichern sollten. Nachteil der Steuer war, dass alle Erwerbstätigen diese abführen mussten, jedoch nur Beamte und Soldaten davon profitierten. Es dauerte noch weitere einhundert Jahre, bis die ersten funktionierenden Pensions- und Rentensysteme eingeführt wurden (vgl. ebd. 41).

Dennoch kann festgehalten werden, dass sich der Lebensabend der Menschen aus der Oberschicht in der Regel durch einen sehr hohen Grad an Sicherheit und Wohlstand auszeichnete und dass diesen Alten, aufgrund ihrer großen Lebenserfahrung, vor allem mit Achtung und Respekt begegnet wurde.

7.3.2 Handwerker als Beispiel für die Mittelschicht

Das gesamte wirtschaftliche und gesellschaftliche Leben und auch die Altersphase eines Handwerkers wurden durch seine *Zunft* bestimmt. Die Zunft bildete nach Fröhlich „eine Gefahrengemeinschaft ..., die das Risiko des einzelnen erheblich zu mindern vermochte" (Fröhlich 1976: 38). In den Mittel- und Großstädten

---

10   Diese trugen maßgeblich zur „Konstituierung des Alters als einer einheitlichen und chronologisch abgrenzbaren Lebensphase" (Ehmer 1990: 39) bei.
11   Durch die rasant steigenden Zahlen der Beschäftigten im Staatsapparat stieß das System zudem rasch an seine Grenzen (vgl. ebd.).

machten die in einer Zunft organisierten Handwerker etwa 50 % der Bürgerschaft aus, während ihr Anteil in den Kleinstädten geringer war (vgl. Fröhlich 1976: 27). Aufgrund fehlender staatlicher Strukturen begannen Handwerker schon früh, sich selbst zu organisieren. Bereits im Mittelalter entstanden die so genannten Zünfte, die jeweils die Verantwortung für die gesamte Berufsgruppe samt Angehörigen übernahmen.[12]

> „Die Zunft des Mittelalters war ein obrigkeitlich anerkannter Zwangsverband innerhalb einer Gemeinde. Sie sicherte ihren Angehörigen das Recht zur Ausübung eines bestimmten Gewerbes, auf das sie sie gleichzeitig beschränkte, und vertrat alle gemeinsamen Interessen eines Berufszweiges" (Fröhlich 1976: 15).

Zünfte waren straff organisiert. Jeder, der ein Handwerk erlernen oder ausüben wollte, musste einer Zunft beitreten. Vergleichbar mit einer modernen Gewerkschaft gab es einen Vorstand, eine Art Zunftrat. Dieser setzte sich mit den Sorgen und Nöten der Mitglieder auseinander. Im Laufe der Zeit wurde auch eine sogenannte Zunftlade eingeführt, eine Art Kasse, in die jedes Mitglied einzahlen musste. Eine Weigerung wurde mit Strafe belegt (vgl. Ducland 1990: 18).

Handwerker schlossen sich einerseits zu Zünften zusammen, um Kontrolle über ihr Handwerk und seine Ausführenden ausüben zu können. In einer Zunftgemeinschaft ließen sich beispielsweise Fälschungen und Betrügereien besser verhindern. Weiterhin sollte die Ausbildung überwacht werden, so dass eine hohe Qualität der Handwerkstätigkeit gesichert werden konnte. Insbesondere aber ging es darum, für Schutz und Sicherheit zu sorgen. Vor allem die Familien und ihre Bedürfnisse sollten gesichert werden. Das Wohlergehen von Witwen, Waisen, Alten und Kranken sollte mit Geldern aus der Zunftlade gesichert werden (vgl. Fröhlich 1990: 16ff.).

In den Zünften galt die Sicherung des Lebensabends ihrer Mitglieder schon früh als ein grundlegendes Ziel. Alten Handwerksmeistern wurden gewisse Arbeitserleichterungen gewährt und Sonderrechte eingeräumt. So hatten die Altmeister beispielsweise das Vorrecht, auf Wanderschaft befindliche Gesellen einzustellen (vgl. Ehmer 1990: 37). Außerdem konnten Altmeister mit Hilfskräften während ihrer Krankheit den Betrieb aufrechterhalten.

> „Sollte ein Meister durch Alter, Krankheit oder Tod untüchtig sein, sein Geschäft fortzuführen, so wurde ihm ein Geselle zur Seite gestellt, der das Geschäft am Leben hielt und die Existenzgrundlage der Familie des Altmeisters sicherte" (Dannenberg 1872: 14).

---

12 Der Ursprung der Zunft liegt vermutlich in den germanisch-heidnischen Bräuchen. Fronhöfe und Genossenschaften galten als Vorläufer und Vorbilder der städtischen Handwerkszünfte.

Ein aufgrund fortgeschrittenen Alters arbeitsunfähiges Zunftmitglied erhielt Ent-
lohnungen aus der Zunftlade. Zunächst bestanden diese aus Naturalien, um die
Existenzgrundlage des Meisters und seiner Familie aufrechtzuerhalten. Später
bestanden diese Zahlungen aus pekuniären Mitteln (vgl. Strube 1973: 29).

Es kann festgehalten werden, dass sich das Handwerk bzw. die Zünfte schon
früh dem Problem der Altenversorgung zuwandten. Neben den staatlichen Al-
tersregelungen für Beamte können auch die Regelungen der Zünfte als Vorrei-
ter der heutigen Rentensysteme gelten, jedoch eher auf privater Basis (vgl. Ducland 1990: 18).

7.3.3 Die Armen aus der Unterschicht

Angehörige der städtischen Unterschicht – Arme, Obdachlose, Bettler – waren weder beruflich organisiert noch vermögend. Fortdauernde harte körperliche Arbeit
bestimmte das Leben der Menschen in der städtischen Unterschicht. Ihnen gelang
es oftmals nicht, sich durch ihre Arbeit ein pekuniäres Polster zuzulegen, von dem
sie im Alter leben konnten. Die Folge war, dass die Menschen bis an ihr Lebensende arbeiten mussten, trotz altersbedingter körperlicher Schwächen und Leiden.

Die Situation der städtischen Unterschicht war dennoch nicht immer als
gänzlich ausweglos zu bezeichnen. Staat und Kirchen reagierten mit speziellen
Berufsangeboten für Alte, die nur geringerer körperlicher Kräfte bedurften. So
waren beispielsweise der Beruf des Totengräbers, der des Nachtwächters oder der
des Turmwächters für alte Menschen reserviert und durften auch nur von diesen
ausgeübt werden. Zwar reichte das Angebot nicht, jeden alten Menschen zu versorgen, der zur Ausübung anderer Tätigkeiten nicht mehr in der Lage war, für einen kleinen Teil war diese Form der Altersversorgung jedoch durchaus lukrativ
und sichernd (vgl. Ehmer: 1990: 38).

Darüber hinaus wurden in Anlehnung an die bekannten Hospitäler und die
Armenfürsorge soziale Einrichtungen geschaffen, die den Alten eine Bleibe gewähren sollten. In diesen neu geschaffenen Spitälern – sie gelten als Vorläufer
der *Altenheime* – konnten diejenigen ihren Lebensabend verbringen, die über keine ausreichende Versorgung verfügten. Innerhalb der Hospitäler wurden Tätigkeiten angeboten, denen auch alte Menschen nachgehen konnten. So wurde ihre
Versorgung gleichzeitig mit gemeinnützigen Arbeiten verbunden (vgl. ebd.: 41).
Jedoch waren die Ruheplätze für alte Menschen äußerst rar, und nur sehr wenige
konnten sich ein Bett in einem Spital sichern.

7.3.4 Schlussbetrachtung

Für die Alten des Adels im frühmodernen Europa stellte sich ihre soziale Lage als sicher dar. Diese Bedingungen finden ihren Ausdruck in einem Altersbild, das in der Regel durch Respekt, Hochachtung und von hohem Prestige geprägt war. Insbesondere die Gemälde dieser Zeit sprechen hier eine deutliche Sprache. Angehörige dieser Gruppe konnten sich zum einen auf ihr Vermögen verlassen, das sie im Alter finanziell absicherte, und zum anderen auf ihre Verwandtschaft. Familienangehörige nahmen ihre Alten bei sich auf, ließen sie pflegen und versorgten sie umfänglich. Darüber hinaus vererbten die Adeligen ihre Positionen und ihren Besitz erst mit dem Tode, so dass ihr Lebensabend auf jeden Fall gesichert war. Dieser Umstand bedeutete gleichzeitig eine Positivierung des Altersbildes der Stadtbewohner (vgl. Troyansky 2005: 195).

Ähnlich sicher gestaltete sich der Lebensabend der Gruppe der Beamten. Ihnen war es zum einen möglich, aufgrund der geringen körperlichen Belastungen im Beruf bis ins hohe Alter zu arbeiten. Dies war mit einer hohen gesellschaftlichen Wertschätzung verbunden, denn sie verfügten wie kein anderer über große Lebens- und Berufserfahrung. Ihr Prestige stieg mit zunehmendem Alter kontinuierlich an. Zum anderen konnten sie auf das staatliche Pensionssystem zurückgreifen. Zwar war diese Form der Absicherung bei weitem nicht ausreichend, bildete jedoch zumindest das Grundgerüst.

Die größte städtische Gruppe, die der Handwerker, erhielt zwar von staatlicher Seite keine Zuwendungen, nichtsdestotrotz waren auch ihre Lebensbedingungen keineswegs von Unsicherheiten geprägt. Die aus dem Mittelalter stammenden Zünfte, in denen alle Handwerker organisiert waren, hatten es sich zum Ziel gesetzt, den Lebensabend ihrer Altmeister und deren Familien zu sichern. In Krankheitsfällen oder eben auch im Alter bzw. nach dem Tod wurden entweder die Familienangehörigen der Zunftmitglieder oder die Altmeister selbst ausreichend versorgt. Die sogenannte Zunftlade, in die jedes Mitglied einzahlen musste, sicherte die Existenz der alten Zunftmitglieder. Dies geschah in Form von pekuniären Zuwendungen, durch Naturalien oder beispielsweise durch die Bereitstellung eines jüngeren Gesellen, welcher den Handwerksbetrieb aufrecht erhielt, wenn die Leistungsfähigkeit des Altmeisters nachließ. Auch das Prinzip der Vererbung war in dieser Gruppe verbreitet. So wurde darauf geachtet, dass die Nachkommen der Meister in dasselbe Gewerbe eingeführt wurden, um den Betrieb anschließend zu erhalten.

Die Verlierer in den Städten waren die alten Armen, die aufgrund körperlicher Gebrechen ihre Existenz nicht mehr ausreichend sichern konnten. Zwar reservierten die Kommunen und die Kirche spezielle Berufe für sie, die geringerer

Körperkraft bedurften. Doch nicht für alle Alten gab es genug Arbeit. Außerdem richtete der Staat sogenannte Hospitäler – die Vorläufer der Altenheime – ein, in denen bedürftige Alte leben und je nach Leistungsfähigkeit arbeiten durften. Aber auch hier fand nur ein sehr kleiner Teil der Unterschicht eine Bleibe. Gemälde, die diesen Teil der Bevölkerung darstellen, rücken vor allem die körperlichen Gebrechen der Menschen und damit die negativen Seiten des Alters in den Mittelpunkt.

7.4 Gesamtfazit

Die Ausführungen haben gezeigt, dass in der frühen Neuzeit sowohl in der Stadt als auch auf dem Land unterschiedliche Bilder des Alters existierten, die auf der Grundlage der verschiedenen Lebensbedingungen der Alten entstanden.

Es lässt sich zeigen, dass negative Altersbilder vor allem dort entstanden sind, wo Alte von ihren Mitmenschen als Last wahrgenommen, verachtet und ohne Respekt behandelt wurden. Im Mittelpunkt standen dann körperliche Veränderungen, die als Hässlichkeit, als mangelnde Leistungsfähigkeit, als Gebrechen und als abstoßend beschrieben wurden. Vor allem das medizinische Altersbild bildete eine wichtige Grundlage zur Beschreibung der körperlichen Veränderungen. Diese Alten galten aufgrund ihrer Bedürftigkeit als gesellschaftlich unnütz und daher als überflüssig. Dass dieses Bild vor allem die unteren Schichten der Bevölkerung beschreibt, ist offensichtlich. Denn gerade sie waren auf die Funktionsfähigkeit ihres Körpers angewiesen, da sie ihr Leben allein durch körperliche Arbeit sichern konnten.

Unsere These lautet, dass das negativ konnotierte Altersbild dieser armen Alten seinen tieferen Sinn darin hat, dass sich die anderen Gesellschaftsmitglieder leichter von diesen Alten distanzieren und sich ihrer evtl. sogar entledigen konnten. Indem sie sie als abstoßend und hässlich beschrieben, erschien es ihnen möglicherweise zugleich als legitim, wenn man sich von ihnen abwendete und sie nicht unterstützte.

Ein positives Altersbild – das sich beispielsweise in den vielen Gemälden von Adeligen oder reichen Bürgern widerspiegelt – und die Alten als Respektspersonen und als Träger von Weisheit, Erfahrung und Macht präsentiert – entstand unter völlig anderen Bedingungen. Hier waren es gerade die Alten, die über Besitz, wichtige Positionen, Wissen und Erfahrung verfügten. Und auf diese Menschen konnte die Gesellschaft kaum verzichten. Die jüngeren Generationen mussten den Alten beispielsweise Respekt zollen, wollten sie ihre späteren Erben sein. Und als Mitglieder der öffentlichen Verwaltungen waren die Alten aufgrund ihrer Erfahrung unentbehrlich.

Diese Alten, so lautet die hier verfolgte These, waren aufgrund ihrer Ressourcen nicht von anderen abhängig, sondern vielmehr potenzielle Ressourcengeber, auf die andere angewiesen waren, was es leichter machte, sie in einem positiven Licht sehen.

In dem oben beschriebenen Sinne sind die Zuordnungen in der Stadt und auf dem Land durchaus vergleichbar. Auf dem Land konnte die Situation der Alten in der Regel dann als gesichert gelten, wenn sie ihren Besitz und ihr Vermögen erst nach ihrem Tode vererbten. Wurde das Erbe schon vor dem Tode übergeben, war es dringend geboten, sich vertraglich seiner Rechte im Alter zu versichern. In der Stadt galt, dass eine hohe Stellung im Beruf oder im gesellschaftlichen System auch eine gute Position im Alter (beinahe) garantierte. Bei den in Zünften organisierten Handwerkern beispielsweise stieg mit zunehmendem Alter das gesellschaftliche Ansehen aufgrund ihrer großen Erfahrung, die sie nach und nach den Jüngeren vermitteln konnten. Insofern besaßen auch hier die Alten Ressourcen, die die Jungen für sich nutzen wollten.

Für die armen Teile der Bevölkerung kann sowohl auf dem Land als auch in der Stadt ein recht einheitliches Bild festgehalten werden: Mangelnder Besitz und die fehlende Versorgung im Alter konnten nur durch körperliche Arbeit kompensiert werden. Und vor diesem Hintergrund war eine altersbedingte Arbeitsunfähigkeit ein vernichtendes Schicksal. Die dadurch bedingte Abhängigkeit von anderen rief weitestgehend eine Abwertung dieser Personengruppe hervor.

Insofern kann verallgemeinernd und idealtypisch zugespitzt festgehalten werden: Allein eine existenzielle Sicherheit im Alter geht mit einem positiven Altersbild einher, prekäre, unsichere Bedingungen führen stets zu einem eher negativ konnotierten Altersbild.

Literatur

Bonß, Wolfgang (1995): Vom Risiko. Unsicherheit und Ungewißheit in der Moderne. Hamburg: Hamburger Edition

Borscheid, Peter (1987): Geschichte des Alters. 16.-18. Jahrhundert. München: Deutscher Taschenbuch Verlag

Botelho, Lynn (2005): Das 17. Jahrhundert. Erfüllter Lebensabend – Wege aus der Isolation. In: Thane (2005): 113-174

Dannenberg, Joseph (1872): Das Deutsche Handwerk und die Sociale Frage. Leipzig: Duncker & Humblot

Ducland, Jutta/Ducland, Rainer (1990): Leipziger Zünfte. Berlin: Verlag der Nation

Ehmer, Josef (1990): Sozialgeschichte des Alters. Frankfurt/Main: Suhrkamp Verlag

EKD (2002): Alte und ältere Menschen in Kirche und Gesellschaft. Hannover: EKD Verlag

Fröhlich, Sigrid (1976): Die Soziale Sicherung bei Zünften und Gesellenverbänden. Darstellung, Analyse, Vergleich. Berlin: Duncker & Humblot

Geistrich, Andreas (2004): Status und Versorgung alter Menschen in der Neuzeit (16.-19. Jh.). In: Hermann-Otto: 63-78

Göckenjan, Gerd (Hrsg.) (1988): Alter und Alltag. Frankfurt am Main: Suhrkamp Verlag

Guggenheimer, Dorothee (2006): Alter, Altersversorgung und Altersmedizin in der Geschichte. In: Schweizer Ärztezeitung 87. 2006. 11

Hermann-Otto, Elisabeth (2004): Die Kultur des Alterns. Von der Antike bis zur Gegenwart. St. Ingbert: Röhrig Universitätsverlag

Luh, Andreas (2003): Das „Goldene Zeitalter der Alten"? In: Zeitschrift für Gerontologie und Geriatrie 36, 4. 2003. 303-316

Pfister, Christian (1994): Bevölkerungsgeschichte und historische Demografie. 1500-1800. München: Oldenbourg

Prahl, Hans Werner (1996): Soziologie des Alterns. Paderborn: Schöningh

Reimann, Helga/Reimann, Horst (1983): Das Alter. Einführung in die Gerontologie. Stuttgart: Enke

Roeck, Bernd (1991): Lebenswelt und Kultur des Bürgertums in der Frühen Neuzeit. München: Oldenbourg

Schnipperges, Heinrich (1990): Die Kranken im Mittelalter. München: C.H. Beck Verlag

Seidler, Eduard/Leven, Karl-Heinz (2003): Geschichte der Medizin und Krankenpflege. 7., überarb. und erw. Aufl. Stuttgart: Kohlhammer

Strube, Friedrich (1973): Soziale Sicherung bei den Handwerkszünften in Bremen. Kiel: Dissertation Universität Kiel

Thane, Pat (Hrsg.) (2005): Das Alter. Eine Kulturgeschichte. Darmstadt: Wissenschaftliche Buchgesellschaft

Troyansky, David G. (2005): Das 18. Jahrhundert. Rückhalt in der Familie und Gemeinde. In: Thane (2005): 175-200

Teil III
Gegenwartsperspektiven

8. Altersbilder und ihre Wirkungen auf dem Arbeitsmarkt

Sebastian Gläser

Unsere Gesellschaft unterliegt – vor dem Hintergrund rasanter technischer Innovationen – einem steten Wandel und Optimierungsprozess. Besonders betroffen hiervon sind die Wirtschaft und damit auch der Arbeitsmarkt. Denn unternehmerische Umstrukturierungen bleiben nicht ohne Folgen für das Personal. Für Arbeitgeber und Unternehmen gelten strenge Erfolgskriterien, die einen enormen Druck auf Manager und Unternehmensführung ausüben. Um auf diese Situation betriebswirtschaftlich angemessen zu reagieren, bedarf es oftmals der Identifikation von Einsparpotenzialen, wobei hier häufig ein ganz besonderes Augenmerk auf den Personalkosten liegt.

Zur Ermittlung derartiger Potenziale bedienen sich die Arbeitgeber des Prinzips der Selektion der Arbeitnehmerschaft anhand statistischer Leistungsdaten. Auf diese Weise können sich simple Effizienzerhebungen zur Straffung der Abläufe allerdings schnell als existenzielle Bedrohung für den individuellen Arbeitnehmer entpuppen. Kühl kalkulierte betriebswirtschaftliche Wertschöpfungsbilanzen entscheiden plötzlich über seine berufliche Zukunft, deutlicher ausgedrückt, über den eventuellen Arbeitsplatzverlust. Diese „Auslese" soll nach objektiven, zwischen Qualität und Quantität unterscheidenden Leistungskriterien erfolgen, doch dem ist in vielen Fällen nicht so. Besonders große Spannungsmomente ergeben sich im Rahmen der innerbetrieblichen Altersstrukturen, die ältere Arbeitnehmer im Kampf um den Arbeitsplatzerhalt in Konkurrenz zu jüngeren Kollegen treten lassen. Schnell wird das Märchen vom alten und gebrechlichen Arbeitnehmer zur bitteren Realität, wenn zwischen zwei Arbeitnehmern plötzlich das Lebensalter des älteren über seinen Arbeitsplatzverlust entscheidet. Vergleichbares gilt für Bewerbungssituationen. Es drängt sich der Verdacht auf, dass Diskriminierung und Ausgrenzung Älterer auf dem Arbeitsmarkt aufgrund stereotyper Rollenzuschreibungen erfolgen und nicht sachliche Bewertungsmaßstäbe angelegt werden, was es in diesem Beitrag nachzuzeichnen, in diesem Sinne zu beweisen gilt (vgl. auch Krieger 2005: 19).

Dies erfordert eine intensive Auseinandersetzung mit der Thematik, an deren Anfang die Auswertung der Faktenlage steht: Festzuhalten ist, dass der Anteil der

Erwerbslosen in der Altersgruppe der 55- bis unter 60-Jährigen in Deutschland überproportional hoch ist (vgl. Krieger 2005: 4). In die gleiche Richtung weist die Erkenntnis, dass „Erwerbslosigkeit im fortgeschrittenen Alter nahezu gleichbedeutend mit einem endgültigen Ausscheiden aus dem Erwerbsleben ist" (Bäcker/ Naegele 1995: 777). Während die Gründe für diese Entwicklungen noch darzustellen sind, kann bereits hier eine Erkenntnis formuliert werden: Die Tragweite einer Entlassung verweist deutlich auf die *gravierenden Unsicherheiten*, mit denen ältere Arbeitnehmer konfrontiert werden und denen sie sich auch ausgesetzt sehen.

Ein Blick in Stellenausschreibungen und Jobbörsen vermittelt einen Einblick in die momentan von Unternehmen artikulierten Einstellungsvoraussetzungen: Begriffe wie Qualifikation, Risikotragfähigkeit oder bedingungslose Flexibilität tauchen auf, was sinnvoll erscheint, da nur auf diese Weise die passende Klientel angeworben werden kann. Diese Voraussetzungen implizieren keinerlei Bezug zum Alter. Dennoch werden den Älteren in anschließenden Bewerbungsverfahren meist andere Eigenschaften zugerechnet, mit der Folge, dass die Beschäftigung älterer Arbeitnehmer eher verhindert wird.

Den beschriebenen Vorgängen – Entlassung und Einstellung – liegt ein insgesamt stark *negativ geprägtes Altersbild* zugrunde, das mitunter in offene Diskriminierung mündet. Auf der Basis stereotyper Rollenzuschreibungen werden Altersbilder (re)konstruiert, die weder wissenschaftlich fundiert sind noch generell auf die gesamte ältere Arbeitnehmerschaft zutreffen, aber dennoch Einfluss auf diese Gruppe in ihrer Gesamtheit haben, betont Hanisch (2012).[1] Die Zugehörigkeit zur Gruppe älterer Arbeitnehmer birgt immanent das Risiko, entweder in der betrieblichen Bedeutungslosigkeit zu verschwinden, innerbetrieblich zu schlechten Konditionen versetzt zu werden oder im schlimmsten Fall bei Leistungsminderung entlassen zu werden. Daraus ergibt sich eine unsichere Berufsperspektive, die die materielle Reproduktion gefährdet und Sozialbeziehungen zerstört. Dies unterminiert das dem Menschen natürlich innewohnende Verlangen nach Sicherheit in vielen Lebensbereichen.

Das Ziel der vorliegenden Analyse ist einerseits die differenzierte Darstellung des klar negativ konnotierten Altersbildes im Bereich Erwerbsarbeit. Darüber hinaus sollen seine unsicherheitserzeugenden Auswirkungen auf alle Bereiche des Erwerbslebens, auf den der materiellen Reproduktion und den der sozialen Einbindung herausgearbeitet werden. Forschungsleitend ist hierbei die These, dass enge Wechselbeziehungen zwischen dem negativen Altersbild und der prekären Situation Älterer auf dem Arbeitsmarkt bestehen. Konkreter: Es wird vermutet,

---

1   Zentrale Gesichtspunkte der Einleitung basieren auf der Rezeption eines Berichts von Hanisch in der Süddeutschen Zeitung vom 23.04.2012.

dass das existierende negative Altersbild die unsichere Position Älterer auf dem Arbeitsmarkt noch verschärft, indem es den Arbeitgebern Argumente zu deren Entlassung oder Benachteiligung liefert, die diese dann realisieren. Und das wiederum führt zu einer Bestätigung und Stabilisierung des negativen Altersbildes.

Die Analyse bezieht sich ausschließlich auf die Gruppe älterer Arbeitnehmer in *Deutschland*, da sämtliche Daten und Forschungsmeinungen die Sachlage in der BRD widerspiegeln. Einleitend werden die Auswirkungen des demografischen Wandels und der Arbeitsmarktpolitik auf den deutschen Arbeitsmarkt nachgezeichnet (8.1). Daran schließt sich die Beschreibung des negativen Altersbildes und seiner Entstehung an (8.2). In Abschnitt 8.3 werden die konkreten Wirkungen dieses Altersbildes im Berufsleben und grundlegende Spannungsmomente zwischen älteren und jüngeren Arbeitnehmern herausgearbeitet. Die Analyse dieser generationellen Konfrontation weist ältere Arbeitnehmer als klare Verlierer und als eine Problemgruppe aus, die mit negativen Folgen in Form gestiegener beruflicher und materieller Unsicherheiten zu rechnen hat oder schon damit konfrontiert ist. Abschnitt 8.4 beschäftigt sich anschließend mit möglichen Strategien, die helfen könnten, diesen Negativtrend zu stoppen. In der Schlussbetrachtung (8.5) wird ein kurzer Ausblick in die Zukunft gegeben.

8.1 Demografischer Wandel, Arbeitsmarktpolitik und Arbeitsmarkt

Im Zentrum gegenwärtiger politischer Debatten zur Zukunft der Erwerbsarbeit steht die Frage nach Strategien, um den Herausforderungen des demografischen Wandels in Bezug auf die Arbeitswelt zu begegnen. Angesichts einer schrumpfenden Gesamtbevölkerung erscheint es beispielsweise sinnvoll, das vorhandene „Humankapital" der Älteren möglichst lange in den Arbeitsprozess einzubinden, um deren Erfahrung und Arbeitskraft gewinnbringend zu nutzen. Blickt man jedoch auf die tatsächliche Situation am Arbeitsmarkt, lässt sich ein gegenläufiger Trend erkennen. Hier zeigt sich die Tendenz zu einer sich kontinuierlich verjüngenden Arbeitnehmerschaft bei einem gleichzeitig steigenden gesellschaftlichen Altersdurchschnitt (vgl. Naegele 2001: 3).

Dieser Trend wird allerdings nicht mehr lange anhalten können, so wird vermutet. Denn das Fehlen von Arbeitskräften wird ab etwa 2015 eine zunehmende Berücksichtigung Älterer als Arbeitnehmer erzwingen. Berechnungen des Statistischen Bundesamtes belegen, dass die Bevölkerung der BRD von gegenwärtig 82 Millionen bereits im Jahre 2050 auf ca. 65 Millionen zurückgegangen sein wird. Im Bereich der Erwerbsarbeit bewirkt dies einen Rückgang der Zahl der Erwerbspersonen (20–64 Jahre) um etwa 20 %, während gleichzeitig für die

Gruppe der über 65-Jährigen eine Zunahme von 54% und für die Gruppe der über 80-Jährigen eine Zunahme von 174% zu verzeichnen ist! Zusammengefasst bedeutet dies, dass die Anzahl der über 65-Jährigen – der Rentner – von heute 20% bis zum Jahre 2050 auf 34% der Gesamtbevölkerung ansteigen wird (vgl. Kruse/Schmitt 2005: 9).

Durch die deutliche Erhöhung des Anteils der Rentner an der Gesamtbevölkerung entstehen jedoch Probleme, die nicht nur den Bereich der Wirtschaft betreffen. Denn neben der prognostizierten Verringerung des „Humankapitals" mehren sich Befürchtungen hinsichtlich einer Nicht-Finanzierbarkeit des Renten- bzw. des Krankenversicherungssystems. Steigende Renten- und Krankenkassenbeiträge im Zusammenspiel mit einer nicht austarierten Lastenverteilung (Generationengerechtigkeit) auf dem Rücken der Erwerbstätigen können zum sozialen Sprengstoff werden, das System des Generationenvertrags gefährden und die Brisanz der Diskussion in ihrer gesamtgesellschaftlichen Bandbreite offenbaren (vgl. Pelizäus-Hoffmeister 2011: 98).

Die entstehenden Probleme lassen sich allerdings nicht allein auf den demografischen Wandel zurückführen. Ein Blick in die Geschichte der Arbeitsmarktpolitik offenbart, dass verschiedene arbeitsmarktpolitische Instrumentarien das Anwachsen der Gruppe der Rentner mit zu verantworten haben. Bezeichnend für die sogenannte Frühphase der Politik für ältere Arbeitnehmer (ab 1957) ist ihre Identifikation als soziale Problemgruppe mit unsicheren Perspektiven auf dem Arbeitsmarkt (vgl. Sechster Altenbericht der Bundesregierung 2010: 101). Auf dieser Grundlage konzipierte die Politik verschiedene Modelle zur Unterstützung der nun als schutzbedürftig geltenden Arbeitnehmerschaft in Form der Erweiterung vorgezogener Altersgrenzen für Arbeitslose oder Regelungen zur Erleichterung des Eintritts in das Frührentenalter. Interessant ist, dass ein eigens zur Abmilderung des vorherrschenden Risikos von Altersarmut und Erwerbslosigkeit im Alter geschaffenes Instrument, also eines zur Erzeugung von Sicherheit, letztendlich eine gegenteilige Wendung nimmt und sich als arbeitspolitischer Bumerang erweist.

Diese Entwicklung setzt sich in der Folge weiter durch und leitet ab 1970 zur zweiten Phase der Politik für ältere Arbeitnehmer über, die mit ähnlichen politischen Maßnahmen aufwartet. Stärker noch als in den 1950er Jahren dominiert fortan das Bild der „leistungsgeminderten und deshalb nicht gebrauchten Arbeitnehmerschaft der Älteren" (ebd.). Es folgen Beschlüsse zur Verschiebung der Verrentungsgrenzen nach unten, um der Altersteilzeit und gleitenden Übergängen in den Ruhestand Vorschub zu leisten (vgl. Dittmann-Kohli/Bode/Westerhof 2000: 196). Die mit Beginn der 1970er Jahre einsetzenden Konjunkturschwankungen (Ölkrise) führen dazu, dass das Modell der Frühverrentung nun zugleich als vorrangige Strategie zur Reaktion auf Konjunkturprobleme dient. Damit werden die Älteren zur beschäftigungspolitischen Manövriermasse degradiert. Ihren Höhepunkt erreicht diese Entwicklung Mitte der 1980er Jahre, als die Frühverrentung als gängiger Hebel zur Regulierung ökonomischer Schwankungen und zur konjunkturbedingten Umgestaltung von Unternehmensstrukturen eingesetzt wird. Im Mittelpunkt steht nunmehr explizit der Abbau von Arbeitslosigkeit bzw. eine forcierte Erhöhung der Arbeitsmarktchancen Jüngerer und nicht mehr der Schutz älterer Arbeitnehmer (vgl. Sechster Altenbericht 2010: 101).

Die dritte Phase seit Mitte der 1990er Jahre leitet einen Paradigmenwechsel ein. Der Ausschluss älterer Arbeitnehmer zur „Vitalisierung" des Arbeitsmarkts erscheint in den Augen von Staat, Arbeitgebern und Gewerkschaften nun angesichts steigender Sozialkosten nicht mehr zielführend (vgl. Pelizäus-Hoffmeister 2011: 101). Überlegungen zur Frühverrentung werden als zu kostenintensiv verworfen und durch neue Langzeitarbeitsmodelle ersetzt. Die „Rente mit 67" fungiert hier als Wendepunkt. Diese arbeitsmarktpolitische Maßnahme soll die negativen Auswirkungen des demografischen Wandels auf den Arbeitsmarkt begrenzen (vgl. Sechster Altenbericht 2010: 102). Das Modell trägt zwar im Prinzip zum längeren Erhalt der Fähigkeit zur materiellen Reproduktion bei, birgt aber gleichzeitig das Risiko des Arbeitsplatzverlustes für Ältere, die aufgrund altersbedingter Einschränkungen den Anforderungen des Arbeitsmarkts nicht mehr gerecht werden können. Insofern kann die Rente mit 67 auch als eine für die Älteren unsicherheitserzeugende Strategie interpretiert werden.

8.2 Das Bild des leistungsschwachen älteren Arbeitnehmers

Eine entscheidende Rolle für die Positionierung Älterer auf dem Arbeitsmarkt spielen nach Meinung vieler Wissenschaftler negative Stereotypen über das Alter und gesellschaftliche Ressentiments gegenüber den Älteren. Butler (1969) formuliert sogar die These einer in westlichen Gesellschaften latent vorhandenen Altenfeindlichkeit (Ageism), die sich in gezielter Diskriminierung und stets präsenten Vorurteilen gegenüber Älteren ausdrücke. Nach Kruse und Schmitt (2005: 11) liegt dieser Entwicklung ein einfacher psychologischer Mechanismus zugrunde: Indem Jüngere die Älteren zu einer Problemgruppe erklären, so lautet ihre Argumentation, verweisen sie zugleich auf das Vorhandensein von als charakteristisch wahrgenommenen negativen Attributen und Kompetenzen der Älteren. Generell sieht sich die ältere Arbeitnehmerschaft immer wieder profanen Vorurteilen ausgesetzt, die vom Vorwurf der Innovationsaversion, der Reserviertheit gegenüber technischen Neuerungen, gesundheitlicher und qualifikatorischer Defizite bis hin zu Rollenzuschreibungen wie etwa „altersrentenorientierter Sozialschmarotzer" reichen (Conrads 2008: 41).

Diese Zuschreibungen stehen am Ende eines langen Prozesses, der schon in den 1920er Jahren beginnt. Während die Wirtschaft den Älteren unmittelbar nach dem Ersten Weltkrieg Erfahrung und Zuverlässigkeit zuschreibt und sie als Garanten für Innovations- und Produktionserfolge sieht, wandelt sich dieses Bild zum Negativen mit Beginn der Weimarer Republik (vgl. Sechster Altenbericht 2010: 48). Verantwortlich hierfür sind u. a. Forschungsergebnisse aus dem Bereich der klinischen Arbeitsplatzpsychologie. Diese Disziplin gibt vor, mithilfe der Psychotechnik die Leistungsfähigkeit von Belegschaften wissenschaftlich erheben zu können. Die zu diesem Zweck durchgeführten Untersuchungen ergaben, dass bereits bei einem 40-Jährigen der Verlust geistiger Regsamkeit, Leistungsfähigkeit, Pflichtbewusstsein und Autorität nachweisbar sei („Rückbildungsalter") und folglich ein direkter Zusammenhang zwischen allgemeiner Leistungsfähigkeit und physischer Alterung bestehe (vgl. ebd. 43). Das daraus resultierende negative Altersbild bildet damit einen Gegenpol zum zeitgleich propagierten neuen Leitbild des athletischen und jugendfrischen Körpers mit entsprechenden Leistungsparametern. Dies heizt die 1924 aufkommende Diskussion um optimale Altersstrukturen eines erfolgreichen Unternehmens nachhaltig an, mit entsprechenden Folgen für ältere Arbeitnehmer.

Es bilden sich zwei Lager heraus: Auf der einen Seite stehen die Befürworter der sogenannten sozialen Rationalisierung zur Erreichung einer industriegerechten Optimierung der Belegschaftsfähigkeiten, die ältere Arbeitnehmer fest mit einschließt. Auf der anderen Seite stehen die Verfechter der Arbeiterauslese auf Grundlage des Leistungsprinzips ohne soziale Komponente. Letztere bevorzugen eine jüngere Arbeitnehmerschaft und lassen Ältere zunehmend unter Druck geraten. Massenentlassungen vornehmlich Älterer bestimmen in der Zwischenkriegszeit das Bild und setzen sich zu Beginn der frühen BRD weiter fort.[2] Insgesamt prägten Armut und Arbeitslosigkeit das Dasein älterer Arbeitnehmer noch während der gesamten 1950er Jahre, was sich in entsprechenden politischen Anstrengungen zur Stützung dieser Gruppe niederschlägt (siehe oben).

Tews liefert eine epochenübergreifende Erklärung zum Wandel der Rollenzuschreibungen bezüglich Älterer. Er argumentiert, dass deren Stellung in den Gesellschaften relativ gut gesichert sei, die durch Armut und Überlebenskampf geprägt seien und in denen jede noch so geringe Arbeitskraft von Interesse für

---

2 Der Zweite Weltkrieg führt, aufgrund der Anforderungen an eine Nation im Krieg, zwar zu einer zeitweisen Umkehrung der Entwicklung, ist aber lediglich als retardierendes Moment zu betrachten (vgl. Sechster Altenbericht 2010: 49).

den Erhalt der Gemeinschaft sei. Insbesondere in den agrarisch orientierten Gesellschaften der Vormoderne hätte dieses Konzept existiert und damit die Situation Älterer begünstigt (vgl. Tews 1976: 10). Im Zuge der Industrialisierung jedoch wandelten sich die gesellschaftlichen Bedingungen in Form einer massiven Arbeitsplatzverlagerung in die Städte, dem Verlust familiärer Bande und damit verbunden einer schlechteren Versorgung der Älteren durch die Jüngeren. Hinzu gekommen sei, so formuliert Tews, eine zunehmende Desintegration der Älteren, da die gesellschaftliche Legitimität der individuellen Existenz nun an ihre Produktivität geknüpft und eine Abnahme der Leistungsfähigkeit im Alter mit parasitären Eigenschaften assoziiert würde (vgl. Tews 1976: 26).

Bezieht man diese Argumentation auf spätmoderne Gesellschaften des Westens, so lassen sich Parallelen erkennen. Die Arbeitnehmerschaft definiert sich selbst heute über ihre hochproduktive Funktion im Arbeitsprozess und erklärt weniger wertschöpfende Gruppierungen zu gesellschaftlichen Randgruppen mit Problemcharakter. Der Begriff Alter bildet dabei das Kernstück aller Ressentiments und Attribuierungen, dem allerdings keine allgemeingültige Definition unterliegen kann.[3] So setzt die Europäische Kommission die Grenze für ältere Arbeitnehmer beispielsweise mit Erreichen des 55. Lebensjahres fest, wohingegen sie gemäß deutscher Gesetzgebung die Altersgrenze im Kontext arbeitspolitischer Programme wie etwa der „Initiative 50 plus" im Bereich über 50 und teilweise sogar 45 Jahren angesiedelt ist.

Altersgrenzen können nur in direktem Zusammenhang mit dem jeweiligen Betätigungsfeld betrachtet werden, da der berufliche Belastungsgrad nicht für alle Berufsgruppen gleich ist. Die Einstufung in die Gruppe der Älteren korreliert zudem stark mit dem schulischen und beruflichen Qualifikationsniveau des Arbeitnehmers. Es gilt: Je kleiner das mitgebrachte Qualifikationspaket, je höher der Grad an Arbeitsbelastung, je geringer die Möglichkeiten beruflicher Selbstverwirklichung und je stärker der Arbeitsplatz organisatorischen und technisch-innovativen Wandlungsprozessen unterliegt, desto rapider sinkt die Grenze der Einstufung in die Gruppe älterer Arbeitnehmer. Für Berufsfelder in der Wissenschaft sind beispielsweise durchweg hohe Altersgrenzen charakteristisch (in der Regel 65 Jahre), in der IT- und Kommunikationsbranche unterliegen die Altersgrenzen demgegenüber einem ständigen Verjüngungsprozess, der bereits einen 35-Jährigen, gemessen an seinem beruflichen Wissen, der Gruppe der Älteren zuordnet (Sechster Altenbericht 2010: 93). Zusammenfassend lässt sich festhalten: Altsein ist eine soziale Konstruktion, die immer kontextbezogen untersucht werden muss.

---

3   Diese Thematik wird im Kapitel 2 von *Schnelle* weiter ausgeführt.

Aber nicht nur der Eintritt in die Phase des Alters ist sozial konstruiert. Auch die Vorstellungen darüber, was das Alter ausmacht, lassen sich auf den jeweiligen gesellschaftlichen Kontext zurückführen. Insgesamt lassen sich heute nicht nur negative, sondern auch einige positive Stereotypen im Kontext des Alters identifizieren, wobei Erstere allerdings überwiegen. Ein positives Bild vom Alter ergibt sich aus der Vorstellung, dass diese Lebensphase durch Erfahrungszuwachs und relative körperliche Leistungsfähigkeit bestimmt ist, bei gleichzeitiger Befreiung von beruflichen und familiären Verpflichtungen. Alter wird in diesem Sinne mit umfassender Freiheit assoziiert, die auf der Basis des vollbrachten Lebenswerks gewinnbringend zur weiteren Entwicklung genutzt werden kann.

Dem stehen die eher negativen Beschreibungen des Alters gegenüber. Insbesondere werden Entwicklungsverluste in dieser Lebensphase und eine breite Palette an Risikofaktoren genannt. Stellvertretend hierfür seien Assoziationen wie der Verlust der Selbstständigkeit aufgrund nachlassender kognitiver Fähigkeiten, Gefühle von Einsamkeit und Depression sowie das Abreißen sozialer Kontakte und ausbleibende gesellschaftliche Partizipation genannt. Damit verbunden ist eine allgemeine Abwertung älterer Generationen. Sie werden im öffentlichen Leben als belastend, störend empfunden. Ihre Leistungen in der Vergangenheit werden nicht mehr honoriert. Den Höhepunkt erreichen diese Vorurteile in der Auffassung, dass ältere Menschen sowohl für ihre Mitmenschen und ihre Familien als auch für die Gesellschaft aufgrund der durch sie induzierten volkswirtschaftlichen Belastungen eine unzumutbare Bürde darstellen (vgl. Kruse/Schmitt 2005: 14).

Die Wissenschaft hat inzwischen einen Großteil der nicht fundierten Klischees gegenüber älteren Arbeitnehmern entkräften können. Dies gilt für positive wie negative Vorstellungen gleichermaßen. Verschiedene Studien belegen, dass der Wertschöpfungsbeitrag bis ins mittlere Erwerbsalter von ca. 30–50 Jahren ansteigt, um dann im Alter wieder spürbar abzusinken. Die Erklärung hierfür liegt in der natürlichen Schwächung des Langzeitgedächtnisses mit zunehmendem Alter (vgl. Conrads 2008: 45). Ergebnisse psychogerontologischer Forschungen haben ebenfalls darauf verwiesen, dass simultan zum Alterungsprozess auch die Geschwindigkeit der Informationsaufnahme und -verarbeitung sowie die geistige Beweglichkeit abnimmt. Ebenso leiden selektive Aufmerksamkeit und die Fähigkeit zur Lösung hochkomplexer Aufgaben mit besonders hohen kognitiven Anforderungen unter diesem Effekt (vgl. Sechster Altenbericht 2010: 103). Ein genereller Leistungsabfall ist also aus dieser Sicht unumgänglich.

Das hieraus konstruierte Defizitmodell wird der Realität allerdings nicht gerecht und stellt nach Conrads und Krieger keine Gesetzmäßigkeit dar (vgl. Conrads 2008: 42, Krieger 2005). Krieger sieht den möglichen Leistungsabfall in einzelnen Teilbereichen zwar als gegeben an, betont aber, dass dieser nicht mit einem generellen Produktivitätsverlust gleichgesetzt werden kann (vgl. Krieger 2005: 16). Sie verweist auf eine Vielzahl von Studien[4], die keinen oder nur einen geringen Zusammenhang zwischen Alter und sinkender Produktivität belegen konnten. Dennoch identifizieren sich ältere Arbeitnehmer meist unbewusst mit derartigen Klischees und suchen präventiv nach Wegen, diese zu widerlegen.

Um mögliche altersbedingte Defizite auszugleichen, bedienen sie sich verschiedenster Strategien, wie zum Beispiel der Optimierung der Systeme zur Wissenserhaltung, oder eignen sich ausgleichende Denk- und Gedächtnisstrategien an. Zudem können sie ihr über Jahrzehnte angesammeltes Erfahrungswissen, ihr Urteilsvermögen und ihr Verantwortungsbewusstsein gewinnbringend einbringen und arbeitsplatzsichernd präsentieren. Hinzu kommen Sekundärtugenden wie Genauigkeit und Zuverlässigkeit als zusätzliche Pluspunkte. Zusammengefasst ergibt sich aus diesem Konglomerat verschiedenster Strategien die Möglichkeit, trotz zunehmenden Alters höchst produktiv zu bleiben.

Der Sechste Altenbericht der Bundesregierung (2010: 103) konstatiert in diesem Zusammenhang, dass eine geringere Lernfähigkeit kein spezifisches Phänomen des Alterungsprozesses ist, sondern das logische Ergebnis unterschiedlichster Fehlnutzungsbedingungen, die sich aus den verpassten Chancen zur Lernförderung eines Mitarbeiters im Lauf seines Erwerbslebens zwangsläufig summieren. Infolgedessen sieht sich die große Masse der über 40-jährigen Arbeitnehmer mit einer Kumulation von Benachteiligungen konfrontiert, die seitens der Wirtschaft und Politik hausgemacht erscheinen. Zu lange wurde versäumt, formale Ausbildungsmängel durch stringente und kontinuierliche Förderung im Sinne von Weiter- und Fortbildungsmaßnahmen auszugleichen, was die nun vorherrschende soziale Schieflage hätte ausbalancieren können (vgl. Naegele 2001: 4).

Objektive Leistungsfähigkeit im Beruf wird vielfach mit physischer Durchhaltefähigkeit und Belastbarkeit gleichgesetzt. Zwar dokumentieren Krankenkassendaten, dass ältere Arbeitnehmer nicht per se kränker sind als ihre jüngeren Kollegen, jedoch steigen mit dem Alter die krankheitsbedingten Ausfallzeiten messbar an (vgl. Sechster Altenbericht 2010: 103). Studien belegen eindeutig einen Zusammenhang zwischen hohem Alter und vermehrt auftretenden chronisch-degenerativen Krankheiten wie Herz-Kreislauf- sowie Muskel- und Skeletterkrankungen. Jedoch kann auch hier kein Pauschalurteil gefällt werden, da derartige Krankheitsmuster mit bestimmten Branchen und Berufen (Berufsrisiko) korrelieren (vgl. ebd.). Dessen ungeachtet darf eine weitere Unterscheidung im Sinne berufsbedingter Erkrankungen nicht vergessen werden. Abhängig vom jeweiligen

---

4   Vgl. hier z. B. Dittmann-Kohli/van der Heijden (1996).

Berufsfeld ist bekannt, dass in vielen Beschäftigungsformen keine dauerhafte Berufsperspektive erkennbar ist, da diese im schlechtesten Fall mit einer absoluten
Ruinierung der Gesundheit einhergehen würde, was somit einen Arbeitsplatzwechsel zwingend erforderlich macht (vgl. Dohse/Jürgens/Russig 1982: 32). Auch
hier zeigen sich Risikofaktoren, die sich potenzieren und eine insgesamt unsichere Perspektive gerade für ältere Arbeitnehmer implizieren.

8.3 Wirkungen des Altersbildes auf dem Arbeitsmarkt

Wirtschafts- und Arbeitgeberinteressen stehen unter der Prämisse des sogenannten Rentabilitätskalküls, um den nachhaltigen Erfolg eines Unternehmens zu sichern. Der Rentabilitätsbegriff stützt sich auf die Berechnung des Verhältnisses
zwischen der bewerteten Arbeitnehmerproduktivität, allen laufenden leistungs-
bezogenen Beschäftigungskosten sowie den quasi fixen Produktionskosten. Kernstück dieses Modells bildet der Arbeitnehmer im Sinne seiner vom Unternehmen
eingeforderten Leistung im Produktionsprozess. Hier greift das einfache Abwä-
gen von Ertrag und Kosten in ihrer Relation (vgl. Weiss 1983: 99). Ergebnis dieses betriebswirtschaftlichen Zahlenspiels ist die Mathematisierung von Arbeitskraft durch Schaffung der Variable „Produktionspotenzial", die es möglich macht,
dem Arbeitnehmer einen gewissen Wert im Produktionsprozess zuzuordnen. Von
entscheidender Bedeutung wird das zunächst harmlose Rechenexempel in Zeiten
konjunkturellen Abschwungs mit entsprechenden Entlassungswellen in den Unternehmen. Bleiben marktwirtschaftliche Erfolge aus, werden automatisch Ein-
sparpotenziale im Bereich Produktion, Materialbeschaffung, Logistik und natürlich Personalkosten diskutiert. Die Konsequenz ist vielfach der Personalabbau.

Entschließt sich ein Unternehmen zu Entlassungen, greift das beschriebene Rentabilitätskalkül in Form schlichter Aussortierung nicht ausreichend wert-
schöpfender Elemente. Gängige Praxis ist hierbei die Kategorisierung des Perso-
nalkörpers in relativ leistungsschwache Arbeitnehmer, in gering qualifizierte und
schließlich in jene Arbeitnehmer, die einfache Tätigkeiten ausüben (vgl. Weiss
1983: 18).[5] Wenn in diesem Prozess die üblichen Stereotype des leistungsschwachen, schlecht ausgebildeten und gebrechlichen älteren Arbeitnehmers zugrunde gelegt werden, dann wird klar, dass diese Gruppe überproportional oft von

---

5   Charakteristisch ist die Auffassung, dass Menschen in leitenden Positionen eher als unentbehrlich
     empfunden werden als typische Breitband-Arbeitnehmer ohne große Führungsverantwortung.
     Diese Umstände bleiben von den Belegschaften nicht unbemerkt und führen dazu, dass viele
     einen Aufstieg in die Chefetage anstreben, um sich für das Alter Arbeitsplatzsicherheit zu
     verschaffen.

solchen Entlassungswellen betroffen ist. Weisen zudem die betriebsinternen Statistiken (Controlling) keine positiven Werte für ältere Arbeitnehmer aus, ist ihre Entlassung die Konsequenz. Dieses Prinzip wird allerdings nicht offen diskutiert. Viele Unternehmen propagieren inzwischen nach außen altersfreundliche Personalmodelle, die eine Diskriminierung der Alten nahezu ausschließen sollen. Mit dem Hinweis auf Teilzeit-Arbeitsmodelle für Ältere verweisen sie auf eine vermeintlich sozialverträgliche Handhabung beim Abbau des Personals.

Seit Mitte der 1990er Jahre lässt sich ein leicht gegenläufiger Trend, weg von altersbedingten Entlassungen, erkennen. Demzufolge konzentrieren sich die Unternehmen nun zusehends darauf, zunächst jüngere Arbeitnehmer zu entlassen, da diese über keinen altersbedingten Kündigungsschutz und das Anrecht auf üppige Abfindungen verfügen (vgl. Weiss 1983: 17). Selbstredend, dass hieraus ein massives Konfliktpotenzial zwischen jüngeren und älteren Arbeitnehmern entsteht, da sich das Beschäftigungsrisiko sukzessive auch auf altersmäßig darunterliegende Jahrgänge verlagert (vgl. Dohse/Jürgens/Russig 1982: 42). Dieser vermeintliche Vorteil für ältere Arbeitnehmer relativiert sich dennoch bei anhaltend schlechter Konjunkturlage, die schließlich auch in dieser Altersgruppe zu Entlassungen zwingt. Letztendlich verschlimmert sich ihre Lage gerade durch diese Praxis noch weiter bei unausweichlichen Entlassungen (Beispiel Insolvenz) Ältere auf einen Arbeitsmarkt strömen, der schon im Vorfeld durch ihre jüngeren, bereits entlassenen Kollegen überflutet wird. Dort kehrt sich der vermeintliche Vorteil des Kündigungsschutzes in einen massiven Nachteil um, da nun das Ringen um Wiedereinstellung unter ganz anderen Voraussetzungen beginnt (vgl. Weiss 1983: 17). Folgerichtig bergen politisch geforderte und tarifvertraglich festgesetzte Einigungen zum Schutz der älteren Arbeitnehmer zugleich hohe Risiken für diese Gruppe bei anhaltend schlechter Konjunkturlage, was ihre prekäre Situation weiter verschärft.

(Wieder-)Einstellungen sind ebenfalls durch Rentabilitätsinteressen geprägt. Als Faustformel gilt: Eine Einstellung ist nur rentabel, wenn dadurch ein tatsächlich positiv abschätzbarer Beitrag zum langfristigen Gewinnziel des Unternehmens geleistet wird (vgl. ebd. 110). Zur Bestimmung und Bewertung der Produktionspotenziale der Bewerber werden Selektionskriterien geschaffen. Hierzu bedienen sich die Auswahlkommissionen einer „statistischen Diskriminierung", d. h. eines Konzepts, das die Bewerber anhand ihrer Geburtsjahrgänge zusammenfasst und mit für die Altersgruppe typischen Eigenschaftszuschreibungen versieht (vgl. ebd. 101). Da die Zuschreibungen auf den weit verbreiteten Klischeevorstellungen hinsichtlich Älterer aufbauen, sind ihre Folgen naheliegend. Es gilt: Das negative Bild des älteren Arbeitnehmers wirkt sich negativ auf ihre Einstellung aus, mit der Folge, dass dadurch das Bild des leistungsschwachen älteren Arbeitnehmers weiter verstärkt wird (vgl. auch Dohse/Jürgens/Russig 1982: 17). Erschwerend für die Älteren kommt hinzu, dass neben den Produktionspotenzialen auch erneute Aus- und Weiterbildungskosten aufgrund des klar abzusehenden Endes ihrer Erwerbsbiografie negativ ins Gewicht fallen. Und insbesondere gering Qualifizierte und eventuell noch durch körperliche Einschränkungen gekennzeichnete ältere Arbeitnehmer müssen in derartigen Bewerbungssituationen ins Hintertreffen geraten (vgl. Weiss 1983: 123). Altersgrenzen bei Stellenbeschreibungen sind ein weiteres Negativkriterium und verhindern gleichzeitig die Mobilität Älterer, da ab einem bestimmten Alter ein Arbeitsplatzwechsel entweder überhaupt nicht mehr realisierbar oder nur unter finanziellen Einbußen realistisch erscheint (vgl. Dohse/Jürgens/Russig 1982: 11). Probleme ergeben sich darüber hinaus durch die innerbetriebliche Personalplanung auf Basis einer eng kalkulierten Personaleinsatzplanung: Positionen werden gemäß vorhandener oder leicht zu erwerbender Qualifikationen (Intensivlehrgänge als Fortbildung) vergeben, wobei die Jüngeren hier große Vorteile genießen, da sie als lernbereit und ambitioniert gelten. Ebenso können sie vielfach noch aus einem reichen Fundus an Schul- und Ausbildungswissen schöpfen, das als klarer Vorteil bei Arbeitstätigkeiten im Bereich Entwicklung und Verfahrenstechnik gewertet werden muss.

Neben den beschriebenen Risikofaktoren für Ältere bei Einstellungs- und Entlassungsverfahren existieren bei langzeiterwerbslosen Älteren weitere Schwierigkeiten für ihre Positionierung auf dem Arbeitsmarkt: Erfahrungsgemäß stellen sich nach längerer Arbeitslosigkeit in der Regel verhaltenspsychologische Veränderungen ein, die auf die finanziellen Restriktionen, die vergebliche Arbeitssuche, Vorurteile und soziale Abweisungen zurückgeführt werden können. Mit dem Verlust der Erwerbsarbeit geht zudem vielfach ein Abstumpfen der Sozialbeziehungen einher. Denn die Erwerbsarbeit offeriert neben ihrem ökonomischen zugleich einen sozialen Ertrag in Form des täglichen sozialen Austauschs im Kollegenkreis, der als sehr bedeutend wahrgenommen wird. Und bleibt dieser Austausch dann durch den Verlust der Erwerbsarbeit aus, löst sich der gewohnte und prägende Lebenskontext Arbeit plus sein kollegiales Umfeld zusehends auf (vgl. Dittmann-Kohli/Bode/Westerhof 2000: 198). Die Folgen sind naheliegend und treten überproportional häufiger bei den Männern auf. Apathie, Hoffnungslosigkeit und fatalistische Lebenshaltungen verringern ihre ohnehin schon mäßigen Wiedereinstellungschancen drastisch. Mit der zusätzlichen Folge, dass diese Älteren häufig von Identitätszweifeln, Unsicherheit und/oder permanenter Zukunftsangst geplagt werden (vgl. Wacker 1982: 161). Gerade bei männlichen Älteren führt Arbeitslosigkeit zu einem tiefgreifenden Schamgefühl mit Folgen

für ihre Teilhabe am sozialen Leben, da sie die Rolle des „familiären Ernährers"
nicht mehr ausfüllen können (vgl. Wacker 1982: 162).

8.4 Ansätze gesamtgesellschaftlichen Umdenkens

Stellt sich nun die Frage nach den Maßnahmen, die eine Altersdiskriminierung
auf dem Arbeitsmarkt verringern und damit die Rolle älterer Arbeitnehmer sichern könnten. Es ist vorauszuschicken, dass von vielen damit gerechnet wird,
dass das stetige Schrumpfen der Zahl der Erwerbspersonen ab ca. 2015 zu einer
stärkeren Berücksichtigung Älterer auf dem Arbeitsmarkt führen wird. Arbeits-
marktforscher gehen davon aus, dass das „Manko" des Alters sukzessive durch
die Knappheit der Arbeitskräfte am Markt und die vorhandene Fachexpertise der
Älteren aufgewogen wird. Voraussetzung hierfür ist allerdings eine sehr optimis-
tische Arbeitsmarktentwicklung. Diese wird aber schon dadurch gefährdet, dass
ein Rückgang der Gesamtbevölkerung zugleich ein Nachlassen der allgemeinen
Güternachfrage bedeutet, was untrennbar mit einer sich verschlechternden Arbeitsplatzsituation im Produktions- und Dienstleistungsgewerbe verbunden ist
(vgl. Naegele 2001: 4). Kann eine hohe Güternachfrage nicht aufrechterhalten
werden, greifen die oben erläuterten Mechanismen der Arbeitnehmerentlassung
mit besonderem Augenmerk auf der Gruppe der Älteren. Das höchste Risiko der
Entlassung trifft Überlegungen von Kistler und Hilpert (2006: 8) zufolge wie ge-
habt die über 50-Jährigen, und mit Blick auf die über 60-Jährigen erscheine der
Arbeitsplatzverlust meist als unabwendbare Tatsache. Hinzu kommt die sich weiter verschärfende Automatisierung und Technisierung, die die Exklusion Älterer vom Arbeitsmarkt weiter vorantreiben wird. Denn Ältere sind mit den neuen
Informationstechnologien meist weniger vertraut, was sich als Qualifikationslü-
cke ebenfalls negativ auf ihre Arbeitsplatzsicherheit niederschlägt (vgl. Kistler/
Hilpert 2006: 10).

Dennoch setzt sich nach und nach die Erkenntnis durch, dass auch die Hu-
manressourcen älterer Menschen zu nutzen und nicht wie bisher aus Gründen
der Arbeitsmarktregulierung zu verschwenden sind (vgl. ebd. 10ff.). Überhaste-
te Verjüngungsstrategien der 1980er und der 1990er Jahre offenbaren gegenwärtig ihre Langzeitfolgen: Bislang forcierte Ausgliederungen („Frühverrentung")
bewirken einen nicht zu kompensierenden Wissens- und Erfahrungsverlust, der
sich bei gleichbleibender Tendenz zu einem ernsthaften Risiko für die Innova-
tions- und Wettbewerbsfähigkeit der gesamtdeutschen Volkswirtschaft entwickeln könnte (vgl. Sechster Altenbericht 2010: 121). Backes (1997: 65) betitelt
diese jahrelange Praxis als „primitive mechanische Sichtweise des Wirtschafts-

geschehens", die einen ganz wesentlichen Effekt derartiger Verjüngungsstrategien gänzlich außer Acht lässt. Aus ihrer Sicht gehen sinkende Geburtenraten und arbeitsmarktregulierende Altersmodelle Hand in Hand mit einem schleichenden Knowhow-Verlust, und das in doppelter Hinsicht: Einerseits würden neue Unternehmen und damit neue Arbeitsplätze heute vorrangig von jungen Menschen im Alter zwischen 34–35 Jahren gegründet, deren Zahl schon jetzt durch ausbleibenden Nachwuchs quantitativ schrumpfen würde. Den Aspekt der Innovationskraft aufgreifend weist sie andererseits darauf hin, dass die Spitze der geistigen Leistungsfähigkeit erst im Alter von 35 Jahren erreicht wird. Und um die resultierenden Defizite ausgleichen zu können, bedarf es nach Backes eines Rückgriffs auf die Gruppe der Älteren (vgl. Backes 1997: 65).

Aus dieser Situation heraus ist ein Maßnahmenkatalog zu entwickeln, dessen Last gleichmäßig auf den Schultern aller Beteiligten verteilt werden muss: Bei den Unternehmen muss eine Rückbesinnung auf die Stärken älterer Arbeitnehmer, vor dem Hintergrund verbesserter Fort- und Weiterbildungsangebote, erfolgen. Ein erster Ansatz zur zukünftigen präventiven Bekämpfung von Beschäftigungsrisiken Älterer sollte in der Förderung ihrer Beschäftigungsfähigkeit während des gesamten Anstellungsverhältnisses durch begleitende Förderung bestehen. Bezogen auf die Gegenwart verlangt dies eine sofortige Initiative zur fachspezifischen Aufwertung alternder Belegschaften (vgl. Naegele 2001: 4) unter dem Aspekt eines konsequenten und gut durchstrukturierten „Age-Managements" (vgl. Sechster Altenbericht 2010: 108). Weiter unterstützt werden sollen diese Ansätze durch Modelle zur flexiblen Arbeitszeitregelung und Ideen zur Anpassung der individuellen Erwerbsbiografie mittels garantierter sozialer Sicherungssysteme (vgl. ebd.).

Ebenso bedeutend ist die Arbeitnehmermotivation, die oft unterschätzt, ja schon fast belächelt wird, obwohl wissenschaftliche Erkenntnisse belegen, dass ein direkter Zusammenhang zwischen möglichem Leistungsvermögen und subjektivem Grad an Motivation erkennbar ist. Stetig wachsender Leistungsdruck sollte insofern durch wohldosierte Motivationsimpulse einen Ausgleich finden. Am Beispiel älterer Arbeitnehmer müssen dazu zwei frappierende Befunde hervorgehoben werden: Ältere Arbeitnehmer bangen zum einen aufgrund fehlender Motivationsanreize, zum anderen aufgrund der mangelhaften Wertschätzung ihrer Arbeitsleistungen durch übergeordnete Führungskräfte häufig um ihren Arbeitsplatz und damit um ihre als höchst wichtig erachtete Rolle in der Gesellschaft (vgl. ebd.).

Für Arbeitnehmer impliziert der Maßnahmenkatalog die Bereitschaft zu lebenslangem Lernen und persönlicher Aufgeschlossenheit gegenüber technischen

Innovationen oder flexibleren Arbeitsbedingungen (vgl. Naegele 2001: 4). Ebenso bedarf es der Erkenntnis, dass der Wert von Bildungsabschlüssen essenziell für eine langfristige Berufsperspektive ist. Ein langfristiger, gut vergüteter Job, der zudem eine risikoarme Anstellungsperspektive bietet, ist heute nur noch auf der Basis einer hochwertigen Qualifikation (fachliche, methodische und soziale Kompetenz) zu erreichen. Diese Erkenntnis muss sich insbesondere bei den jüngeren, zukünftigen Arbeitnehmern im Allgemeinen, aber auch den älteren Arbeitnehmern im Speziellen in Bezug auf eine Neuorientierung im mittleren Berufsalter in den Köpfen festsetzen, so formulieren es Kerschbaumer und Räder (2008: 36).

Von der Politik verlangen diese Veränderungen eine Abkehr von der bisherigen Praxis der Frühverrentung, die ja bereits mit der „Rente mit 67" eingeleitet wird. Die näheren Gesetzgebungs- und Reformvorhaben zu diesem Themenkomplex werden von *Schmeißner* (Kapitel 9 in diesem Band) behandelt und daher an dieser Stelle vernachlässigt. Jedoch sollen einige grundlegende Überlegungen hinsichtlich der Arbeitsplatzsicherheit von Älteren aus politischer Sicht diskutiert werden. Kernintention einer Gesellschaftspolitik unter diesem Vorzeichen ist es, die Arbeits- und Beschäftigungsfähigkeit (Employability) alternder Arbeitnehmer zu erhöhen und Investitionen in das Humankapital vorzunehmen. Das besondere Augenmerk gilt dabei dem Interessenausgleich von Arbeitnehmern, Arbeitgebern und der Politik auf tarifvertraglicher Ebene. Tarifverträge müssen neben dem wirtschaftlichen Gleichgewicht der Pole auch die psychosoziologischen Effekte derartiger Maßnahmen im Blick haben und dürfen nicht von blindem Aktionismus gekennzeichnet sein. Kündigungsschutz für ältere Belegschaften erhöht das Risiko des Generationenkonflikts innerhalb der Betriebe, bedient das Klischee der schutzbedürftigen schwächeren Älteren und erschwert ihren Wiedereinstieg nach Entlassung. Weiterhin muss ein ausgewogenes Konzept zur Schaffung altersgerechter Arbeitsplätze garantiert werden, denn wenn trotz Kündigungsverbot keine alters- und gesundheitsadäquaten Arbeitsplätze vorhanden sind, wird dieser Überlegung ihre Basis entzogen. Tarifverträge und Sicherungsmaßnahmen für ältere Belegschaften erzeugen ein Spannungsverhältnis zwischen Unternehmen und Arbeitnehmer, das auf dem Rücken der Beschäftigten ausgetragen wird und somit ebenfalls kontraproduktiv wirkt. Beispielsweise beraubt sich das Modell des Kündigungsschutzes seiner Intention, wenn ältere Arbeitnehmer zwar nicht gekündigt werden, aber gerade deshalb in Betrieben zu schlechteren Konditionen innerbetrieblich versetzt werden und an die Grenzen ihrer Arbeitsplatzmobiliät im hohen Erwerbsalter gelangen (vgl. Dohse/Jürgens/Russig 1982: 41f.).

Parallel zu der aufgezeigten prekären Situation Älterer am Arbeitsmarkt zeichnet sich überdies eine soziale Konfliktperspektive ab, in deren Zentrum die

Frage steht, wie die begrenzten volkswirtschaftlichen Ressourcen einvernehm-
lich auf die Generationen verteilt werden sollen (vgl. Heide-Philipp/Mayer 1999:
27). Bedingt durch die zunehmende Verschiebung des Verhältnisses zwischen
Erwerbstätigen und Nichterwerbstätigen (Rentnern) birgt der Generationenvertrag eine große Gefahr für den sozialen Frieden in Deutschland. Stereotype Rollenzuschreibungen könnten sich angesichts dieser Entwicklung nachhaltig in den
Köpfen der Masse festsetzen und in politischer Hinsicht für Sprengstoff sorgen.
Heide-Philipp und Mayer wagen diesbezüglich die These:

> „Während in der Vergangenheit das Klassenbewusstsein für soziale Unruhe sorgte, ist es jetzt
> vor dem Hintergrund der sozialen Sicherungssysteme das Altersbewusstsein" (Heide-Phil-
> ipp/Mayer 1999: 28).

Dennoch scheinen diese düsteren Perspektiven ihre Schatten noch nicht auf die
Gegenwart geworfen zu haben, da dieser Konflikt bislang noch nicht offen aus-
gebrochen ist. Die Gründe hierfür müssen im Umfeld der gut eingespielten Institutionen westlicher Gesellschaften gesucht werden, die durch staatliche Transferzahlungen (noch) erfolgreich den Balanceakt zwischen Einkommens- und
Ressourcenkonflikten vollziehen können. Ferner vollzieht sich zum jetzigen Zeitpunkt der Transfer materieller und immaterieller Güter weiterhin von der älteren
auf die jüngere Generation, so dass bislang noch kein Anlass zur Diskussion dieses Systems besteht (vgl. Heide-Philipp/Mayer 1999: 28).

8.5 Schlussbetrachtung

Die Situation Älterer auf dem Arbeitsmarkt ist zum jetzigen Zeitpunkt durch große
Unsicherheiten gekennzeichnet. Ältere müssen häufig um ihren Arbeitsplatz und
damit um eine wichtige Rolle in der Gesellschaft – und zwar die des Erwerbstätigen – bangen. Ein wesentlicher Grund hierfür wird in den negativen, nicht fundierten Altersbildern und -stereotypen gesehen, die das Bild eines leistungsschwachen Älteren malen. Seine vermeintlich nachlassenden körperlichen, kognitiven
und sensorischen Leistungen lassen ihn als untauglich für die Erwerbsarbeit erscheinen. Weiter verschärft wird dieses Argument noch durch einen zunehmenden Leistungsdruck und die steigende Konkurrenz zwischen den Arbeitnehmern
bei einem insgesamt abnehmenden Arbeitsvolumen. Im Wettkampf um den Erhalt des Arbeitsplatzes und der damit verbundenen materiellen Absicherung geraten Ältere daher immer wieder an ihre Grenzen.
    Der biologische Alterungsprozess und damit verbundene mögliche Erkran-
kungen älterer Arbeitnehmer sollen hier nicht bestritten werden. Dennoch lässt

die Tatsache des biologischen Alterns nicht den Schluss zu, dass mit der physiologischen Alterung unweigerlich ein solcher Abbau der Leistungsfähigkeit einsetzt, dass Ältere ungeeignet für den Arbeitsmarkt würden. Wissenschaftliche Studien haben dies bewiesen und fordern eine genaue Differenzierung anhand des konkreten Falls, im Zusammenspiel mit der Analyse der jeweiligen Arbeitsbedingungen und der Motivationslage.

Trotzdem wird das Alter durchweg als Risiko begriffen, als solches in der Kommunikation transportiert und dementsprechend von den Menschen internalisiert. Daraus erwächst ein hohes Risiko für Ältere auf dem Arbeitsmarkt, das nur schwer abwendbar erscheint. Individueller Ehrgeiz und der Wille zum beruflichen Selbsterhalt können den Abwärtstrend zwar punktuell bremsen, einen tatsächlichen Ausweg offenbaren diese Eigenschaften jedoch nicht. Durch dieses Altersbild wird eine Problemlage erzeugt, die den intergenerationellen Zusammenhalt nachhaltig stört, wenn nicht sogar sprengen wird.

Der demografische Wandel wird diese Konfliktlage nicht abmildern, sondern nach Meinung zahlreicher Wissenschaftler eher noch verstärken. Selbst breit angelegte politische Maßnahmen erscheinen aus dieser Perspektive fast machtlos. So bemerken Kistler und Conrads:

> „In jedem Fall ist zu beachten, dass selbst bei einem – momentan eher unwahrscheinlichen – Erreichen der EU-Zielsetzung einer Beschäftigungsquote Älterer von 50 Prozent (im EU-Durchschnitt bis 2010) eine erhebliche Zahl von Personen auch längerfristig nicht am Arbeitsmarkt unterkommen wird und dann mit erheblichen Leistungskürzungen und auch nach dem 65. Lebensjahr mit wesentlich geringeren Renten auskommen muss" (Kistler/Conrads 2001: 11).

Strukturwandel, Tertiarisierung und die Wissensintensivierung bieten älteren Arbeitnehmern aber durchaus neue Chancen der Beschäftigung (vgl. Sechster Altenbericht 2010: 108), jedoch muss auch seitens der Gesellschaft ein ganzheitliches Umdenken einsetzen. Alte Rollenzuweisungen müssen einem neuen Konzept der Anerkennung und der Einbindung Älterer weichen, da ansonsten der wirtschaftliche Kollaps droht (vgl. Kruse/Schmitt 2005: 10).

Literatur

Backes, Gertrud M. (1997): Alter(n) als „gesellschaftliches Problem"? Zur Vergesellschaftung des Alter(n)s im Kontext der Modernisierung. Opladen: Westdeutscher Verlag

Backes Gertrud M./Clemens, Wolfgang (Hrsg.) (2011): Alter(n) und Gesellschaft. Band 21. Wiesbaden: VS Verlag für Sozialwissenschaften

Bäcker, Gerhard/Naegele, Gerhard (1995): Ältere Arbeitnehmer zwischen Langzeitarbeitslosigkeit und Frühverrentung. In: WSI-Mitteilungen 12. 1995.

Bertelsmann-Stiftung (1997): Mit 60 auf das Abstellgleis? Gütersloh: Verlag Bertelsmann-Stiftung

BMFSFJ (2010). Sechster Bericht zur Lage der älteren Generation in der Bundesrepublik Deutschland – Altersbilder in der Gesellschaft und Stellungnahme der Bundesregierung. Deutscher Bundestag Drucksache 17/3815. 2010): 43-108. URL: http://www.bmfsfj.de/BMFSFJ/aeltere-menschen,did=164568.html (18.04.2012)

Butler, Robert N. (1969): Age-ism: another form of bigotry. In: Gerontologist 4, 9. 1969. 243-246

Conrads, Ralph/Kistler Ernst/Staudinger Thomas (2008): Alternde Belegschaften und Innovationskraft der Wirtschaft. In: Aus Politik und Zeitgeschichte. Ältere: gesellschaftliches Potential! Band 19. 2008. 40-45. URL: http://www.bpb.de/apuz/31270/alternde-belegschaften-und-innovationskraft-der-wirtschaft (18.04.2012)

Dittmann-Kohli, Freya/Bode, Christina/Westerhof, Gerben J. (2000): Die zweite Lebenshälfte. Psychologische Perspektiven (Band 195), Ergebnisse des Alters-Survey. Stuttgart: Schriftenreihe des BMFSFJ.

Dohse, Knut/Jürgens, Ulrich/Russig, Harald (1982): Die gegenwärtige Situation älterer Arbeitnehmer im Beschäftigungssystem. Einführung in die Probleme. In: Dohse/Jürgens/Russig (1982): 9-61

Dohse, Knut/Jürgens, Ulrich/Russig Harald (1982): Ältere Arbeitnehmer zwischen Unternehmensinteressen und Sozialpolitik. Frankfurt/New York: Campus Verlag

Heide-Filipp, Sigrun/Mayer, Anne-Kathrin (1999): Bilder des Alters. Altersstereotype und die Beziehungen zwischen den Generationen. Stuttgart: W. Kohlhammer Verlag

Kerschbaumer, Judith/Räder Evelyn (2008): In Arbeit bleiben – wieder in Beschäftigung kommen. In: Aus Politik und Zeitgeschichte. Ältere: Gesellschaftliches Potential! Band 19. 2008. 30-40. URL: http://www.bpb.de/shop/zeitschriften/apuz/31253/aeltere-gesellschaftliches-potential (18.04.2012)

Kistler, Ernst/Hilpert, Markus (2001): Auswirkungen des demographischen Wandels auf Arbeit und Arbeitslosigkeit. In: Aus Politik und Zeitgeschichte. Demographischer Wandel und Erwerbsarbeit. Band 3-4. 2001. 5-13. URL: http://www.bpb.de/apuz/26507/demographischer-wandel-und-erwerbsarbeit (18.04.2012)

Kistler, Ernst/Conrads, Ralph (2006): Demografischer Wandel und Arbeitsmarkt. In: BBJ Consult Info III, 85. 2006

Krieger, Friederike (2005): Kompetenzprofile, Leistungsvermögen und Arbeitsmarktvulnerabilität älterer Arbeitnehmer. Empirische Befunde und weitere Entwicklung im Lichte der vorliegenden Bevölkerungsprognosen. Seminararbeit. Köln: Universität

Kruse, Andreas/Schmitt, Eric (2005): Zur Veränderung des Altersbildes in Deutschland. In: Aus Politik und Zeitgeschichte. Alter und Altern. Band 49-50. 2005. 9-16. URL: http://www.bpb.de/apuz/28637/zur-veraenderung-des-altersbildes-in-deutschland (18.04.2012)

Naegele, Gerhard (2001): Demografischer Wandel und Erwerbsarbeit. In: Aus Politik und Zeitgeschichte. Demografischer Wandel und Erwerbsarbeit. Band 3-4. 2001. 3. URL: http://www.bpb.de/apuz/26507/demographischer-wandel-und-erwerbsarbeit (18.04.2012)

Pelizäus-Hoffmeister, Helga (2011): Das lange Leben in der Moderne. Wechselbeziehungen zwischen Lebensalter und Modernisierung. Wiesbaden: VS Verlag für Sozialwissenschaften

Reimann, Helga/Reimann, Horst (1976): Das Alter. Einführung in die Gerontologie. München: Goldmann Verlag

Tews, Hans Peter (1976): Alter und Altern in industrieller Gesellschaft. In: Reimann/Reimann (1976): 9-33

Wacker, Ali (1982): Psychologische Aspekte der Arbeitslosigkeit älterer Arbeitnehmer und ihrer Ausgliederung aus dem Arbeitsprozess. In: Dohse/Jürgens/Russig (1982): 157-185

Weiss, Peter (1983): Beschäftigungsprobleme älterer Arbeitnehmer. Analyse und Strategien zur Problembewältigung. In: Europäische Hochschulschriften. Reihe V. Volks- und Betriebswirtschaft, Band 470. Frankfurt/Main

9. Die Rentenversicherung als Strategie der materiellen Sicherung

Nadja Schmeißner

> *„Wer sich im Alter wärmen will, muss sich in der Jugend einen Ofen bauen."*
>
> Deutsches Sprichwort

Ganz selbstverständlich erscheinen uns heute die staatlichen Rentenleistungen, die uns nach Dekaden des Einzahlens in die Rentenkasse und nach Beendigung unseres Arbeitslebens ausgezahlt werden. Bis zum Ende des 19. Jahrhunderts war dies noch kaum denkbar: Oftmals arbeiteten die Menschen bis zum eigenen Tode hart für ihre finanzielle Versorgung. Doch durch die mit der Industrialisierung und der Landflucht einhergehende Abkehr vom gemeinsamen familiären Leben, die steigende Zahl Älterer sowie deren prekäre Situation auf dem Arbeitsmarkt erschien ein Eingreifen des Staates mittels der Gewährung von Renten- und Unterstützungsleistungen[1] zunehmend unabdingbar. Zwar gab es diese, wie *Pelizäus-Hoffmeister* in Kapitel 3 andeutet, in ähnlicher Form bereits seit der Antike; jedoch gingen diese Leistungen meist nicht über das unsichere und sehr geringe Versorgungsniveau der früheren Armenfürsorge hinaus. Heute können die staatlichen Rentenleistungen dagegen als eine erfolgreiche Strategie zur Bekämpfung materieller Unsicherheit im Alter betrachtet werden, die mit dem Ende der individuellen Erwerbsarbeit einsetzt. Sicher ist, dass Ältere ab einer jeweils gesetzlich festgelegten Altersgrenze in der Bundesrepublik Deutschland staatlich finanziell grundversorgt werden – wie hoch die Leistungen ausfallen, bleibt jedoch meist bis zum Renteneintritt ungewiss.

Im Folgenden soll die Frage im Vordergrund stehen, ob – und wenn ja, welche – Wechselbeziehungen zwischen den sozialen, wirtschaftlichen und gesellschaftspolitischen Bedingungen seit der Einführung staatlicher Rentenleistungen Ende des 19. Jahrhunderts und den jeweils vorherrschenden Altersbildern[2] bestehen. Es soll insbesondere danach gefragt werden, welche Rolle Unsicherheiten

---

1   Beispielhaft können hier auch Pflegeleistungen angeführt werden.
2   Altersbilder sollen im Folgenden allgemein als Vorstellungen und Meinungen (Backes/Clemens 2003: 58) über das Altern und über Ältere gelten sowie im Speziellen beispielsweise deren Leistungsfähigkeit oder auch Nützlichkeit für die Gesellschaft beschreiben. Siehe auch Kapitel 2 von *Schnelle.*

bzw. Ungewissheiten in Bezug auf die Rentenversorgung bei der Herausbildung der Altersbilder gespielt haben. Es ist anzunehmen, dass die rentenpolitischen Maßnahmen Vorstellungen vom Alter hervorrufen, die das negative Altersbild auf dem Arbeitsmarkt weiter verstärken. Wie *Gläser* bereits in Kapitel 8 herausarbeiten konnte, waren die auf den Arbeitsmarkt bezogenen Altersbilder stets negativ konnotiert. Seit dem Ende des 19. Jahrhunderts stellten sie die sinkende Leistungsfähigkeit der älteren Arbeitnehmer in den Mittelpunkt, denen es folglich immer schwerer fiel, Arbeit zu finden, so dass auch ihre materielle Reproduktion[3] prekär bzw. unsicher wurde. Dieses Altersbild wiederum war überwiegend von der Vorstellung geprägt, dass nur körperliche Arbeit die eigene Existenz sichern kann. Insofern ist es durchaus naheliegend, dass die Phase des Alters vor allem als eine des körperlichen und auch geistigen Leistungsverfalls betrachtet wurde.

Das im Laufe der Zeit deutlicher wahrgenommene demografische Altern[4] führte insbesondere ab 1957 zu einer stärkeren Beschäftigung der (Renten-)Politik mit den Älteren. Es können dabei vier verschiedene Phasen differenziert werden. Diese zeichnen sich durch unterschiedliche rentenpolitische Maßnahmen aus, die ihrerseits unterschiedliche Vorstellungen vom Alter implizieren, die nicht ohne Wirkung auf den Arbeitsmarkt blieben. Bevor im Folgenden die Wechselbeziehungen zwischen den jeweiligen politischen Maßnahmen, den Altersbildern und dem Arbeitsmarkt aufgezeigt werden, soll vorab ein historischer Überblick über die Entstehung des staatlichen Alterssicherungssystems gegeben werden.

In diesem Beitrag wird die *Regelaltersrente*[5] im Mittelpunkt stehen, wenngleich sich heute eine große Anzahl und Vielfalt möglicher staatlicher Sicherungsleistungen bietet. Alle Betrachtungen beziehen sich geografisch auf den Raum der heutigen Bundesrepublik Deutschland und deren Bevölkerung.

9.1 Die Bismarcksche Alters- und Invalidenversicherung: Soziale Sicherung bis 1957

Rückblickend wird zunächst aufgezeigt, weshalb ein staatliches Eingreifen – das Gewähren von Rentenleistungen – notwendig wurde und welche Unsicherheiten diesbezüglich für Ältere bis zum Jahre 1957 bestanden.

---

3   Materielle Reproduktion meint im Folgenden die Existenzsicherung älterer Menschen.
4   Mit Bezug zur materiellen Sicherung bedeutet dies eine sinkende Anzahl von in die Rentenkasse Einzahlenden bei einer sich gleichzeitig erhöhenden Zahl von Rentenempfängern.
5   Die Regelaltersrente bezeichnet jene Rentenleistungen aufgrund des Alters, die gem. § 35 SGB VI mit Erfüllung vorgegebener Voraussetzungen wie beispielsweise der Vollendung des 67. Lebensjahres (siehe Ausnahmen dazu in § 235 Abs. 2 Satz 1 SGB VI) bezogen werden können.

In frühmodernen Zeiten wurden traditionell alle das Alter betreffenden Angele-genheiten, wie beispielsweise die materielle Versorgung der Älteren, im priva-ten und familiären Rahmen geregelt (vgl. Bausinger 1998: 27). Der Umgang mit Älteren differierte schichtspezifisch, wie *Piontek* und *Voigt* in Kapitel 7 heraus-gearbeitet haben. Insbesondere im 17. Jahrhundert wurde Älteren zeitweilig gar mit Verachtung und Hohn begegnet. Die Alterssicherung variierte je nach Regi-on und persönlichen (auch finanziellen) Besitztümern. Überwiegend waren die Menschen jedoch gezwungen, bis ins hohe Alter hart zu arbeiten, um ihren Le-bensunterhalt zu sichern. Nur Beamte des Militärs oder der Verwaltung hatten bereits einen Anspruch auf Pensionsleistungen: Diese sollten ihre Arbeitsmoti-vation erhöhen (vgl. Ehmer 1990: 53).

Im Zuge der Modernisierung zeigte sich eine zunehmende Verantwortungs-übertragung auf den Staat. Die Altenversorgung wurde u. a. aufgrund der wach-senden Zahl der zu versorgenden Älteren bei gleichzeitig nicht mehr ausreichender Armenfürsorge mehr und mehr zur öffentlichen Aufgabe.[6] Als Hauptursachen für die Einführung staatlicher Transferzahlungen können nach von Sternburg (1997: 12) zusammenfassend drei gesellschaftliche Veränderungen benannt werden:

- Zunahme der gesellschaftlichen Abhängigkeit vom Arbeitsmarkt,
- Ablösung der traditionellen Familien- und Lebensformen sowie
- gestiegene Lebenserwartung der Menschen.

Die Abhängigkeit vom Arbeitsmarkt rief Gefühle der Ungewissheit hervor, da beispielsweise mangelnde Leistungsfähigkeit im Alter eine ausreichende mate-rielle Reproduktion gefährdete. Hinzu kam, dass im Zuge der Industrialisierung zunehmend mehr Menschen in die Abhängigkeit von familienfremden Arbeitge-bern gerieten.[7] Die nun am meisten gefürchteten Risiken waren Arbeitsunfähig-keit, Arbeitsplatzverlust oder auch Invalidität, denn sie zogen starke Einbußen im Einkommen nach sich (vgl. ebd. 13). Zeitgleich ging die Zahl der Mehrgenera-tionenfamilien aufgrund der Trennung von Arbeitsort und Wohnort in vielen Re-gionen des Deutschen Reichs zurück, während die Zahl der Kleinfamilien stark zunahm (vgl. ebd. 15). Traditionelle familiäre soziale Sicherungsnetze, die in der Regel über Jahrhunderte funktioniert hatten, zerfielen allmählich. Gleichzeitig stieg – u. a. aufgrund der Fortentwicklungen im Bereich des Gesundheitswesens – die menschliche Lebenserwartung, wodurch sich die Phase des Alters verlän-gerte (vgl. ebd. 16).

---

6   Vgl. hierzu auch Kapitel 7 von *Piontek* und *Voigt*.
7   Vgl. hierzu auch Kapitel 8 von *Gläser*.

Aufgrund der allmählichen Abkehr vom gemeinsamen familiären Leben sowie der zunehmend schwieriger werdenden Arbeitsmarktsituation für Ältere, die aufgrund des vorherrschenden negativen Altersbildes[8] kaum mehr am Arbeitsleben teilhaben und für ihre Existenzsicherung sorgen konnten, erschien ein Eingreifen des Staates unabdingbar. Zwischen 1887 und 1889 wurde eine Vorschrift zur Entwicklung eines Altersversicherungssystems im Deutschen Reich erlassen und schließlich als *Gesetz über die Alters- und Invaliditätsversicherung* (IAVG) beschlossen (vgl. Haerendel 2011: 2). Bisherige Unsicherheiten hinsichtlich der materiellen Reproduktion Älterer sollten damit eingeschränkt werden. Alle Arbeitnehmer ab dem 16. Lebensjahr wurden per Gesetz, nach dem damaligen Reichskanzler Otto von Bismarck, zur Versicherung verpflichtet: Deren Einnahmen setzten sich aus je gleichen Beitragsanteilen der Arbeitnehmer und Arbeitgeber zusammen (vgl. Brachmann 1995: 27). Die Altersrente betrug 120 Mark pro Jahr für Männer und 80 Mark pro Jahr für Frauen (vgl. Haerendel 2011: 6). Erwartungssicherheit konnte diese Rente insofern offerieren, als sie dem arbeitenden Teil der Bevölkerung ohne jegliche Prüfung der tatsächlichen Erwerbsfähigkeit ab einem Alter von 70 Jahren ausgezahlt wurde (vgl. ebd. 7, 16), wenn zuvor 30 Jahre Beiträge in die Rentenkasse eingezahlt worden waren (vgl. Sternburg 1997: 19).

Die sogenannte *Regelaltersgrenze* (von hier beispielsweise 70 Jahren) beschreibt im Allgemeinen das Alter, ab dem Arbeit als nicht mehr zumut- und durchführbar angesehen wird (vgl. Künzler 2011: 452). Ab diesem Zeitpunkt verlieren Ältere folglich in zunehmendem Maße an Wert für das Funktionieren und die Nützlichkeit in einer Gesellschaft (vgl. BMFSFJ 2010: 373). Die Regelaltersgrenze markiert einen künstlich geschaffenen Zeitpunkt, ab dem der Mensch spätestens als „alt" wahrzunehmen ist (vgl. ebd. 403).

Um 1900 entflohen betagte Arbeitnehmer häufig der harten Arbeit im Industriebetrieb, indem sie in der Landwirtschaft leichtere Arbeiten verrichteten. Dementsprechend stieß die Einführung der Rentenversicherung nicht ausschließlich auf positive Resonanz, denn die Landwirte fürchteten, die Älteren könnten sich nun aufgrund der Rentenleistungen aus der agrarischen Arbeit zurückziehen (vgl. Haerendel 2001: 18). Als Lohnersatz diente diese Rente jedoch noch nicht, da sie in der Praxis kaum das Existenzminimum abdeckte. Sie galt vielmehr als Zuverdienst und führte zu einer Herabsetzung der Arbeitsleistung Älterer. Altersarmut war demzufolge durch diese Zahlungen nicht zu verhindern. Dennoch konnten Risiken, die dem Einzelnen durch Alter oder Krankheit drohten, nun aufgrund der staatlichen Gesetzgebung zumindest graduell auf die Gemeinschaft übertragen werden (vgl. ebd. 127).

---

8   Demnach seien ältere Arbeitnehmer meist kränklich und leistungsschwach.

Insgesamt unterscheidet sich das Ziel der Rentenversicherung zum Ende des 19. Jahrhunderts kaum von dem heutigen, da in allen Fällen eine ungewisse und nicht ausreichende Existenzsicherung, die Altersarmut, bekämpft werden soll (vgl. Künzler 2011: 442). Konkret war beabsichtigt, die sogenannten primären und biometrischen Risiken *(Alter, Invalidität und Tod)* abzusichern. Aus Sicht der Versicherer blieb jedoch unklar, ob der Rentenversicherte die vorgegebene Regelaltersgrenze, bis zu der er Beiträge einzahlen musste, auch erreichen würde (vgl. ebd. 444). Individuelle Risiken der Versicherten hingegen wurden von der Gemeinschaft, unabhängig von der Höhe des jeweiligen Risikos des Einzelnen, bei früherem oder späterem Eintritt in die Rentenversorgung übernommen (vgl. ebd. 450). Eine lückenlose Absicherung oder gar ein Ausgleich etwaiger existenzgefährdender Risiken konnte nicht erfolgen (vgl. ebd. 451). Die Höhe der Rentenzahlung hing von den vorher entrichteten Beiträgen ab, glich aber dennoch stark der staatlichen Versorgung der Älteren im Sinne der – von *Piontek* und *Voigt* in Kapitel 7 beschriebenen – frühmodernen Armenversorgung und ging auch nicht deutlich darüber hinaus.

Im Jahr 1916 wurde das Renteneintrittsalter auf 65 Jahre herabgesetzt. Gleichzeitig verdoppelte sich die Anzahl der Rentenempfänger, was zu einer starken Belastung der Versicherungskasse führte (vgl. Strebl 2010: 6). Auch in den Jahren der Weimarer Republik blieben die Leistungsbezieher (wie auch im Kaiserreich) zur Existenzsicherung auf Zuverdienste angewiesen (vgl. Haerendel 2011: 28). Die inflationäre Geldentwertung in den Jahren 1922/23 führte zu einer Krise der Rentenversicherung und veranlasste das Reich dazu, deren Zusammenbruch durch zusätzliche Eigenleistungen abzuwehren (vgl. Sternburg 1997: 24). Die Weltwirtschaftskrise 1928 schließlich verursachte bei der Arbeiter- und Angestelltenversicherung Leistungsausfälle in Höhe von insgesamt 15,1 Mrd. Reichsmark.

Während der Zeit des Nationalsozialismus wurden Rentenleistungen gekürzt und erwirtschaftete Überschüsse der Versicherungen zur Finanzierung des Krieges genutzt (vgl. Haerendel 2011: 29). Große Risiken drohten deportierten Juden, welche bereits seit November 1941 ihre deutsche Staatsangehörigkeit verloren hatten und folglich von Rentenzahlungen vollständig ausgeschlossen waren. Da die Anzahl der Invaliden und Hinterbliebenen nach dem Zweiten Weltkrieg rasant in die Höhe schoss, konnten die Rentenzahlungen nur mithilfe zusätzlicher staatlicher Förderungen weiterhin gewährleistet werden (vgl. ebd. 26). Die Entwicklung der Rente differierte später im geteilten Deutschland je nach Landesteil (vgl. Schmähl 2011: 34), da eine gemeinsame Währungsreform oder ein einheitliches Sozialrecht für Ost und West aufgrund der wachsenden Unstimmigkeiten zwischen den Siegermächten 1946 noch undenkbar schienen (vgl. ebd. 37).[9] Außer Zweifel stand die Pflicht aller, sich aufgrund des zunehmenden Bedeutungsverlusts der Familien um eine ausreichende private (soweit dies finanziell überhaupt möglich war) und staatliche Versorgung zu bemühen, um mögliche Ungewissheiten hinsichtlich der Existenzsicherung im Alter auszuräumen. Mit Einführung der Altersversorgungsleistungen gewährte der Staat zwar einen Zuschuss zur Existenzsicherung, schaffte damit jedoch keinen Lohnersatz. Dennoch sank mit der Einführung des Rentensystems die Notwendigkeit, sich um eine gute Beziehung zu den eigenen Kindern bemühen zu müssen, um die eigene materielle Absicherung im Alter zu garantieren. Demzufolge sahen sich Betroffene nicht mehr vollkommen der Ungewissheit ausgeliefert, ob oder wie gut oder schlecht die eigene Familie sie in materieller Hinsicht versorgen würde oder könnte.

9.2 Rentenpolitik und die Konstruktion von Altersbildern: Zusammenhänge

Im Folgenden soll der These des Zusammenhangs zwischen den gesellschaftspolitischen Bedingungen und den jeweils vorherrschenden Altersbildern nachgegangen werden. Einen ersten Hinweis hierauf gibt der *Sechste Bericht zur Lage der älteren Generation in der Bundesrepublik Deutschland* im Jahre 2010, der herausstellt, dass seit jeher Wechselbeziehungen zwischen Altersbildern und der Erwerbstätigkeitspolitik bestanden haben (vgl. BMFSFJ 2010: 180). Dieser Bericht akzentuiert *vier Phasen* der deutschen Politik für ältere Arbeitnehmer, anhand derer zugleich die Rolle von Risiken und Ungewissheiten in Bezug auf die Rentenversorgung Älterer evaluiert werden soll:

- herausgehobene Schutzbedürftigkeit Älterer ab 1957,
- Frühverrentungspolitik der 1970er-Jahre,
- 1980er-Jahre: Solidarität schafft Arbeitsplätze,
- Strukturwandel und Paradigmenwechsel in den 1990er-Jahren.

Den ersten drei Phasen ist das (negative) Bild des leistungsgeminderten Älteren gemeinsam, wie es bereits *Gläser* in Kapitel 8 eindeutig herausgearbeitet hat. Der Unterschied zwischen den Phasen liegt insbesondere in den politisch verwirklichten Maßnahmen für ältere Arbeitnehmer und Rentenbezieher sowie im jeweiligen Umgang der Unternehmen mit den Älteren in den beiden deutschen Teilstaaten.

---

9   Individuelle Unterschiede resultierten daraus, ob ein Rentenbezieher im Ost- oder Westteil
     der heutigen Bundesrepublik lebte.

In der vierten Phase rückte das demografische Altern immer stärker ins Bewusstsein: Ab diesem Zeitpunkt (Mitte der 1990er Jahre) wird die Nützlichkeit Älterer für die Gesellschaft wieder verstärkt herausgehoben.

9.2.1 Die herausgehobene Schutzbedürftigkeit Älterer ab 1957

Ab dem Jahre 1957 setzte die *erste Phase* ein, in der die Politiker Ältere vor allem als schutzbedürftig betrachteten: Diese gingen von einem hohen Erkrankungs- und Vor-Invaliditätsrisiko der betagten Bürger aus und erwogen dementsprechend ausgedehntere Fürsorgemaßnahmen und die Einführung von Bestimmungen zur Humanisierung des Erwerbslebens (vgl. BMFSFJ 2010: 180). Im Wesentlichen galten ältere Beschäftigte als für die Gesellschaft nur noch von geringem Nutzen. Besonders die Beschäftigungskrise und Massenentlassungen in den Jahren 1966 und 1967 gingen mit der Akzentuierung der arbeitsmarktpolitischen Schutzbedürftigkeit der Älteren einher und führten zu besonderen Regelungen hinsichtlich des Kündigungsschutzes sowie sonstiger Bestandsschutzregelungen. Das Renteneintrittsalter lag bei 65 Jahren, unter bestimmten Voraussetzungen war ein Leistungsbezug nun bereits ab 60 Jahren möglich (vgl. Schmähl 2011: 46).

Sowohl in der Bundesrepublik als auch in der DDR war die finanzielle Situation der Rentner unzulänglich (vgl. ebd. 49). Die Rentenausschüttung sollte mit der Reform von 1957 im Westteil Deutschlands deshalb nicht mehr nur als Subvention zum eigenen Einkommen der Älteren dienen, sondern deren Lebensunterhalt vollständig finanzieren und ihnen die Vorzüge des vorzeitigen Ruhestands schmackhaft machen (vgl. ebd. 43). Auch an positiven wirtschaftlichen Entwicklungen des Staates durften die Rentner nun teilhaben. In der Folge stiegen die Rentenleistungen unter Konrad Adenauer um ganze zwei Drittel im Vergleich zu vorherigen Ausschüttungen an (vgl. Strebl 2010: 6). Grundsätzlich verbesserte sich die finanzielle Situation Älterer in Gesamtdeutschland, und es konnte ein deutlicher Rückgang der unter Altersarmut Leidenden verzeichnet werden (vgl. Sternburg 1997: 29).

Das bisherige auf Ansparungen basierende System der Rentenfinanzierung wurde mit der Rentenreform von 1957 durch den sogenannten *Generationenvertrag* abgelöst, der noch heute besteht (vgl. ebd. 7): In dessen Sinne zahlt jeder Erwerbstätige Rentenbeiträge an den Staat und finanziert damit die jeweilige Rentnergeneration. Die obligatorischen Beiträge decken kein *versichertes Risiko* ab, und die künftig zu erwartenden Rentenleistungen finanzieren sich nicht aus den individuell abgeführten Beiträgen (vgl. ebd. 10). Ältere und jüngere Generationen stehen demzufolge in direkter Wechselbeziehung und schließlich auch in Abhängigkeit zueinander, weshalb der Generationenvertrag bereits seinem Wesen nach bedeutende Risiken in sich birgt: Zum einen generiert der „Vertrag" Rollenerwartungen, zum anderen funktioniert das System immer nur dann einwandfrei und mit Einnahmesteigerungen, wenn den in die Rentenkasse Einzahlenden eine deutlich kleinere Zahl an Rentenempfängern gegenübersteht. Demografische Schwankungen wie heutzutage, ausgelöst durch den Geburtenrückgang bei gleichzeitig steigender Lebenserwartung, bedeuten dementsprechend eine sinkende Zahl an Beitragszahlern und eine steigende Zahl an Rentenbeziehern, was das System in eine Krise stürzen kann. Einer Erhöhung der staatlichen Rentenausgaben könnte folglich effektiv und auf lange Sicht fast ausschließlich mit einer Anhebung des Renteneintrittsalters entgegengewirkt werden.

9.2.2 Zur Frühverrentungspolitik der 1970er-Jahre

Die *zweite Phase*, in der sich die politischen Maßnahmen besonders auf ältere Arbeitnehmer konzentrierten, bricht Mitte der 1970er-Jahre an (vgl. BMFSFJ 2010: 181). Das Bild eines älteren Arbeitnehmers war weiterhin eindeutig negativ und durch die Unterstellung einer Leistungsminderung geprägt. Diese Phase unterscheidet sich von der vorherigen insbesondere durch die nun in der Praxis deutlich frühzeitigeren Ausgliederungen älterer Arbeitnehmer aus den Unternehmen. Meist wurde dies mit ihrem (vermeintlich) fehlenden Bezug zu den neuen Technologien begründet. Frühverrentung fungierte ab dieser Zeit als ein Instrument und eine unternehmerische Strategie zur Kompensation von wirtschaftlichen Umschwüngen oder Veränderungen der betrieblichen Auftragslage.

Es ist davon auszugehen, dass baldige Rentenempfänger vor dem Hintergrund dieser Praxis um ihre zukünftige (Arbeitsplatz-)Sicherheit bangen mussten. Politische Motivationshilfen von staatlicher Seite wie die Vorruhestands- oder die sogenannte *58er-Regelung*[10] förderten ihr Dulden und Stillschweigen bezüglich der unternehmerischen Praxis. Der Eindruck des beinahe nutzlosen und an den Rand der Gesellschaft gedrängten Älteren war damit kaum mehr abzuwehren. Die Älteren selbst schienen jedoch äußerst zufrieden mit ihrem nach eigener Ansicht verdienten Ruhestand und blickten einem vorzeitigen Ausscheiden aus ihrem Unternehmen meist mit Freude entgegen. Endlich konnten sie ihre Freiheiten genießen und in das Leben nach der Erwerbstätigkeit eintreten.

Die zweite große Rentenreform nach den beiden Weltkriegen etablierte 1972 eine flexible Altersgrenze, die Rentenzahlungen schon ab dem 63. Lebensjahr ohne Abzüge ermöglichte (vgl. Schmähl 2011: 54). Mit Bezug auf das Schei-

---

10 Die *58er-Regelung* bezeichnet den Bezug von finanziellen Mitteln aufgrund von Arbeitslosigkeit als eine Frühverrentungsform, ohne dass die Bezieher tatsächlich noch für den Arbeitsmarkt zur Verfügung stehen.

dungsrecht wurde 1976 auch der sogenannte *Versorgungsausgleich* eingeführt, der während der ehelichen Gemeinschaft angesammelte Rentenanwartschaften auszugleichen versuchte (vgl. ebd. 57). Zu zusätzlichen Rentenausschüttungen sollten über Pflichtbeiträge hinausgehende Einzahlungen in die *freiwillige Zusatzrentenversicherung* (FZR) führen (vgl. Sternburg 1997: 32). Aufgrund des vorgesehenen zweieinhalbfachen Steigerungssatzes (im Vergleich zur gesetzlichen Pflichtversicherung) konnten damit innerhalb des gleichen Einzahlungszeitraums zusätzliche Rentenbezüge angespart werden, um Ungewissheiten hinsichtlich der Existenzsicherung im Alter zu begrenzen.

Die wirtschaftlichen Bedingungen verschärften sich insbesondere bis zum Jahr 1989 (vgl. Schmähl 2011: 55). Zudem lag die Geburtenrate der 1960er-Jahre weit über den Erwartungen. Seit Mitte der 1970er-Jahre kamen wieder weniger Kinder auf die Welt als Ältere im selben Zeitraum starben (vgl. Dietz 2004: 192). Gleichzeitig stieg auch die Lebenserwartung kontinuierlich an (sog. *doppelte Alterung*). Einerseits sorgte die soziale Sicherung zwar dafür, dass Ältere länger, besser und meist zufriedener lebten, andererseits aber schuf sie auf lange Sicht Unsicherheiten hinsichtlich einer zukünftigen Finanzierung des gesamten Systems (vgl. ebd. 193).

9.2.3 Die 1980er-Jahre: Solidarität schafft Arbeitsplätze

Eine *dritte Phase* ist ab Mitte der 1980er-Jahre auszumachen. In dieser Phase nahm das Ausmaß der Frühverrentung völlig neue Züge an. Sie fungierte nun unmissverständlich als Instrument zum Abbau der Arbeitslosigkeit Jüngerer und sollte deren Chancen auf dem Arbeitsmarkt erhöhen (vgl. BMFSFJ 2010: 182). Diese Phase unterschied sich von der vorherigen vor allem insofern, als einerseits die Unternehmen nicht mehr nur unter staatlichem Stillschweigen Ältere betrieblich ausgliederten, sondern dies aktiv durch den Staat[11] gefördert wurde. Andererseits wurden die Älteren selbst ersucht, sich nun aus solidarischen Gründen gegenüber den jüngeren Arbeitslosen aus dem Erwerbsleben zurückzuziehen. Teilweise wurden sie als ehrenhafte gesellschaftliche Helden glorifiziert (vgl. ebd. 183). Das grundlegende Bild von den nutzlosen Älteren änderte sich keineswegs. Auch weiterhin galten sie als weniger produktiv und in ihrer Leistungsfähigkeit eingeschränkt, weshalb sie aus den Unternehmen gedrängt wurden. Personalveränderungen in den Betrieben wurden nun mit den „staatlich gelieferten" Gründen der Schaffung von Arbeitsplätzen für Jüngere legitimiert, selbst wenn es le-

---

11   Anzuführen ist an dieser Stelle beispielsweise das temporär länger gewährte Arbeitslosengeld.

diglich um die Einstellung (vermeintlich) besserer, engagierterer und körperlich fitterer Arbeitskräfte ging.

Diese Entwicklungen vollzogen sich nicht ausschließlich in Deutschland, sondern auch im europäischen Umfeld. Die französische Arbeitsmarktpolitik präsentierte sich ebenso „kompensatorisch ausgerichtet, wobei eine ihrer Funktionen gerade darin besteht, Arbeitslosigkeit auf ältere Arbeitnehmer umzuverteilen und damit von anderen Gruppen, insbesondere von den Jugendlichen, wegzuverlagern" (vgl. Bruche/Casey 1982: 166). Deshalb bauten die Regierungen die Leistungen zur Arbeitslosenunterstützung für ältere Arbeitnehmer ab 50 Jahren meist aus und erhöhten die Möglichkeiten zur Frühverrentung. Reintegrationsmaßnahmen Älterer standen auch im europäischen Ausland nicht auf der Agenda.

In Deutschland stimmte der Bundestag am 09.11.1989 dem sogenannten *Reformgesetz 1992* mit der Zielsetzung zu, für die nächsten zwei Dekaden rentenpolitische Sicherheit zu garantieren (vgl. Ritter 2011: 67). Kaum eine Stunde später wurde die innerdeutsche Grenze geöffnet, was schon bald zu neuen Belastungen des Rentensystems führen sollte. Versuche, die Rentensysteme von Ost- und Westdeutschland anzugleichen, wurden mit der Währungs-, Wirtschafts- und Sozialunion entsprechend den Konditionen des Staatsvertrags vom 18. Mai 1990 in die Wege geleitet. Auch die Rechtseinheit der gesetzlichen Rentenversicherung (GRV) war ab dem 01.01.1992 durch das *Rentenreformgesetz 1992* staatlich geregelt (vgl. ebd. 68): Zukünftige Rentner aus Ostdeutschland profitierten vom Leistungsrecht der Bundesrepublik. Abhängig von der Anzahl der Jahre, in denen sie Beiträge geleistet hatten, erhielten Versicherte aus Ostdeutschland bisher lediglich einen maximalen Rentenbetrag von 510 Mark (vgl. ebd. 71). Doch nun stand einem Arbeitnehmer mit einem ostdeutschen Nettogehalt von 960 DM nach 45 Versicherungsjahren eine Rente von immerhin 672 DM zu (vgl. ebd. 81), wodurch sich die finanzielle Situation der ostdeutschen Rentner erheblich verbesserte. Die Bevölkerung in der ehemaligen DDR musste jedoch nicht nur einem neuen Rentenversicherungssystem vertrauen, sondern war zudem gezwungen, ihre Ansprüche zunächst per Antrag nachzuweisen (vgl. Stiftung Warentest 1992: 3). Um etwaiges Misstrauen auszuräumen, sollte grundsätzlich die Vereinbarung gelten, dass Renten „mindestens in der Höhe gezahlt werden müssen, die sich am 30.06.1990 nach dem Rentenrecht der DDR ergeben hätten und dass ein Rentenanspruch nach diesem Rentenrecht für Personen, deren Rente in der Zeit bis 30.06.1995 beginnt, weiterhin bestehen bleibt" (vgl. Ritter 2011: 87). Rund 96% der ostdeutschen Leistungsbezieher erhielten somit zum 01.01.1992 eine höhere Rente (vgl. ebd. 98).

Gesamtwirtschaftlich musste dies zwangsläufig zu Finanzierungsproblemen des Rentensystems führen, die u. a. durch die stetig zunehmende Praxis der Frühverrentung und die Rezessionen von 1992 bis 1994 zusätzlich verstärkt wurden (vgl. ebd.: 99).

9.2.4 Strukturwandel und Paradigmenwechsel in den 1990er-Jahren

Die letzte und *vierte Phase* der besonderen Politik gegenüber älteren Beschäftigten begann Mitte der 1990er-Jahre und war durch ein Umdenken, einen Paradigmenwechsel, gekennzeichnet. Die Versuche, Ältere frühzeitig aus Beschäftigungen auszugliedern, gingen zurück – und zudem wurde die Lebensarbeitszeit verlängert (vgl. BMFSFJ 2010: 184). Diesem Wandel lagen die zunehmend spürbare, durch die sinkende Zahl der Erwerbstätigen verursachte Arbeitskräfteknappheit und die gleichzeitig steigenden Rentenkosten zugrunde. Die politischen Bemühungen, bisher negative Altersbilder positiv zu beeinflussen, nahmen deutlich zu: Ältere sollten nicht länger als leistungseingeschränkt und für unternehmerische Belange unnütz angesehen werden. Vielmehr sollten ihre Fähigkeiten nun gefördert werden, damit sie dem Arbeitsmarkt länger zur Verfügung stünden und dem Rentensystem erst später zur Last fielen. Doch nicht nur die Altersbilder wurden hier scheinbar je nach politischer Interessenlage geformt, sondern auch die Unternehmen selbst wurden dazu angehalten, ältere Arbeitnehmer ihren Bedürfnissen entsprechend fortzubilden. Konzepte wie *Active*[12] oder *Productive Aging*[13] entstanden eigens zur Unterstützung der gewünschten neuen Ansichten.

Verschiedene Rentenreformen (bereits aus dem Jahre 1992) leiteten diesen Paradigmenwechsel ein. Während das Drängen der SPD zunächst zu einer Anhebung der Altersgrenze auf nunmehr 65 Jahre ab dem Jahr 2001 führte, vermittelte später die sogenannte *Rente mit 67* das Bild eines bis ins höhere Alter leistungsfähigen Arbeitnehmers. Insgesamt produzierten die Änderungen hinsichtlich der Altersgrenzen dahingehend Unsicherheit, dass (insbesondere ältere) Arbeitnehmer nie genau wussten, ob und wie lange sie aus unternehmerischer Perspektive noch „brauchbar" waren, denn dieser Zeitpunkt musste nicht mit den staatlichen Vorgaben übereinstimmen. Damit wurde ihre Arbeitsplatzsituation zunehmend prekär. Und zusätzlich blieb unklar, ob sie im späteren Lebensverlauf überhaupt noch in einem ausreichenden Maße finanziell abgesichert sein würden.

In der Praxis sollte das Erwerbsaustrittsalter nicht mit dem Renteneintrittsalter verwechselt werden (vgl. Deutsches Institut für Altersvorsorge 2006: 6).

---

12 *Active Aging* meint an dieser Stelle die sowohl psychisch als auch physisch aktiv gebliebenen Älteren.
13 *Productive Aging* beschreibt hierbei das Erhalten der Arbeitsfähigkeit und -motivation Älterer.

Ein Großteil der Deutschen scheidet noch immer überwiegend vor Erreichen des 65. Lebensjahres aus dem Erwerbsleben aus und tritt in den Rentenbezug ein (vgl. Strebl 2010: 12). „In einzelnen Berufsgruppen – in der Metallindustrie oder bei der Bahn – scheiden die meisten Beschäftigten in der Mehrzahl vor Erreichen des 60. Lebensjahres aus dem Erwerbsleben aus" (ebd. 12). Gemaßregelt wurde dieser frühere Rückzug aus der Erwerbstätigkeit bereits ab 2001 mit einer Verringerung der Rentenbezüge um 3,6 % pro Jahr (vgl. Schmähl 2011: 63). Insofern handelt es sich im Falle der Rente für die Versicherer nach wie vor um eine Art *gesichertes Risiko*, da sie zwar wissen, dass der Versicherte früher oder später Rentenleistungen empfangen wird, allerdings nicht immer klar ist, wann dies genau eintreten wird (vgl. Künzler 2011: 445).

Eine weitere Schwierigkeit ergibt sich aus dem umlagefinanzierten[14] Alterssicherungssystem, da es demografieabhängig und -anfällig ist und entsprechend dem sogenannten *Äquivalenzprinzip* später zu erhaltende Leistungen durch die Höhe der zuvor eingezahlten Beiträge bestimmt werden (vgl. Dietz 2004: 194f.).

Um die Finanzierbarkeit des Rentensystems zu gewährleisten, liegen rentenfiskalische Einsparungen sicher nahe. Jedoch wird deren Umfang möglicherweise dramatisiert und künstlich Ungewissheit geschürt. Von einer Nichtfinanzierbarkeit des sozialen Sicherungssystems ab beispielsweise 2030 könnte ausschließlich dann gesprochen werden, so Dietz (2004: 193), wenn es bis zu diesem Zeitpunkt zu keinerlei politischen und das Rentensystem betreffenden Änderungen kommen würde.

Die Arbeitnehmer und potenziellen Rentenbezieher selbst sehen sich folgenden Optionen gegenüber: 1) Sie können sich mit einem ungewissen und eventuell geringen Lebensstandard im Alter abfinden, 2) privat vorsorgen, um mögliche Risiken abzufedern und zu verringern, oder aber 3) später aus dem Erwerbsleben ausscheiden. Im Jahre 2005 schien vor allem das Verharren in der bisherigen Situation ohne jegliche zusätzliche Absicherungen die präferierte Alternative der Bevölkerung zu sein, was u. a. der Vielzahl an Möglichkeiten zur privaten Vorsorge zugeschrieben wird (vgl. Deutsches Institut für Altersvorsorge 2005: 51). Somit führen die eigentlich zur Existenzsicherung geschaffenen zusätzlichen Maßnahmen selbst – aufgrund ihrer Vielzahl und der oftmals bestehenden Unklarheit über zugesagte staatliche Förderungen – zu einer Unübersichtlichkeit, aus der eine Vermeidungs- und Verdrängungshaltung resultieren kann. Auch können

---

14   Beim sogenannten Umlageverfahren werden zur Finanzierung der Rentenversicherung finanzielle Mittel durch den Arbeitnehmer zur Verfügung gestellt, um diese direkt in die Rentenzahlungen für die aktuelle Rentengeneration zu investieren (Strebl 2010: 9). Größere Rücklagen können damit nicht gebildet werden.

private Vorsorgeleistungen nur dann getätigt werden, wenn der Versicherte auch finanziell dazu in der Lage ist.

Die gesetzliche Rentenversicherung – sie gilt als die bedeutendste Säule der Alterssicherung und ergibt einen Lohnersatz in Höhe von ca. 70 % (vgl. Seiter 2011: 528) des durchschnittlichen Einkommens der früheren Arbeitnehmer – unterscheidet sich prinzipiell kaum von der privaten Rentenversicherung: Bei Letzterer wird lediglich die einzuzahlende Leistung durch den Beitragszahler vertraglich genau festgelegt (vgl. Strebl 2010: 16). So ist beispielsweise eine spätere monatliche Rentenzahlung gesichert, die sich anhand der geplanten Beitragszahlungen im Voraus berechnen lässt. Selbst vollständige Verlustgeschäfte aufgrund spekulativer, risikobehafteter Handlungen der Versicherer sind aufgrund der in der Bundesrepublik vorgeschriebenen Schutzmechanismen kaum vorstellbar. Ein grundsätzlicher Wechsel vom derzeitigen umlagefinanzierten Rentenversicherungssystem zu einer privaten Organisationsform würde jedoch laut Dietz lediglich zu einer „Geldverlagerung" (vgl. Dietz 2004: 197) und nicht zu der notwendigen Reduzierung der finanziellen Belastung führen.

9.3 Folgerungen

Wer wann als „alt" betrachtet wird, hängt ganz davon ab, wie das Alter jeweils konstruiert wird. Auch wenn die Regelaltersgrenze einen Richtwert vorgibt, kann dieser individuell ganz unterschiedlich interpretiert werden. Ein 80-Jähriger kann beispielsweise seinen 70-jährigen Bekannten als jung empfinden. Eines jedoch sollte sicher sein: Wenn das der gesetzlichen Rentenversicherung entsprechende Regelalter erreicht wird, sollte die Folgezeit für den Einzelnen möglichst zufriedenstellend abgesichert sein.

Einer finanziell prekären, unsicheren Lage der Älteren hinsichtlich ihrer materiellen Reproduktion sollte seit Ende des 19. Jahrhunderts mit dem *Gesetz über die Alters- und Invaliditätsversicherung* entgegengewirkt werden. Diese staatlichen Transferleistungen wurden nötig, weil Ältere im Erwerbsleben – mitbedingt durch ein negativ konnotiertes Altersbild, das ihre sinkende Leistungsfähigkeit in den Mittelpunkt rückte – zunehmend weniger Chancen auf einen Arbeitsplatz hatten.

Mit dem öffentlichen Wahrnehmen des demografischen Alterns konnten verschiedene Phasen einer stärkeren Beschäftigung der Politik mit den Älteren festgestellt werden. Während die ersten drei Phasen das Bild eines leistungsgeminderten Älteren implizieren – und damit das vorherrschende Bild auf dem Arbeitsmarkt unterstützen –, wird in der vierten Phase vor allem die Nützlichkeit der Älteren für die Gesellschaft betont. Die Bemühungen, Ältere in einem glanzvollen Licht erscheinen zu lassen – nun gelten sie als geistig gesund, körperlich fit und bis ins hohe Alter für die Erwerbsarbeit geeignet –, resultieren aus dem Interesse des Staates,[15] die Rentenkasse finanziell zu entlasten. Ein deutlicher Zusammenhang zwischen Altersbildern und gesellschaftspolitischen Bedingungen konnte insofern festgestellt werden. Es ist anzunehmen, dass die beschriebene vierte Phase des politischen Umgangs mit älteren Arbeitnehmern anhalten wird, bis zufriedenstellende Lösungen zur Finanzierung des Rentensystems gefunden sind. Bis dahin wird das vorherrschende Altersbild zwar noch immer eher negativ besetzt, jedoch auch – insbesondere durch politische Einflussnahme – durch zunehmend positivere Ansätze gekennzeichnet sein.

Hinsichtlich der Unsicherheiten über die eigene materielle Reproduktion im Alter sind die staatlichen Rentenleistungen seit Ende des 19. Jahrhunderts in der Tat als eine erfolgreiche Strategie zur Bekämpfung existenzbedrohender Ungewissheiten anzusehen. Zu Beginn reichten sie allerdings kaum über die vorherigen Leistungen der Armenfürsorge hinaus. Heute wird das System zunehmend krisenanfällig, da sich aufgrund des demografischen Alterns die Zahl der in die Rentenkassen einzahlenden Erwerbstätigen verringert, während die Zahl der Rentenempfänger steigt. Auf der Basis des Generationenvertrags ergibt sich hier eine Schieflage, die es immer weniger zulässt, die Höhe der zukünftigen Rentenzahlungen vorauszusagen, auch wenn die Grundversorgung Älterer weiterhin als sicher gilt. Gewiss ist der Wechsel von der Erwerbstätigkeit zum Ruhestand in der heutigen Zeit mit vielfältigeren Möglichkeiten, zugleich aber auch mit Unsicherheiten verbunden. Der Übergang ist heute weniger eindeutig und individuell unterschiedlich.

Literatur

Amann, Anton (2004): Die großen Alterslügen. Generationenkrieg – Pflegechaos – Fortschrittsbremse? Wien: Böhlau Verlag
Backes, Gertrud M./Clemens, Wolfgang (2003): Lebensphase Alter. Eine Einführung in die sozialwissenschaftliche Alternsfoschung. Weinheim: Juventa-Verlag
Bausinger, Hermann (1998): Von der Alterslast, der Last des Alters, und wie sie sich tragen läßt. In: Borscheid et al. (1998): 26-41

---

15 Beispielhaft kann an dieser Stelle das Verschieben der Regelaltersgrenze nach oben hin angeführt werden.

Borscheid, Peter/Bausinger, Hermann/Rosenmayr, Leopold u. a. (1998): Die Gesellschaft braucht die Alten. Fragen der (Wieder-)Eingliederung in den Lebenszusammenhang. Opladen: Leske + Budrich

Brachmann, Wolfgang/Schmidt, Ernst W. (1995): Das neue Rentenrecht. Die gesetzliche Rentenversicherung im alten und im neuen Bundesgebiet nach der Rentenreform '92 (2. Aufl.). Freiburg im Breisgau: Rudolf Haufe Verlag

Bruche, Gert/Casey, Bernard (1982): Arbeit oder Rente? Beschäftigungs- und sozialpolitische Maßnahmen für ältere Arbeitnehmer in Frankreich, Großbritannien, den Niederlanden, Schweden und den USA. Arbeitsberichte des Wissenschaftszentrums Berlin. Frankfurt/New York: Campus Verlag

Bundesministerium für Familie, Senioren, Frauen und Jugend (BMFSFJ) (Hrsg.) (2010): Sechster Bericht zur Lage der älteren Generation in der Bundesrepublik Deutschland. Altersbilder in der Gesellschaft. Berlin: Eigenverlag.

Deutsches Institut für Altersvorsorge (Hrsg.)/Pfeiffer, Ulrich/Simons, Harald/Braun, Reiner (2005): Länger arbeiten im Alter. Möglichkeiten und Grenzen. Köln: Eigenverlag

Deutsches Institut für Altersvorsorge (Hrsg.)/Ottnad, Adrian/Schnabel, Reinhold (2006): Rente mit 67. Konsequenzen für Versicherte, Rentensystem und Arbeitsmarkt. Köln: Eigenverlag

Dietz, Berthold (2004): Soziale Sicherungssysteme. In: Frevel (2004): 192–207

Ehmer, Josef (1990): Sozialgeschichte des Alters. Frankfurt/Main: Suhrkamp

Eichenhofer, Eberhard/Rische, Herbert/Schmähl, Winfried (Hrsg.) (2011): Handbuch der gesetzlichen Rentenversicherung SGB VI. Köln: Luchterhand

Frevel, Bernhard (Hrsg.) (2004): Herausforderung demografischer Wandel. Wiesbaden: VS Verlag für Sozialwissenschaften

Friedrich, Klaus (1998): Wohnen und Wohnumwelt älterer Menschen. In: Borscheid et al. (1998): 119–141

Haerendel, Ulrike (2001): Die Anfänge der gesetzlichen Rentenversicherung in Deutschland. Die Invaliditäts- und Altersversicherung von 1889 im Spannungsfeld von Reichsverwaltung, Bundesrat und Parlament. Speyer: Deutsches Forschungsinstitut für öffentliche Verwaltung

Haerendel, Ulrike (2011): Die historische Entwicklung bis 1945. In: Eichenhofer et al. (Hrsg.) 2011: 1–32.

Kolland, Franz (Hrsg.)/Amann, Anton (2008): Das erzwungene Paradies des Alters? Fragen an eine Kritische Gerontologie. Wiesbaden: VS Verlag für Sozialwissenschaften.

Künzler, Ingrid (2011): Die gesicherten Risiken. In: Eichenhofer et al. (Hrsg.) 2011: 441–472.

Ritter, Gerhard A. (2011): Die Rentenversicherung im Prozess der deutschen Wiedervereinigung. In: Eichenhofer et al. (Hrsg.) 2011: 67–103.

Schmähl, Winfried (2011). Die Entwicklung der Rentenversicherung vom Ende des Zweiten Weltkriegs bis zum Mauerfall (1945–1989). In: Eichenhofer et al. (Hrsg.) 2011: 33–66.

Seiter, Hubert (2011): Rentenberechnung, Rentenzahlung, Rentenanpassung. In: Eichenhofer et al. (2011): 527–558

Sternburg, Wilhelm von (Hrsg.) (1997): Soziale Sicherheit im Alter? Rentenversicherung auf dem Prüfstand. Berlin: Aufbau Taschenbuch Verlag GmbH

Stiehr, Karin (2004): Lebenslagen älterer Menschen. In: Frevel 2004: 89–102

Stiftung Warentest (1992): Richtig vorsorgen. Ratgeber Geld. Berlin: Eigenverlag

Strebl, Matthäus (2010): Verwirrspiel Rente. Wege und Irrwege zu einem gesicherten Lebensabend. München: Hanns-Seidel-Stiftung e. V.

10. Alter(n) und Altersbilder in Pflegeheimen

Stephan Dathe

> *„Vor dem Bild, das die alten Leute uns von unserer eige-*
> *nen Zukunft zeigen, stehen wir ungläubig; eine Stimme in*
> *uns flüstert uns widersinnigerweise zu, dass uns dies nicht*
> *wiederfährt: Das sind nicht mehr wir, wenn es eintritt."*
>
> (de Beauvoir 2012: 10)

Schwer oder gar unmöglich vorstellbar ist für junge Menschen häufig die mit dem hohen Alter verbundene Metamorphose hin zu einer Person, der die Verrichtung alltäglicher Aufgaben zunehmend schwerer fällt. Unter Umständen führt der Prozess des Alterns dazu, dass diese Aufgaben irgendwann einmal ein unüberwindbares Hindernis darstellen und der Einzelne infolgedessen auf die Hilfe Dritter angewiesen ist. Für einen Bruchteil der hochaltrigen Bevölkerung findet diese Hilfe in *Pflegeheimen* statt.[1]

In diesem Beitrag sollen ältere Menschen in Pflegeheimen im Mittelpunkt stehen und die dort existierenden Altersbilder aus der Perspektive möglicher (Un-)Sicherheiten bzw. (Un-)Eindeutigkeiten betrachtet werden. Dabei gelten als (Alten-)Pflegeheime diejenigen Einrichtungen, die hochaltrigen und alten Menschen, die pflegebedürftig sind – d. h. Leistungen aus der Pflegeversicherung erhalten –, ein Zuhause bieten.

In Anlehnung an die Ausführungen von *Schnelle* in Kapitel 2 ist auch in Pflegeheimen davon auszugehen, dass mehrere Altersbilder gleichzeitig existieren, die Rückschlüsse auf den jeweiligen Kontext zulassen, dem sie entspringen. Meine These ist, dass (mindestens) zwei unterschiedliche Altersbilder identifiziert werden können, die sich aus den Interaktionen zwischen den Bewohnern und dem Pflege- bzw. dem Betreuungspersonal und den institutionellen Rahmungen ergeben und ihren Ausdruck in den jeweiligen Formen des Miteinanders finden.[2]

---

1 2009 lebten von den geschätzt 2,34 Millionen Pflegebedürftigen in Deutschland 31 % (717 000 Personen) in vollstationären Pflegeheimen (vgl. Pflegestatistik 2009: 4). In diesem Beitrag werden auch die 20 % der Einrichtungen einbezogen, bei denen neben dem Pflegebereich ein Altenheim und/oder betreutes Wohnen angeschlossen ist (vgl. ebd. 15). Nicht berücksichtigt werden der ambulante Bereich der Altenpflege, reine Altenheime, ausschließlich betreutes Wohnen, Alterswohngemeinschaften, geriatrische Stationen oder gerontopsychologische Einrichtungen.

2 Zur Idee der *(interaktiven) Arbeit* in Pflegeheimen, die notwendigerweise beide Seiten der Dienstleistung – Bewohner und Pflegekräfte – einschließt, vgl. u. a. Weihrich (2011: 475ff.).

Zum einen wird vermutet, dass sich auf der Basis einer historisch verfestigten Struktur – der Unterteilung zwischen der Gruppe des *Pflegepersonals* und der Gruppe der Bewohner – ein Altersbild ergibt, das vor dem Hintergrund der Forderung nach einer effizienten Pflegearbeit durch große Eindeutigkeit gekennzeichnet ist, was sich in eindeutigen Rollenbeziehungen und Zuschreibungen der Beteiligten widerspiegelt. Die Zusammenarbeit zwischen beiden Gruppen gilt als besonders erfolgversprechend, so die Annahme in Anlehnung an Saake, wenn die Gruppe der Bewohner als höchst pflegebedürftig inszeniert wird (vgl. Saake 2008: 264ff.). Kognitive Sicherheit bzw. Gewissheit – im Sinne von Eindeutigkeit – erreichen die Bewohner eines Pflegeheims vermutlich vor allem dann, wenn sie ihr Handeln an den Erwartungen des Pflegepersonals bzw. an dessen Altersbild, ausrichten, wodurch sich dieses gleichzeitig weiter verfestigt.

Ein weiteres Altersbild, so die andere hier verfolgte These, hat seinen Ursprung im Wandel der gesellschaftlichen Betrachtung des Alter(n)s und bestimmt vor allem die Wechselwirkungen und Interaktionen zwischen den *Betreuungskräften* und den Bewohnern. Dieses Altersbild, so lautet die Vermutung, verändert die Selbstdeutung der Pflegebedürftigen – als höchst pflegebedürftig – durch aktivierende und stimulierende Betreuungsangebote. Durch die Aktivierung der Bewohner, indem sie aus verschiedenen Beschäftigungsangeboten nach persönlichen Vorlieben auswählen können, und durch ihre Einbindung in alltägliche, kleine Aufgaben, so lautet die These, wird Ihnen das Selbstbild eines *aktiv Handelnden* vermittelt, was gleichzeitig das Gefühl des absoluten Ausgeliefertseins bzw. der absoluten Pflegebedürftigkeit vermindert oder sogar verdrängt. Insofern ist dieses Altersbild dem oben beschriebenen entgegengesetzt, da es auf Aktivität und Selbstmotivation abhebt. Es wird als uneindeutig interpretiert, da es gerade keine konkreten Vorgaben macht, sondern individuell unterschiedliches Handeln fördert.

Vor dem Hintergrund, dass die Übersiedlung in ein Pflegeheim vermutlich als Rückzug aus nicht mehr zu bewältigenden alltäglichen Herausforderungen interpretiert wird, kann angenommen werden, dass insbesondere das erstgenannte Altersbild – das Bild der Pflegebedürftigkeit – herausgehobene Bedeutung für die Bewohner von Pflegeheimen haben wird.

Diese zwei sich widersprechenden Altersbilder bestimmen das Miteinander zwischen dem Pflege- und dem Betreuungspersonal und der Gruppe der Bewohner, so lautet die hier verfolgte These. Dass die Zuschreibungen des Personals eine große Macht entfalten, scheint vor allem auf organisatorische Zwänge zurückzuführen zu sein, wie später aufgezeigt wird. Und inwiefern das gleichzeitige Existieren zweier gegensätzlicher Altersbilder bei den Bewohnern von Pflegeheimen

Verunsicherungen hervorrufen kann, ist eine der Fragen, die im Rahmen dieses Beitrags beantwortet werden sollen.

Diese Arbeit ist in erster Linie eine Literaturarbeit und bezieht sich auf die Ausführungen etablierter Sozialwissenschaftlerinnen wie Koch-Straube (1997), Saake (1998), Strauch (1978) und Weihrich (2011). In Bezug auf die Therapieformen, die an späterer Stelle als Beispiel für den Wandel des Denkens über das Alter dienen, werden vor allem die Arbeiten von Feil (2004) und van der Kooij (2006) rezipiert.[3]

10.1 Die Geburt des Pflegeheims und der moderne Altersdiskurs

Wie bereits angedeutet, haben sich in den Altenpflegeheimen (mindestens) zwei ambivalente Altersbilder herausgebildet. Sie sind das Resultat zweier in der Geschichte zumindest eine Zeitlang parallel ablaufender Entwicklungsprozesse, die im Folgenden präsentiert werden. Zum einen werden die geschichtlichen Wurzeln der Organisation Altenpflegeheim aufgezeigt, zum anderen die Entwicklung des (post)modernen Altersdiskurses über ein „Altern in Würde". Damit soll der Grundstein für die nachfolgenden Abschnitte gelegt werden, die auf diesen Entwicklungen aufbauenden Altersbilder zum Thema haben.

10.1.1 Die Entstehung des Altenpflegeheims

Die Geburtsstunde des modernen Pflegeheims lässt sich im 18. Jahrhundert mit dem sich herausbildenden neuen „Imperativ der Gesundheit: Pflicht eines jeden und allgemeines Ziel" verorten (Foucault 1976: 23). Die Gesundheit und das physische Wohlergehen der Bevölkerung wurden in dieser Zeit zu einem vieldiskutierten Element und zum Ziel politischer Macht (vgl. ebd.). Krankheiten wurden zum politischen und ökonomischen Problem der gesamten Gesellschaft erklärt und einer ausdrücklichen und geplanten Analyse unterworfen, damit sie anhand qualitativer Merkmale organisiert und der Umgang mit ihnen in politische Programme überführt werden konnte (vgl. ebd. 19f.).

Für das Feld der Pflege bedeutete dies, dass sich soziale Einrichtungen zunehmend auf verschiedene Krankheitsbilder spezialisierten und die Kranken nach Art ihrer Erkrankung trennten (vgl. Sittler/Kruft 2011: 7). Der Dienst der medizinischen Hilfe und Fürsorge richtete sich primär an „arme" Kranke, um sie öko-

---

3   Der Wandel des Diskurses über das Alter zeigt sich, so wird vermutet, abseits moralphiloso-
    phischer Grundlagen und politischer Kämpfe besonders in Therapieformen, zum Beispiel für
    Demenzkranke, und den rechtlichen Rahmenbedingungen für die Betreuung in Pflegeeinrich-
    tungen. Diese sollen an geeigneter Stelle zu Rate gezogen werden.

nomisch durch karitative Stiftungen und institutionell durch verschiedenartige
Organisationen mit höchst divergierenden Zielsetzungen zu versorgen (vgl. Foucault 1976: 21). Das „ hohe Alter", als ein Zustand der Hilfsbedürftigkeit eigenen
Charakters, hatte in diesem System (noch) keinen Platz. Die öffentliche Alters-
hilfe war ein „ununterscheidbarer Bestandteil der [...] Armenwohlfahrt und Armenfürsorge in Spitälern, Hospitälern und Siechenhäusern, in Armen- und Ar-
beitshäusern" (Schnieder 1991: 9).

Erst zu Beginn des 20. Jahrhunderts fand das hohe Alter „als soziales Problem eigenen Gewichts und Profils [Eingang] in die sozial- und wohlfahrtspoliti-
sche Diskussion" (ebd.). Infolge des nun öffentlichen Diskurses wurden geeignete
Raumkonzepte für Einrichtungen konzipiert, die in erster Linie bzw. ausschließlich der Pflege und Fürsorge alter Menschen zugedacht waren (vgl. ebd. 9f.) Die
Zahl der auf die Pflege älterer Menschen spezialisierten Einrichtungen stieg in
den 1950er und 1960er Jahren explosionsartig an, so dass Heinzelmann (2004:
24) von einem regelrechten Boom spricht. Das „Wesen" dieser neuen Einrichtungen war an je unterschiedlichen Wissensständen und -vorräten orientiert; in den
1960er und 1970er Jahren eher an klinischen, ab den 1980er Jahren eher an pfle-
ge- und betreuungsbezogenen (vgl. ebd.).

Das Pflegeheim weist zahlreiche Merkmale einer zweckrationalen Organisation auf und hat ein klar festgeschriebenes Ziel, nämlich die physische und psy-
chische Versorgung alter Menschen (vgl. Strauch 1978: 104). Zur Realisierung
dieses Ziels sind die Heime dauerhaft angelegt und planvoll konzipiert. Sie besitzen eine „gedanklich geschaffene und allgemeinverbindlich festgelegte Ordnung" (Korte/Schäfers 2008: 154f.). Eine interne Rollendifferenzierung des *Bewohner*, *Pflegekräfte* und in jüngerer Zeit auch *Betreuungskräfte*[4] umfassenden
Mitgliederkreises ist ein weiteres Merkmal dieser zweckrationalen Organisation.

Bedingt durch den demografischen Wandel nimmt die Zahl der (Alten-)Pfle-
geheime seit der Jahrtausendwende stetig zu.[5] Sie sind zu einem elementaren Bestandteil der Kommunen geworden.

---

4   Am 25. August 2008 genehmigte das Bundesministerium für Gesundheit die Betreuungskräfte-
    Richtlinie des GKV-Spitzenverbandes, die zusätzliche Betreuungskräfte für die Heimbewohner
    vorsah, die diese bei ihren alltäglichen Aktivitäten unterstützen und damit deren Lebensqualität
    erhöhen sollen.

5   Im Dezember 2003 existierten laut Pflegestatistik bundesweit 9.743 zugelassene Pflegeheime;
    dies entspricht einem Anstieg gegenüber 2001 um 6,3 % und gegenüber 1999 um 10,0 %. (Quelle:
    Bundesministerium für Familie, Senioren, Frauen und Jugend: „Erster Bericht des Bundes-
    ministeriums für Familie, Senioren, Frauen und Jugend über die Situation der Heime und die
    Betreuung der Bewohnerinnen und Bewohner" [Stand 15.08.2006], URL: http://www.bmfsfj.
    de/doku/Publikationen/heimbericht/3/3-1-Grunddaten-zur-heiminfrastruktur-in-deutschland/3-
    1-1-anzahl-der-pflegeheime-und-verfuegbaren-plaetze-versorgungsdichte-auslastung.html

10.1.2 Über das Alter(n) in Würde

Parallel zu den oben beschriebenen Entwicklungsetappen der Altenpflegeheime entstand zu Beginn des 20. Jahrhunderts eine medizinische Disziplin, die sich ausschließlich mit altersbedingten Krankheitsbildern befasst: die *Geriatrie* (vgl. de Beauvoir 2012: 28). Eingang in eine breitere wissenschaftliche Diskussion fand das Alter(n) erst durch die Herausbildung der *Gerontologie* im 20. Jahrhundert. Diese neue Wissenschaft „untersucht nicht die Pathologie des Alters, sondern den Prozess des Alterns selbst" (ebd.) und baut dabei auf drei Pfeilern auf: der Biologie, der Psychologie und den Sozialwissenschaften. Das Alter(n) wird damit zu einem Objekt wissenschaftlichen Interesses sui generis.

Die „wissenschaftliche Karriere" des Alter(n)s im 20. Jahrhundert beeinflusste die gesellschaftlichen Deutungen, obgleich das Thema selbst auch von Desinteresse und Verneinung begleitet wurde (vgl. ebd.). In diesem Zeitraum bildete sich ein ethisches Altersbild heraus, das sich als das neue Pflegeleitbild vor allem in der Ausbildung und der Praxis der Pflege widerspiegelte. Es lässt sich mit den Stichworten „ganzheitlich, bewohnerorientiert, bedürfnisorientiert, aktivierend" charakterisieren (Sittler/Kruft 2011: 7). Diese Kriterien stehen in deutlichem Widerspruch zu der bis in die 1960er Jahre übliche Praxis der „Kasernierung" der Älteren und einem Personal mit umfassenden Machtmitteln[6], das den Verhaltensspielraum der Bewohner durch Heimordnungen einschränkte sowie absoluten Gehorsam forderte (vgl. Anthes 1975: 436ff., Heinzelmann 2004: 57f.).

Der Wandel des Diskurses hin zu einem „würdevollen Alter(n)" und darauf aufbauend der Reform der Altenpflege(einrichtungen) vollzog sich ab Mitte des 20. Jahrhunderts. Als Wegbereiter für diese Entwicklung können – neben der Wissenschaft – auch die Werke „Das Alter" von Simone de Beauvoir (1972) oder „Über das Altern. Revolte und Resignation" von Jean Améry (1968) gelten.

Dennoch unterliegt die Gestaltbarkeit der Hilfe und Fürsorge in Altenpflegeheimen nach wie vor spezifischen strukturellen Einschränkungen. Denn sie sind eng „mit [...] zentralen Dimensionen der Gesellschaftsstruktur" verbunden und stehen „deshalb nicht einfach zur Disposition", argumentiert Kohli (1992: 234f.). Diese Einschränkungen sind bedingt durch 1) die Einbettung der Pflegeeinrichtungen in das staatliche Gesundheits- und Pflegesystem, 2) die Unterteilung in die Gruppen der Pfleger und der zu Pflegenden sowie 3) durch die (Arbeits-)Welt

---

6   Nach Heinzelmann (2004: 57ff.) können Altenheime aus der ersten Hälfte des 20. Jahrhunderts als „totale Institutionen" bezeichnet werden. Für sie gilt, nach Goffman (1973: 82): „Schon die Verpflichtung des Personals, bestimmte humane Normen der Behandlung von Insassen einzuhalten, stellt ein Problem dar, [...] eine ganze Reihe weiterer typischer Probleme entstehen durch den ständigen Konflikt zwischen Normen der Humanität einerseits und der Leistungsfähigkeit einer Anstalt andererseits."

des Pflegepersonals mit all seinen Facetten, wie Arbeitsaufwand, Anforderung und Zeitmanagement, Lohn und Personalzahl, Idealismus und Resignation, gesellschaftliche Wertschätzung und Rückhalt. Hieraus entsteht ein Spannungsfeld, das den Ausgangspunkt einer Reihe von Publikationen bildet, die das Untersuchungsfeld kritisch beäugen und vor allem auf seine Schattenseiten hinweisen.[7] Die Umgestaltung der Altenpflegeheime in der zweiten Hälfte des 20. Jahrhunderts – ausgelöst durch den gesamtgesellschaftlichen Diskurs eines „Alterns in Würde" – kann folgendermaßen zusammengefasst werden: Zunehmend rückte nun der einzelne Bewohner mit seinen individuellen Bedürfnissen und seinem biografischen Hintergrund in den Mittelpunkt. Grenzen dieses Wandels sind durch die Strukturen des Heims, vor allem durch die Unterteilung in Pflegepersonal und Bewohner und – nicht zu vergessen – durch den Umstand bedingt, dass der größte Teil der Bewohner eines Alten(pflege)heims auf die Hilfe des Pflegepersonals angewiesen ist.[8]

Sowohl die notwendigen Strukturen des Heims als auch der gesamtgesellschaftliche Diskurs des „Altern(n)s in Würde", so kann abschließend vermutet werden, prägen heute einerseits die in den Pflegeheimen existierenden Altersbilder und andererseits das Miteinander von Pflege- und Betreuungspersonal und den Bewohnern.

10.2 Altersbilder und Interaktionen im Pflegeheim

Im Rahmen ihrer Feldstudien in zwei Altenheimen in den 1970er Jahren hält Strauch fest, dass dem „Entschluß zum Heimeintritt [...] eine Definition als hilfs- und versorgungsbedürftig [vorausgeht], die die Notwendigkeit des Lebens im Altenheim für den Betroffenen feststellt" (Strauch 1978: 105). Und das Bundesministerium für Familie, Senioren, Frauen und Soziales (1998) resümiert auf der Basis einer eigenen Untersuchung, dass der schlechte bis prekäre Gesundheitszustand der Betroffenen, aber auch die Motivation der Angehörigen[9] ausschlaggebend für einen Umzug in das Altenpflegeheim seien. (vgl. Bundesministerium

---

7   Schattenseiten sind zum Beispiel die strengen Zeitpläne, die als mangelhaft wahrgenommene Akzeptanz der Arbeit, die zu geringe Entlohnung, die schlechte Ausstattung der Pflegeheime etc.

8   Darauf weist vor allem Saake hin. Sie betont: „Altenheime und Sozialstationen [sind] weit mehr von ihren jeweiligen Organisationsformen geprägt [...] als von der Berücksichtigung individueller Bedürfnisse alter Menschen" (Saake 2008: 264).

9   Koch-Straube (1997: 298) sieht vor allem bei den Angehörigen, Ärzten, Sozialarbeitern und Mitarbeitern anderer Institutionen der Altenpflege die Entscheidungshoheit über den Umzug Älterer in ein Altenpflegeheim.

für Familie, Senioren, Frauen und Soziales 1998: 64) Oftmals sind es aber auch längere Krankenhausaufenthalte, die den anschließenden Umzug in ein Pflegeheim notwendig machen.

Es lässt sich festhalten, dass dem Umzug in ein Pflegeheim in der Regel eine Zuschreibung des Älteren als hilfs- und versorgungsbedürftig vorausgeht. Insofern erscheint es naheliegend, dass insbesondere das Altersbild des pflegebedürftigen Älteren im Pflegeheim eine herausgehobene Rolle spielt und damit gleichzeitig großen Einfluss auf die alltäglichen Interaktionen zwischen dem Pflegepersonal und den Bewohnern nimmt. Der Plausibilisierung dieser These ist der nächste Abschnitt (10.2.1) gewidmet. Dass in Pflegeheimen dennoch gleichzeitig weitere Vorstellungen vom Alter existieren und ebenfalls Bedeutung für das alltägliche Handeln erhalten, ist das Thema des darauffolgenden Abschnitts (10.2.2). Beide Bilder werden insbesondere vor dem Hintergrund ihrer Eindeutigkeit bzw. Uneindeutigkeit diskutiert.

10.2.1 Das eindeutige Altersbild der Pflegebedürftigkeit

Nach Strauch (1978: 106f.) markiert der Heimeintritt die Übernahme einer spezifischen Altersrolle durch die Älteren selbst. Sie fasst zusammen, dass „der Zuschreibung von Hilflosigkeit und Abhängigkeit [...] das Eingeständnis von Hilfs- und Versorgungsbedürftigkeit" folgt (ebd.). Der jeweilige Grad dieser Hilfs- und Versorgungsbedürftigkeit wird institutionell mit der Feststellung einer Pflegestufe bestimmt. Die (Pflege-)Bedürftigkeit der Bewohner von Altenpflegeheimen ist relational das heißt auf eine Vielzahl von Pflegestufen bezogen. Diese – im Rahmen der Pflegegesetzgebung ausgearbeiteten – Pflegestufen unterscheiden sich nach dem zeitlichen Umfang der Hilfe bei der Grundpflege und der hauswirtschaftlichen Versorgung.[10] Im alltäglichen Betrieb wird die Pflegebedürftigkeit nach Saake (2008: 264) weniger „als Resultat des Gesundheitszustandes" verstanden und von Ärzten festgestellt. Vielmehr wird im Rahmen der Kooperationen zwischen Bewohnern und Pflegepersonal (vgl. Weihreich 2011: 276) und mit Hilfe von „Alltagstheorien" des Heimpersonals (Strauch 1978: 113) der tägliche Bedarf abgewogen.

Dass auf der Basis der Feststellung einer Pflegebedürftigkeit – anhand der ärztlichen Einschätzung und der des Heim- und insbesondere des Pflegepersonals – ein Altersbild entsteht, das einen hilfs- und versorgungsbedürftigen, in psychischer und physischer Hinsicht schwachen und eingeschränkten sowie unselbstständigen alten Menschen beschreibt, erscheint naheliegend. Es charakterisiert den

---

10 Vgl. hierzu den vom Bundesministerium für Gesundheit herausgegebenen „Ratgeber zur Pflege. Alles, was Sie zur Pflege wissen müssen" (2011: 29f.).

Menschen als fragil und zugleich als passiv. Die Bewohner eines Altenheims sind aus dieser Perspektive in ihrem eigenständigen Handeln eingeschränkt und auf die Hilfe des pflegenden Personals angewiesen (vgl. Strauch 1978: 106). Gleichzeitig wird ihnen Untätigkeit, aber auch die Akzeptanz der angebotenen Hilfe und Unterstützung zugeschrieben. Es wird darüber hinaus erwartet, dass sie sich der Pflegeheimordnung fügen, dass sie nicht aufbegehren und dankbar sind, auch für Belehrungen und Hinweise. Insgesamt wird ein eindeutiges Bild gezeichnet: Die Rolle der Älteren – als pflegebedürftig – wird eindeutig festgeschrieben, und die damit verbundenen Handlungsanweisungen werden klar und präzise definiert.

Dass dieses Altersbild in Pflegeheimen ein besonderes Gewicht erhält, lässt sich plausibel damit begründen, dass gerade schwer Pflegebedürftige den reibungslosen Ablauf des Heimalltags am wenigsten zu stören scheinen. Nach Saake erhält dieses Altersbild dadurch eine herausgehobene, ja zentrale Bedeutung, dass „Pflegefälle, also Menschen, die kaum noch eigene Bedürfnisse formulieren können, unproblematischer als körperlich und geistig völlig gesunde, aber anspruchsvolle [sind], die eine ständige Beaufsichtigung erwarten" (Saake 2008: 264f.). Insofern zeigt sich hier möglicherweise eine Wirkung der Strukturen der zweckrationalen Organisation Pflegeheim auf das Altersbild. Dass sich dieses Bild im Alltag zugleich stetig weiter verfestigt, darauf verweist Koch-Straube (1997). Sie hält fest, dieses Bild werde „kontinuierlich hergestellt und bestätigt. Die beteiligten Interaktionspartner – also Pflegende und Gepflegte – unterliegen diesem kollektiven Deutungs- und Handlungsmuster" (Koch-Straube 1997: 296).

Und wie spiegelt sich dieses Altersbild im praktischen Heimalltag wider? In welcher Weise sind Umgangsformen, Strategien und Deutungen des Pflegepersonals und der Bewohner daran orientiert und stabilisieren es weiter?

Aus Sicht des Pflegepersonals kann „Pflege leisten" – wie oben beschrieben – gerade dann besonders erfolgreich realisiert werden, wenn die Bewohner stark pflege- und hilfsbedürftig sind. Und durch seine notwendige und zwangsläufige Machtposition bei der Bestimmung der Pflegebedürftigkeit der Bewohner wird das Pflegepersonal gleichsam in die Lage versetzt, durch seine Klassifizierung zu einem erfolgreichen und reibungslosen Tagesablauf beizutragen (vgl. Strauch 1978: 113). Insofern wird deutlich, dass ein Stabilisieren dieses eindeutigen Altersbildes als pflegebedürftig von Seiten des Pflegepersonals schon in den (Macht-) Strukturen der Organisation Pflegeheim mit angelegt ist und die erfolgreiche Arbeit der Pflegenden ein Festhalten am Leitbild geradezu erfordert.

Aus der Sicht der Bewohner erscheint eine Orientierung am existierenden Bild der Pflegebedürftigkeit ebenfalls aus mehreren Gründen als zweckmäßig: Nach Saake verspricht eine Anpassung und damit eine Inszenierung als pflegebedürftig zum einen am effektivsten Hilfe und Unterstützung (vgl. Saake 2008: 265, Strauch 1978: 106). Zum anderen verschafft sie hohe Handlungs- und Erwartungssicherheit im Alltag, ein Grundbedürfnis der Menschen, wie von *Pelizäus-Hoffmeister* in Kapitel 3 erläutert wurde. Denn nur wenn der „Logik" dieses Bildes gefolgt wird, ist ein problemloser Handlungs- und Tagesablauf gesichert, es werden keine „aufwendigen Steuerungsinterventionen" erforderlich, und der Alltag wird nicht als „holprig und anstrengend" erlebt (Voß 2001: 210). Auch wenn – im Gegensatz zu früheren Erscheinungsformen der Organisation Altenpflegeheim – heute nicht mehr die Entscheidungen des Pflegepersonals im Mittelpunkt stehen, sondern eine erfolgreiche Kooperation zwischen Pflegepersonal und Bewohnern angestrebt wird, so ist dennoch Sicherheit im Alltag vor allem dann zu erreichen, wenn dem Leitbild der Pflegenden gefolgt und der organisatorische Rahmen des Pflegeheims durch die Bewohner nicht irritiert wird (vgl. Saake 2004: 264).

Eine mögliche Strategie der Bewohner im Umgang mit dem Altersbild der Pflegebedürftigkeit ist nach Koch-Straube (1997) die *Resignation*, eine andere der *Protest*, der aber nach Möglichkeit vom Pflegepersonal verhindert werden muss. Am Beispiel von Frau Czerny und Herrn Werner veranschaulicht Koch-Straube diese Strategien: Frau Czerny bleibt lieber in ihrem Zimmer, da sie schlecht läuft und den Pflegern nicht zur Last fallen will (vgl. Koch-Straube 1997: 104). Herr Werner hingegen versucht tagtäglich, den Pflegekräften zu zeigen, dass er noch selbstständig laufen kann. Er schafft es durch „seine Schritte jeden Tag aufs neue" (ebd. 299) die gesamte Belegschaft in Todesangst zu versetzen, die ihn daraufhin eines Besseren belehrt. Koch-Straube resümiert, dass ein Aufbegehren der „BewohnerInnen auf die Ordnungen des Tagesablaufes und die Vorschläge der MitarbeiterInnen" (Koch-Straube 1997: 105) eher selten ist. Als weiteres Beispiel für die Strategie der Resignation nennt Koch-Straube die vorherrschende „Akzeptanz der Barriere Eingangstür", was umso erstaunlicher sei, da viele Bewohner vom Wunsch getrieben würden, das Heim wieder zu verlassen (vgl. ebd. 54). Dennoch inszenieren sich einige der Bewohner sogar als „informelle Türwächterinnen", die ihre Mitbewohner bei Bedarf darauf hinweisen, dass diese das Heim nicht verlassen dürfen (vgl. ebd. 53).

Eine weitere Strategie, dem Altersbild – hier im Sinne von Passivität – zu entsprechen, kann als eine Form der *Anpassung* beschrieben werden. Strauch (1978) illustriert dies am Beispiel der durch das Pflegepersonal festgelegten Sitzordnung am Tisch. Diese Festlegung wird von den Bewohnern weder hinterfragt noch ernsthaft in Frage gestellt. Nach den Gründen befragt, erläutern sie beispielsweise: „Die Verwaltung will damit Cliquenbildung verhindern", oder „das

ist einfacher wegen der Pillen" (Strauch 1978: 112). Diese Haltung kann nach
Strauch als ein Indiz dafür gedeutet werden, dass „die Bewohner individuelle
Bedürfnisse zurückstellen" (ebd. 113), um die etablierte Ordnung nicht durch ihr
Verhalten zu erschüttern.

Die Inszenierung der Bewohner als passiv zeigt sich nach Koch-Straube
(1995) auch in der Kleiderwahl. Ihren Ausführungen ist zu entnehmen, dass die
Bewohner häufig nach den Vorstellungen der Pfleger bekleidet sind, und zuwei-
len die Kleiderwahl geradezu grotesk ausfällt: „das ganz bunte Sommerkleid von
Frau Marek, kräftige Farben, gleichzeitig trägt sie Winterstiefel" (ebd. 95) oder
dem „Kleid, das um Frau Hut herumschlabbert, fehlt ein Knopf. ‚Na ja‘, kom-
mentiert Markus [der Pfleger] nur" (ebd.). Basis dieser Passivität von Seiten der
Bewohner ist nach Koch-Straube, dass sie die Entscheidungen der Pflegenden
unhinterfragt akzeptieren oder einfach keinen Anstoß daran nehmen wollen, um
die Routinen nicht zu stören.

Diese Interaktionen, tagtäglich wiederholt und routinisiert, stellen nicht nur
die Spielregeln für das Miteinander beider Gruppen im Altenpflegeheim auf, sondern schreiben zugleich ein Verhältnis von Macht und Abhängigkeit fest. Der Or-
ganisationsablauf im Heim und die Arbeit der Pfleger – vor allem deren strikter
Zeitplan – legen die Rahmenbedingungen für das Verhalten der Bewohner fest,
dass seinen Ausdruck im Altersbild der Pflegebedürftigkeit findet. Um diesem
Bild zu entsprechen bzw. „um das relative Gleichgewicht zwischen Bestimmen
und Bestimmtwerden nicht zu stören, das so fest in dem Alltag von BewohnerInnen und MitarbeiterInnen verankert zu sein scheint", so die Quintessenz von
Koch-Straube (1995: 285), zügeln viele Bewohner ihre Wut und Enttäuschung.

10.2.2 Das uneindeutige Altersbild der Aktivität

„Das Alter lässt sich nur in seiner Gesamtheit erfassen; es ist nicht nur eine biologische, sondern eine kulturelle Tatsache", schreibt Simone de Beauvoir (2012:
18). Die Neubestimmung der „kulturellen Tatsache" Alter in der zweiten Hälfte
des 20. Jahrhunderts wirkte und wirkt sich auch auf den Raum des Altenpflege-
heimes aus und ist die Grundlage für die Entstehung eines weiteren Altersbildes.
Mit der Folge, dass sich auch dort die Erwartungen, Bedürfnisse und Ansprüche
ändern, „denen wir mit eher somatisch ausgerichteter, aufgabenorientierter Pflege nur noch schwer begegnen können", so ist Schindlers (2003: 7) Überzeugung.

Dieses Altersbild bestimmt vor allem die Zusammenarbeit zwischen Bewohnern und Betreuungskräften und lässt sich treffend dadurch charakterisieren,
dass es die Aktivierbarkeit der alten Menschen in den Mittelpunkt rückt (vgl. Feil
2004: 45). Grundlage bildet die Annahme, dass die Bewohner zu Alltagsaktivitä-

ten motivierbar und dabei betreu- und begleitbar sind (vgl. GKV-Spitzenverband der Pflegekassen 2008). Sie werden als autonome, eigenständig handelnde Menschen – im Rahmen ihrer Möglichkeiten – wahrgenommen, die (immer noch) aktiv sind und sein möchten. Ihrer Individualität und damit auch ihrer Biografie wird ein hoher Stellenwert zugewiesen, was in einer Vielfalt an Therapieangeboten zum Ausdruck kommt (vgl. Miethe 2011: 7). Uneindeutig ist dieses Bild insofern, als den alten Menschen keine eindeutige Rolle zugeschrieben wird, sondern gerade sie selbst individuell bestimmen und entscheiden können, wie sie ihren Alltag für sich sinnvoll gestalten wollen. Hier zeigt sich eine deutliche Abgrenzung zum eindeutigen Altersbild der Pflegebedürftigkeit, das gerade die Passivität der Bewohner und ihre Determiniertheit in den Vordergrund rückt.

Die Strategien der Bewohner – auf der Basis dieses Altersbildes – sind *Teilnahme* und *Engagement*. Ausgehend von der Überzeugung, als aktiv handelnde Personen ernst genommen zu werden, erinnern sie zum Beispiel die Betreuungskräfte daran, dass die Zeit für ihre Gymnastikstunde heranrückt. Es werden individuelle Wünsche und Bedürfnisse geäußert, wie die nach einer Bastelstunde oder einem Gedächtnistraining. Der Zeitplan wird gemeinsam von den Betreuungskräften und den Bewohnern festgelegt.

Strategien der Betreuungskräfte sind, aufbauend auf den Erkenntnissen der gerontologischen Forschung, „erlebnisorientierte" Angebote von Aktivitäten und Therapieformen, die sich an den jeweiligen individuellen Fähigkeiten und Interessen der Bewohner orientieren (vgl. Schindler 2003: 10). Dabei werden die Bewohner als eine Vielzahl von Personen mit je unterschiedlichen Bedürfnissen und Ansprüchen, Selbstvertrauen sowie Kreativität wahrgenommen (vgl. ebd.). Durch eine große Zahl an Angeboten und durch eine kreative und spielerische Einbindung in tagtägliche Aufgaben werden die Bewohner zum Handeln angeregt.[11] Durch Betreuung und Begleitung dieser Aktivitäten kann der Grad an eigenständigem Handeln von den Bewohnern selbst individuell und intuitiv bestimmt werden. Die Teilnahme an solchen Betreuungsaktivitäten verspricht den

---

11 Die Vielzahl möglicher Einbindungsformen kann der Betreuungskräfte-Richtlinie vom 19. August 2008 entnommen werden: „Malen und basteln, handwerkliche Arbeiten und leichte Gartenarbeiten, Haustiere füttern und pflegen, kochen und backen, Anfertigung von Erinnerungsalben oder -ordnern, Musik hören, musizieren, singen, Brett- und Kartenspiele, Spaziergänge und Ausflüge, Bewegungsübungen und Tanzen in der Gruppe, Besuch von kulturellen Veranstaltungen, Sportveranstaltungen, Gottesdiensten und Friedhöfen, Lesen und Vorlesen, Fotoalben anschauen" (vgl. GKV-Spitzenverband der Pflegekassen 2008: 3). Viele dieser Aufgaben zielen auf das Verrichten kleinerer kreativer Arbeiten und die Beteiligung an Gruppenaktivitäten ab. Hinzu kommt die individuelle Erinnerungsarbeit, die das bisherige Leben des Bewohners in den Mittelpunkt rückt und ihr Bedeutung beimisst: das gemeinsame Anschauen von Fotos und das Anfertigen von Erinnerungsalben.

Bewohnern eine Stärkung ihres Selbstwertgefühls. Auch eine spezifische, wert-
schätzende Art des Miteinander-Redens und Aufeinander-Zugehens gelten als
wichtige Strategien der Betreuungskräfte.

Auch wenn dieses Altersbild seinen Ausdruck insbesondere in den Interaktionen zwischen Bewohnern und Betreuungskräften findet, beeinflusst es dennoch das gesamte Pflegeheim mit seinen institutionellen Rahmungen, und damit
auch das Handeln der Pflegekräfte. Das zeigt sich besonders beim Umgang mit
Demenzkranken in Pflegeheimen. Diesem Themenfeld widmet sich u. a. Weihrich (2011). Sie kann zeigen, dass Pflegekräfte von Demenzkranken oftmals vor
besondere Herausforderungen gestellt werden und Strategien im Umgang mit
ihnen entwickeln müssen, die weniger auf „Überzeugungsarbeit durch das Anführen von Gründen" beruhen, sondern vielmehr auf das individuelle Anspre-
chen von Gefühlen und auf persönliche Gesten der Zuneigung ausgerichtet sind
(Weihrich 2011: 476). Diese Gesten reichen von zärtlich anmutenden Berührun-
gen bei der Medikamenteneinnahme bis hin zum aktiven Eingehen auf die individuelle Situationsdefinition des Patienten. Zur Illustration beschreibt Weihrich
den folgenden Fall: Ein Bewohner steht im Flur und will nicht zum Essen gehen,
da er seinen Geldbeutel zum Zahlen des Essens vergessen hat. Daraufhin drückt
ihm die Pflegekraft eine Art Geldbeutel in die Hand, den der Bewohner gewis-
senhaft in die Hosentasche steckt und seinen Weg daraufhin fortsetzt (vgl. ebd.).

Die klare, systematische Trennung der beiden oben beschriebenen Altersbilder, die auf der Grundlage einer Unterscheidung zwischen der Gruppe der Pflege-
und der Gruppe der Betreuungskräfte entwickelt wurde, ist insofern in der Praxis nicht möglich. Im realen Alltag ergibt sich ein Spannungsfeld zwischen den
Altersbildern, das je unterschiedliche Wirkungen entfalten und denen auf ver-
schiedenste Weise begegnet werden kann.

10.3 Schlussbetrachtungen

„Es ist unheimlich viel eigentlich, was man so mehr oder weniger voraussetzt,
was sie [die Bewohner] akzeptieren sollen", vertraut eine Pflegerin Koch-Straube
bei ihren Feldstudien an (vgl. Koch-Straube 1997: 180). Diesem Zitat liegen die
normativen Erwartungen des Altersbildes der Pflegebedürftigkeit zugrunde, die
eine Verhaltensanpassung der Bewohner an die eindeutigen Strukturen und Routinen des Heimalltags voraussetzen bzw. quasi erzwingen. Denn die Arbeit des
Pflegepersonals kann nur dann erfolgreich bewältigt werden, wenn die strukturellen Bedingungen der Altenpflegeeinrichtung auch von den Bewohnern in ihrem Handeln regelmäßig berücksichtigt werden. Vor allem der enge Zeitplan der

Pflegekräfte, ihre fordernden Aufgaben sowie das häufig ungünstige zahlenmäßige Verhältnis zwischen Pflegekräften und Bewohnern erzwingen es, dass dem Altersbild der Pflegebedürftigkeit (immer noch) von allen Beteiligten entsprochen wird. Mit der Akzeptanz dieses Altersbildes wird den Bewohnern jedoch zugleich auch ein hohes Maß an Sicherheit im Sinne von Eindeutigkeit vermittelt.

Das Altersbild der Aktivität entspringt dem neueren Altersdiskurs und betont vor allem das Aktive und das Individuelle der Bewohner eines Altenpflegeheims. Es steht damit in direktem Widerspruch zum Altersbild der Pflegebedürftigkeit. Seinen Ausdruck findet es vor allem in Interaktionen zwischen den Bewohnern und den Betreuungskräften. Charakteristisch für dieses Altersbild ist, dass es den Bewohnern keine eindeutigen Rollen zuschreibt. Vielmehr wird die Erwartung an sie herangetragen, für sich selbst individuell zu bestimmen, wie sie ihren Alltag sinnvoll gestalten wollen. Insofern ist dieses Altersbild mit einem gewissen Grad an Unsicherheit für alle Beteiligten verbunden.

Eine systematische Trennung zwischen den beiden Altersbildern ist im praktischen Alltag kaum möglich. Sie wurde in diesem Beitrag aus einer theoretischen Perspektive entwickelt, um idealtypisch zugespitzt beschreiben und begründen zu können, auf welcher Grundlage die existierenden Altersbilder in Altenpflegeheimen aufbauen.

Die einander widersprechenden Altersbilder bestimmen heute den Alltag in Pflegeheimen und wirken auf das Handeln der Bewohner ein. Eine eindeutige und damit sicherheitstiftende Rollenzuschreibung für den alten Menschen ist vor diesem Hintergrund kaum möglich. Mögliche Strategien der Bewohner im Umgang mit diesen Bildern könnten in Anlehnung an Amérys (2010) Ausführungen mit den Schlagworten Revolte und Resignation charakterisiert werden: Während das Altersbild der Pflegebedürftigkeit eher eine Resignation der Bewohner begünstigt bzw. sogar fordert, damit Pflege und Hilfe effektiv realisiert werden können, weist das Altersbild der Aktivität in die entgegengesetzte Richtung. Letzteres mag möglicherweise zur Revolte anstiften, da die Bewohner zum eigenständigen Denken und Handeln und zum Durchsetzen ihrer individuellen Wünsche und Bedürfnisse angeregt und motiviert werden.

Beide Altersbilder schränken sich in ihren Wirkungen gegenseitig ein. Die Passivität der Bewohner, hervorgerufen durch das Bild der Pflegebedürftigkeit, findet seine Grenzen in der Förderung des Selbstverständnisses der Bewohner als aktive handelnde Personen, basierend auf dem Altersbild der Aktivität. Und das Bild der Aktivität alter Menschen wiederum wird durch die strukturellen und institutionellen Rahmungen des Altenpflegeheims, die einen gewissen Grad der Anpassung der Bewohner unabdingbar machen, eingeschränkt.

Literatur

Abels, Heinz/Honig, Michael-Sebastian/Saake, Irmhild/Weymann, Ansgar (2008): Lebensphasen. Eine Einführung, Wiesbaden: VS-Verlag, für Sozialwissenschaften

Améry, Jean (2010, urspr. 1968): Über das Altern. Revolte und Resignation. Stuttgart: Klett-Cotta

Anthes, Jochen (1975): Zur Organisationsstruktur des Altenheimes. Ergebnisse einer Inhaltsanalyse der Herausforderungen von Altenheimen in Nordrhein-Westfalen und Bayern. In: Zeitschrift für Gerontologie 8. 1975. 433-450

Beauvoir, Simone de (2012, urspr. 1972): Das Alter. Reinbek: Rowohlt

Bundesministerium für Gesundheit (2011): Ratgeber zur Pflege. Alles, was Sie zur Pflege wissen müssen (8. Aufl.). Berlin

Bundesministerium für Familie, Senioren, Frauen und Jugend (2006): Erster Bericht des Bundesministeriums für Familie, Senioren, Frauen und Jugend über die Situation der Heime und die Betreuung der Bewohnerinnen und Bewohner. URL: http://www.bmfsfj.de/doku/Publikationen/heimbericht/3/3-1-Grunddaten-zur-heiminfrastruktur-in-deutschland/3-1-1-anzahl-der-pflegeheime-und-verfuegbaren-plaetze-versorgungsdichte-auslastung.html (27.03.2013)

Feil, Naomi (2004): Validation in Anwendung und Beispielen. Der Umgang mit verwirrten alten Menschen (6., akt. und erw. Aufl.) Reinhardts Gerontologische Reihe Band 17. München: Reinhardt

Foucault, Michel (2011, urspr. 1963): Die Geburt der Klinik. Eine Archäologie des ärztlichen Blickes. Frankfurt/Main: Suhrkamp

Foucault, Michel (1976): Die Gesundheitspolitik im 18. Jahrhundert. In: Foucault, Michel (2003): Dits et Ecrits. Schriften, Band 3, S.19-37. Frankfurt/Main: Suhrkamp

GKV-Spitzenverband der Pflegekassen: Betreuungskräfte-Richtlinie vom 19. Aug. 2008. URL: http://www.gkv- spitzenverband.de/media/dokumente/pflegeversicherung/beratung_und_betreuung/betreuungskraefte/2008_08_19_87b_Richtlinie.pdf (27.03.2013)

Goffman, Erving (1973, urspr. 1961): Asyle. Über die soziale Situation psychiatrischer Patienten und anderer Insassen. Frankfurt/Main: Suhrkamp

Gukenbiehl, Hermann L. (2008): Institution und Organisation. In: Korte/Schäfers (2008): 145-161

Heinzelmann, Martin (2004): Das Altenheim – immer noch eine „Totale Institution"? Eine Untersuchung des Binnenlebens zweier Altenheime. Göttingen: Cuvillier

Hohmeier, Jürgen/Pohl, Hans-Joachim (Hrsg.) (1978): Alter als Stigma oder Wie man alt gemacht wird, Frankfurt/Main: Suhrkamp

Jeschke, Sabina (Hrsg.) (2011): Innovation im Dienste der Gesellschaft. Beiträge des 3. Zukunftsforums Innovationsfähigkeit des BMBF. Frankfurt/New York: Campus Verlag

Koch-Straube, Ursula (1997): Fremde Welt Pflegeheim. Eine ethnologische Studie. Bern/Göttingen/Toronto/Seattle: Hans Huber

Kohli, Michael (1992): Altern in soziologischer Perspektive. In: Akademie der Wissenschaften Berlin, Forschungsbericht 5 – Zukunft des Alterns und gesellschaftliche Entwicklung. Berlin: Walter de Gruyter

Korte, Hermann/Schäfers, Bernhard (Hrsg.) (2008): Einführung in die Hauptbegriffe der Soziologie (7., überarb. Aufl.). Wiesbaden: VS-Verlag für Sozialwissenschaften

Miethe, Ingrid (2011): Biografiearbeit. Lehr- und Handbuch für Studium und Praxis. Weinheim/München: Juventa

Saake, Irmhild (2008): Lebensphase Alter. In: Abels et al. (2008): 235-284

Schindler, Ulrich (2003): Grundzüge erlebnisorientierter Pflege. In: Schindler, Ulrich (Hrsg.): Die Pflege demenziell Erkrankter neu erleben. Mäeutik im Pflegealltag, S. 8-18. Hannover: Vincentz Networks

Schnieder, Bernd (1991): Betreutes Wohnen. Situation, Genese und Entwicklungstendenzen der Alterswohnversorgung. Frankfurt am Main/Bern/New York/Paris: Lang

Sittler, Engelbert/Kruft, Marianne (Hrsg.) (2011): Handbuch Altenpflege (4. Aufl.). München: Urban & Fischer

Statistisches Bundesamt (2011): Pflegestatistik 2009. Pflege im Rahmen der Pflegeversicherung. Deutschlandergebnisse. Wiesbaden

Strauch, Barbara (1978): Altenheim und Altenrolle. In: Hohmeier/ Pohl (1978): 102-137

Van der Kooij, Cora (2006): Ein Lächeln im Vorübergehen. Erlebnisorientierte Altenpflege mit Hilfe der Mäeutik. Bern/Göttingen/Toronto/Seattle: Hans Huber Verlag

Voß, Günter (2001): Der eigene und der fremde Alltag. In: Voß/Weihrich (2001): 203-217

Voß, Günter/Weihrich, Margit (Hrsg.) (2001): tagaus – tagein. Neue Beiträge zur Soziologie Alltäglicher Lebensführung, München: Rainer Hampp Verlag

Weihrich, Margit (2011): Interaktive Arbeit – Zur Soziologie der Dienstleistungsbeziehung. In: Jeschke (2011): 475-484

11. Alter(n) im Japan der Gegenwart

Oliver Buch, Oliver Calov, Dennis Naujoks

Japan gilt häufig als ein Land, in dem alte Menschen – gemäß der traditionellen, konfuzianisch geprägten Normen der kindlichen Pietät – hohes Ansehen genießen und von Jüngeren mit Respekt und Hochachtung behandelt werden. Dieses Altersbild existiert immer noch. Allerdings wird es gegenwärtig relativiert durch die faktischen, alltagspraktischen Konsequenzen des demografischen Wandels, so lautet die hier verfolgte These, so dass zunehmend widersprüchliche, ambivalente Altersbilder nebeneinander existieren.

Ziel dieses Beitrags ist zu untersuchen, inwiefern die konkreten gesellschaftlichen Bedingungen der Menschen in der Altersphase, in Wechselbeziehung mit denen der jüngeren Generationen, zu einem Wandel der Altersbilder in Japan beitragen. Dabei wird der Fokus auf mögliche Unsicherheiten und Ungewissheiten gerichtet. Es wird danach gefragt, ob und, wenn ja, inwiefern die Lebensphase Alter durch Unsicherheiten geprägt ist und welchen Einfluss diese auf das Leben der Alten und die Altersbilder ausüben.

In einem ersten Schritt werden der Wandel der Altersbilder und deren gegenwärtige Ambivalenz dargestellt (11.1). Anhand einer Untersuchung von Filmen aus der Nachkriegszeit und der Gegenwart werden diese Beschreibungen veranschaulicht (11.2). Daran schließt sich die Analyse der konkreten Lebensbedingungen der alten Menschen in der japanischen Gesellschaft an (11.3). Zunächst wird Datenmaterial zum dortigen demografischen Altern präsentiert (11.3.1). Es folgt die Beschreibung alter Menschen in den Rollen, die ihnen häufig zugeschrieben werden, die der Kranken und Pflegebedürftigen. Denn gerade kranke und pflegebedürftige alte Menschen werden mit vielfältigen gesellschaftlichen und familiären Problemlagen verbunden, die im öffentlichen Diskurs häufig präsent sind (11.3.2). Im Anschluss daran wird auf die wichtige Rolle der Alten auf dem Arbeitsmarkt hingewiesen (11.3.3). Auch hier werden Unsicherheiten und Ungewissheiten sowohl hinsichtlich der Positionen der Alten als auch ihrer materiellen Sicherung in den Blick genommen. Die im internationalen Vergleich relativ hohe Suizidrate alter Japaner wird hier als eine Strategie des Umgangs mit Unsicherheiten in der Lebensphase Alter gedeutet und nach den Gründen für ihre

Höhe gesucht (11.3.4). Im Fazit (11.4) werden dann die wichtigsten Erkenntnisse zusammengefasst.

11.1 Ambivalenz der Altersbilder in Japan

In diesem Abschnitt werden zunächst die gegenwärtigen Altersbilder Japans vor dem Hintergrund ihrer Traditionslinien und ihrer Veränderungen beschrieben. Am Beispiel des sich wandelnden Altersbildes im japanischen Film – von der Nachkriegszeit (11.1.1) bis zur Gegenwart (11.1.2) – sollen sie veranschaulicht werden.

Die Werte und Normen der japanischen Gesellschaft und damit auch ihre Vorstellungen vom Alter(n) haben ihren Ursprung im Wesentlichen in der konfuzianischen Lehre. Wiederentdeckt während der Meji-Restauration, fand sie bis 1945 Eingang in Gesetze, Bräuche und das gesamte Gesellschaftssystem.

Sie gilt für das individuelle und das gesellschaftliche Leben und hat die soziale Ordnung und den Frieden zum Ziel. Harmonie ist einer ihrer zentralen Begriffe. Diese ist nach Konfuzius allerdings nicht gottgegeben oder quasi „natürlich" vorhanden. Sie muss durch adäquates menschliches Handeln herbeigeführt werden. Das konfuzianische Ideal ist eine Gesellschaft, die sittlich sensibilisierte Individuen hervorbringt, die gemäß ihrer moralischen Verpflichtungen in fünf grundlegenden Beziehungen zusammenleben als Vater – Sohn, Fürst – Untertan, Mann – Frau, älterer Bruder – jüngerer Bruder und Freund – Freund. Mit diesen fünf Beziehungen gehen nach Konfuzius Tugenden einher und zwar Menschlichkeit, Rechtlichkeit und Wohlwollen, Anstand und Sitte, Klugheit und Zuverlässigkeit. Und als soziale Pflichten ergeben sich aus diesen Tugenden Loyalität, Pietät und Höflichkeit (vgl. Coulmas 2003: 130).

Die Beziehung zwischen den Generationen – Vater und Sohn, stellvertretend für Alt und Jung – nimmt einen elementaren Platz in der konfuzianischen Lehre ein. Vor allem alte Menschen sind demnach gemäß den Tugenden mit Menschlichkeit und Wohlwollen, mit Anstand und Sitte zu behandeln. Ein Schlüsselbegriff ist die Höflichkeit; sie ist für Konfuzius die Basis für den Umgang mit alten Menschen (vgl. ebd.). So bietet die konfuzianische Tradition einen optimalen Nährboden für ein ausgeglichenes und respektvolles Verhältnis zwischen den Generationen.

Dennoch nimmt die japanische Gesellschaft gegenwärtig eine ambivalente Haltung gegenüber dem Alter(n) ein. Viele Alte in Japan fühlen sich heute alleingelassen bzw. verlassen, sowohl von der Familie als auch von der Gesellschaft. Das traditionelle Bild vom Alter als der zweiten Zeit der großen Freiheit hat sich weitestgehend verflüchtigt. Viele Alte werden als Last empfunden. Ihnen wird wenig Respekt entgegengebracht und die Sorge um sie bei Hilfsbedürftigkeit wird als Problem assoziiert. Auch wenn auf normativer Ebene älteren Menschen hoher Respekt gezollt werden soll, so betont die Robert Bosch Stiftung (2009) „in den tatsächlich erkennbaren Einstellungen – und den auf diesen gründenden Verhaltensweisen – dominieren [...] Gleichgültigkeit gegenüber älteren Menschen und Diskriminierung des Alters als ‚infantil'" (Robert Bosch Stiftung 2009: 34). Die alten konfuzianischen Grundsätze haben in der Gegenwart an Wirkkraft verloren.

Konfuzius beschrieb das Bild einer vertikalen Gesellschaft, in der eine klar hierarchische Familienstruktur dominierte. Alt zu sein hatte dementsprechend einen höheren Stellenwert als jung zu sein. Nach dem Ende des Zweiten Weltkriegs jedoch zerfiel dieses Familienbild zunehmend. Stattdessen etablierte sich ein neues Gesellschaftsbild, in dem das Individuum in den Mittelpunkt rückte. Nun wurden jedem, unabhängig vom Alter, die gleichen Rechte zugerechnet. Die strenge Hierarchie wurde aufgelöst, und die Privilegien der Alten, wie die letzte Entscheidungsgewalt bei familiären Angelegenheiten, schwanden langsam, aber stetig (vgl. Plath 1972: 139f.). Im neuen Gesellschaftsbild hat die Bedeutung des Alters abgenommen. Eine der Konsequenzen ist beispielsweise, dass sich Alte nun nicht mehr darauf verlassen können, bei Bedürftigkeit von ihren Kindern gepflegt zu werden.

Während der alltägliche Umgang mit den Alten heute auf ein eher negatives Altersbild hindeutet, geht die Robert Bosch Stiftung (2009) dennoch davon aus, dass in Japan weiterhin eine „grundlegend positive Einstellung zu Altern und Alter besteht" (ebd. 35). Es kann insofern eine deutliche Diskrepanz zwischen Norm und tatsächlichem Verhalten, eine ambivalente Einstellung zum Alter(n) diagnostiziert werden.

Als positive Merkmale des Alters werden das „Erfahrungswissen in Beruf und Familie" angesehen, die finanziellen Rücklagen sowie die Möglichkeiten der Alten, zur „emotionale[n] Unterstützung, sozialen Integration und finanzielle[n] Sicherung" der Familie beitragen zu können (Robert Bosch Stiftung 2009: 33). Als negative Merkmale gelten die „erhöhte Verletzlichkeit im Alter", die hohe Abhängigkeit der Alten bei Hilfsbedürftigkeit, die oft in eine völlige Aufgabe der Selbstverantwortung übergehe, sowie die allgemeinen Risiken von Krankheiten, insbesondere Demenz (vgl. ebd. 35). Als besonders unerwünscht wird dabei die „Abnahme der Kontrolle über das eigene Leben" bzw. die „Abnahme der Selbstverantwortung" angesehen (vgl. ebd. 36).

Es existiert insofern, so kann zusammenfassend festgehalten werden, kein einheitliches „verallgemeinerbares Bild von älteren Menschen" (Prieler et al. 2009: 199), sondern es werden negative und positive Charakterisierungen aufgezeigt

(vgl. ebd.). Die Altersbilder sind dementsprechend von Ambivalenz geprägt. Diese Beobachtung soll im Folgenden anhand der Darstellung von Altersbildern in
Filmen illustriert werden. Gleichzeitig soll – auf der Basis eines Vergleichs verschiedener Zeiträume – gezeigt werden, dass sich das Bild des Alters seit etwa
1945 nach und nach zum Negativen hin wandelte.

11.2 Altersbilder im japanischen Film

Die Filmindustrie hat in Japan große Bedeutung. Sie gehört zu den ältesten und
größten der Welt und produziert nach den USA und Indien die meisten Spielfil-
me. Filme, so lautet die hier verfolgte Annahme, können als ein Spiegelbild der
Gesellschaft interpretiert werden. Sie können insofern auch Hinweise darauf
liefern, wie das Alter(n) in einer Gesellschaft wahrgenommen und thematisiert
wird. Ebenso müssten sich durch ihre Analyse eventuelle Wandlungstendenzen
aufzeigen lassen, wenn Filme aus verschiedenen Zeiträumen miteinander verglichen werden. Vor dem Hintergrund dieser Thesen werden im Folgenden Altersbilder in japanischen Filmen der Nachkriegszeit und in zeitgenössischen Filmen
präsentiert und miteinander verglichen.

Die ausgewählten Filme beschreiben gesellschaftliche Orientierungs- und
Deutungsmuster des Alter(n)s. Sie zeigen insbesondere den Kampf der Alten um
die Erhaltung ihrer Würde (vgl. Prieler et al. 2009: 199). Bereits in den Filmen
aus der frühen Nachkriegszeit der 1950er Jahre wird deutlich, dass die Beschreibung des Alter(n)s immer weniger dem traditionellen, konfuzianischen Bild entspricht. Nun werden auch die als problematisch wahrgenommenen Seiten des
Alter(n)s betont. Es zeigt sich, dass Alte bereits in den 1950er Jahren teilweise
abwertend dargestellt wurden und dass diese Tendenz in der Folgezeit bis in die
Gegenwart weiter zunimmt.

11.2.1 Filme der Nachkriegszeit

Auf den ersten Blick dominiert in diesen Filmen ein idealisiertes Bild der Alten,
das ganz den konfuzianischen Traditionen entspricht. Die Alten sind als Personen
dargestellt, von denen man lernt, was im Leben von Bedeutung ist und was nicht
(vgl. Ehrlich 1992: 271). Dennoch wird gleichzeitig darauf verwiesen, dass die
Alten zunehmend schwerer ihre Würde wahren können. Es werden gesellschaftliche Umstände aufgezeigt, die die Pietät gegenüber den Alten in Frage stellen.

So versucht der Film „Das Leben der Frau Oharu" von Mizoguchi Kenji
(Maler, Schauspieler, Regisseur und Philosoph) aus dem Jahr 1952 gerade diesen

Kampf um Würde darzustellen. Inspiriert von einer Novelle aus dem 17. Jahrhundert, erzählt der Film von einer alternden Prostituierten, die als Hofdame verstoßen wurde, weil sie sich in einen Mann niederen Standes verliebte. Trotz vieler Rückschläge versucht sie, sich ihre Würde und ihren Stolz zu bewahren. Es wird gezeigt, wie es mit zunehmendem Alter immer schwieriger wird, von der japanischen Gesellschaft anerkannt zu werden. Der ehemals selbstverständliche Respekt der Jüngeren vor den Alten schwindet im Zuge des allgemeinen Wertewandels, was es den Alten erschwert, ihre gesellschaftlichen Positionen und damit ihre materielle Existenz zu sichern. Der Film verweist deutlich auf einen Zusammenhang zwischen den vorherrschenden zunehmend negativ konnotierten Altersbildern und den Lebensbedingungen der Alten.

Ein weiteres Beispiel ist die mehrfach verfilmte Geschichte mit dem Titel „Die Ballade von Narayama" von Kinoshita Keisuke aus dem Jahr 1958. Der Film spielt im Japan der 1860er Jahre und zeigt die Auseinandersetzung mit dem Tod und dem Altern in Form einer Parabel. Die in der Feudalzeit angesiedelte Geschichte zeigt ein ärmliches Dorf, in dem man der Armut und dem Hunger damit begegnet, dass alle 70-Jährigen zum Sterben auf den Berg Narayama geschickt werden, um die Dorfgemeinschaft zu entlasten. Die Hauptprotagonistin, Großmutter Orin, sehnt den Tag herbei, an dem sie die Gemeinschaft verlassen und dadurch entlasten kann. Während sie das Rückgrat der Familie bildet und unter anderem ihrem verwitweten Sohn eine neue Frau verschafft, wird der Enkel – die junge Generation verkörpernd – als rücksichtslos und ohne Achtung vor den Alten dargestellt. Hier kommt schon in Ansätzen zum Ausdruck, was die Robert Bosch Stiftung (2009: 34) als Gleichgültigkeit und Diskriminierung des Alters bezeichnet.

Dem Sohn und seiner Frau missfällt es, dass sie die liebevolle Großmutter ziehen lassen müssen. Während diese den Tod – aus der Tradition heraus – als konsequente Fortführung ihres Lebens begreift, klammern sich die anderen an das Diesseits. Aber auch der Sohn muss erkennen, dass er – schon allein, weil er nicht alle ausreichend ernähren kann – die Mutter ziehen lassen muss. Er bringt sie selbst auf den Berg (vgl. Ehrlich 1992: 273) und erweist damit ein letztes Mal seinen Respekt vor ihren Wünschen.

An diesem Beispiel wird die Ambivalenz des Altersbildes besonders deutlich. Zum einen kommt zum Ausdruck, dass den Alten mit Respekt und Würde begegnet werden muss, da sie weise sind und traditionell hohe Wertschätzung innerhalb der Familie genießen. Zum anderen zeigt der Film aber auch, dass Alte häufig nicht mehr in ausreichendem Maße zur materiellen Reproduktion der Gemeinschaft beitragen und damit die Existenz ihrer Familien gefährden können. Alte werden deshalb zugleich auch als Last für die gesamte Gemeinschaft empfunden.

Ein letztes Beispiel bildet der eindrucksvolle Film „Die Reise nach Tokyo" des Regisseurs Yasujirō Ozu aus dem Jahr 1953, der regelmäßig als einer der besten Filme aller Zeiten bezeichnet wird. Hier besucht ein altes Ehepaar – Shūkichi und Tomi Hirayama – seine erwachsenen Kinder und deren Familien in Tokio. Diese haben jedoch keine Zeit für sie. Nur die Witwe des im Zweiten Weltkrieg gefallenen Sohns kümmert sich um ihre Schwiegereltern. Auf der Rückfahrt in den Heimatort erkrankt Tomi schwer und stirbt wenig später. Die Kinder eilen zwar ans Sterbebett ihrer Mutter, reisen jedoch nach der Beerdigung sofort wieder ab. Nur die Schwiegertochter Noriko und die noch im Elternhaus lebende jüngste Tochter bleiben bei Shūkichi zurück.

Dieser Film zeigt eindrucksvoll den Zwiespalt zwischen der Achtung vor dem Alter – verkörpert durch Noriko und die jüngste Tochter – und der Wahrnehmung der Alten als eine Last und Bürde. Ein Teil der jüngeren Generation fühlt sich, der konfuzianischen Tradition gemäß, den Alten verbunden und verpflichtet. Der Großteil aber empfindet sie in einer zunehmend vom Glücksstreben geprägten, egozentrischen Gesellschaft, so Ehrlich (1992), als Ballast. Und der Film verweist gleichzeitig auf die zunehmende Entfremdung zwischen den Generationen, gegenüber den eigenen Eltern und zeigt den Kontrast zwischen liebenden Großeltern und einer gleichgültigen jungen Generation auf (vgl. Ehrlich 1992: 274).

Diese oben beschriebenen Altersbilder in Filmen der 1950er Jahre wirken wie eine Prophezeiung. Denn das Altersbild und das Familienbild wandeln sich allmählich vom alten konfuzianischen Bild hin zum postmodernen Nachkriegsbild, in dem die Jüngeren das Verantwortungsgefühl für die Alten verlieren, so lautet die hier verfolgte These.

11.2.2 Zeitgenössische Filme und Dokumentationen

Der Wandel in Richtung einer zunehmend negativen Konnotation des Alters wird durch einen Vergleich mit zeitgenössischen Filmen und Dokumentationen deutlich, so zum Beispiel mit dem Film „Schwarzer Regen" von Imamura Shohei aus dem Jahr 1990. Basierend auf einem Roman über Hiroshima wird eine alte kranke Frau dargestellt, die die radioaktive Verseuchung durchlebt hat. Signifikant ist für diese Zeit, dass Alte meist als Kranke – mit Krebs, Alzheimer und anderen Krankheiten – dargestellt werden, die den anderen Personen zur Last fallen. Dieses Muster wiederholt sich auch im Film „Grauer Sonnenschein" von Ito Shunya aus dem Jahr 1988. Hier wird ein 72-jähriger Professor dargestellt, dessen Alzheimer-Krankheit sich im Vergessen und in Inkontinenz ausdrückt. Die Schwiegertochter nimmt sich seiner Pflege an, während der Rest der Familie alle Facetten von Horror und Ekel bis zu Sympathie durchlebt. Das Helfen schweißt die Familie zusammen und erinnert sie an eine mittlerweile vergessene Harmonie (vgl. Ehrlich 1992: 275f.). Deutlich wird auch in diesen Filmen die Ambivalenz des Altersbildes: Auch wenn immer noch das Bild des zu respektierenden und zu achtenden Alten aufscheint, rücken gleichzeitig die problematischen Seiten des Älterwerdens für die Familie und die gesamte Gesellschaft immer mehr in den Mittelpunkt.

Auch im Genre der Dokumentationen werden Alte nun überwiegend als Kranke – und damit als Problem – thematisiert. In der Dokumentation „Wie man sich um Senile kümmert" von Haneda Sumiko aus dem Jahr 1986, die mehrere Kulturpreise gewonnen hat, wird ein Krankenhaus gezeigt, in dem Demenzkranke gepflegt werden. Dieser Film stellt eine Art Handlungsanweisung für das Pflegepersonal dar. Er zeigt, wie ein würdevoller Umgang mit Alten und Kranken aussehen sollte. Anhand von Beispielen, wie dem Backen eines Neujahr-Reiskuchens, wird aufgezeigt, mit welchen physischen und psychischen Anstrengungen dieser Vorgang für Demenzkranke verbunden ist. Eine der Frauen kann zwar einhundert alte Gedichte aufsagen, sich aber nicht mehr an ihre Familie erinnern. Es wird dazu geraten, die Alten zu behüten und ihnen nicht ihre Belanglosigkeit vor Augen zu führen, was zugleich als ein Hinweis darauf gewertet werden kann, dass dies nicht mehr selbstverständlich ist (vgl. Ehrlich 1992: 277).

Diese Dokumentation will den verlorengegangenen Respekt und die Achtung vor den Alten wieder „zum Leben erwecken". Es soll wieder das Gebot der Menschlichkeit gelten und ein von Respekt und Akzeptanz geprägtes Altersbild vermittelt werden, auch wenn das Alter mit Krankheiten verbunden sein kann, mit Verlegenheit und Schmerz. Hier wird wiederum eine Ambivalenz konstruiert, die beide Seiten des Alters hervorhebt.

Ein weiteres Beispiel für diese Form der Dokumentation bildet „Friedlich alt werden" von Haneda Sumiko aus dem Jahr 1990. Der Film stellt die Behandlung von Alzheimer-Patienten dar. Es wird gezeigt, dass das effektivste und humanste Hilfszentrum für Alzheimer-Kranke in Japan im Vergleich mit Zentren in Dänemark und Schweden nur sehr unzureichende Hilfestellungen bieten kann, dass den japanischen Alten nicht die nötige Aufmerksamkeit zukommt (vgl. Ehrlich 1992: 277f.). Und auch das Thema „Gewalt gegen pflegebedürftige und demenzkranke Menschen" wird zunehmend in Filmen diskutiert, was als ein Indiz dafür gesehen werden kann, dass eine bedeutende Diskrepanz zwischen dem traditionell positiven Altersbild und damit verbunden der Achtung vor den Alten und den heutigen Einstellungen zum Alter(n) besteht (vgl. Robert Bosch Stiftung: 34).

Es bleibt zusammenfassend festzuhalten, dass sich in den Filmen beider Zeiträume sehr deutlich die Ambivalenzen in den Altersbildern widerspiegeln und

dass das traditionelle, konfuzianisch geprägte Altersbild immer mehr an Bedeutung verloren hat. Darüber hinaus wird angedeutet, dass die gesellschaftliche Betonung der negativen Seiten des Alters gleichzeitig die zunehmend prekären Lebensbedingungen der Alten weiter verstärkt.

11.3 Japan und seine Alten: ein Überblick

Nach der Darstellung des ambivalenten Altersbildes soll nun der Frage nachgegangen werden, welche gesellschaftlichen Bedingungen in Japan, trotz eines
traditionell positiv konnotierten Altersbildes, zu einer eher negativen Wendung
beigetragen haben könnten. Zunächst werden die faktischen Auswirkungen des
demografischen Wandels anhand von Datenmaterial diskutiert (11.3.1). Daran
schließt sich die Analyse der Rollen an, die den Alten in der Gesellschaft zugeschrieben werden. An erster Stelle steht ihre Rolle als Pflegebedürftige mit den
darin implizierten Unsicherheiten (11.3.2), die sich deutlich in den Altersbildern
widerspiegelt. Aber auch die Rolle der Alten auf dem Arbeitsmarkt trägt zur Konstruktion des ambivalenten Altersbildes bei und wird im nächsten Schritt untersucht (11.3.3). Eine mögliche und in gewisser Weise gesellschaftlich akzeptierte
Strategie im Umgang mit Unsicherheiten und prekären Bedingungen in der Phase des Alters scheint in Japan der Suizid zu sein, so lautet eine hier verfolgte pro-
vokante These, die daran anschließend diskutiert wird (11.3.4).

11.3.1 Japan vor dem Hintergrund des demografischen Wandels

Japan sieht sich durch seine immer älter werdende Gesellschaft vor gravierende
Herausforderungen gestellt. Das demografische Altern wird durch verschiedene,
seit Jahrzehnten ablaufende Prozesse markiert. Zunächst zu den Fakten: Japan
besitzt derzeit (Stand: 2012) eine Bevölkerung von 126,9 Mio. Menschen (vgl.
Wirtschaftskammer Österreich 2013). Um die Bevölkerungszahl stabil zu halten,
müsste Japan – begünstigt durch eine im internationalen Vergleich sehr hohe Lebenserwartung – eine durchschnittliche Geburtenrate von 2,07 Kindern pro Frau
im gebärfähigen Alter besitzen. Die tatsächliche Geburtenrate (Stand: 2008) liegt
allerdings bei 1,34 Kindern (vgl. Statistisches Bundesamt 2010).[1] Das Resultat ist
ein Rückgang der Gesamtbevölkerung. Schätzungen zufolge schrumpft die japanische Bevölkerung bis 2025 um über 6 Mio. Menschen auf 120,7 Mio. Menschen
(vgl. Rationalisierungs-Kuratorium der Deutschen Wirtschaft e. V. 2010). Folgt
man der Gesetzmäßigkeit dieser Entwicklung, so stellt sich eine Beschleunigung

---

1   Die Geburtenrate hatte 1947noch bei 4,45 Kindern gelegen (vgl. Coulmas 2007:16).

ebendieser ein, da sich mit der schrumpfenden Gesamtbevölkerung ebenfalls die Anzahl der gebärfähigen Frauen verringert. Folglich besitzt Japan den Schätzungen zufolge 2050 nur noch eine Gesamtbevölkerung von 101,6 Mio. Menschen; demnach wäre ein Rückgang von 25 Mio. Menschen seit 2010 zu verzeichnen (vgl. ebd.). Gleichzeitig erhöht sich das Medianalter der japanischen Bevölkerung, da die Zahl älterer Menschen durch den Rückgang der Geburtenrate in Relation zu den jüngeren Menschen steigt. Betrug das Medianalter nach dem Zweiten Weltkrieg 22 Jahre, so lag es 2010 bereits bei 44,6 Jahren (vgl. ebd.). Es ist eine weitere Erhöhung in der Zukunft zu erwarten. Schätzungen zufolge wird es im Jahr 2025 bei 50,6 Jahren und im Jahr 2050 bei 55,1 Jahren liegen (vgl. ebd.).[2]

An den oben genannten Entwicklungen lässt sich bereits eine anteilige Verschiebung innerhalb der Alterskohorten erkennen, die sich weiter beschleunigen wird. Der Anteil der über 65-Jährigen lag 2010 beispielsweise bei 22,6 % im Vergleich zu 11,6 %, die noch 1989 zu verzeichnen waren (vgl. Coulmas 2007: 15). Bis 2025 wird dieser Anteil auf 29,7 % und bis 2050 auf 37,8 % steigen (vgl. Rationalisierungs-Kuratorium der Deutschen Wirtschaft e. V. 2010).

Damit hat Japan nach Coulmas (2007: 15) jetzt schon die Grenze von einer alten zu einer „überalten" oder „hyperalten" Gesellschaft überschritten. Kriterium hierfür ist für ihn eine anteilsmäßige Zunahme der Kohorte der über 65-Jährigen auf 21 % der Gesamtbevölkerung. Hinzu kommt, dass der Anteil der Menschen über 60 Jahren den der Kinder von 0 bis 14 Jahren übersteigt. Der Anteil der über 60-Jährigen lag 2010 bei 30,5 %, im Gegensatz zur Kohorte der Kinder, deren Anteil bei 13,2 % lag (vgl. Rationalisierungs-Kuratorium der Deutschen Wirtschaft e. V. 2010).[3]

Einen anderen Auslöser des demografischen Wandels bildet die zunehmende Lebenserwartung. So liegt die Lebenserwartung der zwischen 2000 und 2005 geborenen Kinder für beide Geschlechter zusammengerechnet bei 81,5 Jahren (vgl. Rationalisierungs-Kuratorium der Deutschen Wirtschaft e. V. 2010). Durch weitere Fortschritte im medizinischen Bereich und durch eine Verbesserung der Gesundheitsvorsorge wird die Lebenserwartung der von 2020 bis 2025 Geborenen schätzungsweise auf 85,6 Jahre und der von 2045 bis 2050 Geborenen auf 88,0 Jahre steigen (vgl. Rationalisierungs-Kuratorium der Deutschen Wirtschaft e. V. 2010). Dabei dürfen Frauen auf ein längeres Leben hoffen als Männer. 2003 lag die Lebenserwartung von Frauen bei 85,33 Jahren, im Gegensatz zu 78,36 Jahren bei Männern (vgl. Coulmas 2007: 47). Bei beiden Geschlechtern hat sich

---

2   Ein signifikanter Grund für diese Entwicklung liegt in dem Rückgang der Kindersterblichkeit, auch wenn dieser durch die fallende Geburtenrate teilweise ausgeglichen wurde.

3   Im Vergleich dazu betrug der Anteil der bis zu 15 Jahre alten Kindern 1950 noch 35,4 %, in Relation zu älteren Menschen ab 65, deren Anteil bei 4,9 % lag (vgl. Coulmas 2007:16).

die Lebenserwartung seit 1950 deutlich verbessert, und zwar um ca. 22 Jahre bei
Frauen und um 19 Jahre bei Männern (vgl. ebd.).

Insgesamt lassen sich also zwei Entwicklungen festhalten, die dazu geführt
haben, dass Japan unter den Industrienationen hinsichtlich der demografischen Entwicklung eine Vorreiterrolle zukommt: Auf der einen Seite zeigt sich eine enorm
gestiegene Lebenserwartung, was zu einer anteilsmäßigen Verschiebung zwischen
den Alterskohorten zugunsten der älteren Bevölkerung geführt hat. Auf der anderen Seite zeigt sich ein Geburtenrückgang, der zu einer zunehmenden Entvöl-
kerung Japans führen wird bzw. ebenfalls zum demografischen Altern beiträgt.

Ausgehend von dieser Faktenlage soll nun darüber nachgedacht werden, welche Konsequenzen sich daraus für die japanische Bevölkerung, für das japanische
Leben und die Altersbilder ergeben. Der Schwerpunkt soll zunächst auf das immer wichtiger werdende Thema der Altenpflege gerichtet werden, da sich gerade
hier die Auswirkungen des demografischen Wandels besonders deutlich zeigen.

11.3.2 Alte in der Rolle von Pflegebedürftigen

Wird über die Rolle bzw. über die Position der Alten in der Gesellschaft nachgedacht, hat sich schon bei der Diskussion der Filme angedeutet, dass Alte heute
immer mehr in der Rolle der Kranken und der zu Pflegenden erlebt werden, deren Existenzsicherung und Versorgung eher prekär erscheint. Diese Perzeption
hat einen faktischen Hintergrund, denn die Zahl der zu pflegenden Alten steigt
kontinuierlich an und stellt ein zunehmend schwerer zu bewältigendes Problem
für die Familien und die Gesellschaft dar.

Bei den über 65-Jährigen, also der am schnellsten wachsenden Alterskohor-
te in Japan, beträgt der Anteil der an seniler Demenz leidenden, pflegebedürftigen Menschen im Jahre 2007 7,7 %, oder in totalen Zahlen ausgedrückt, 1,6 Mio.
Menschen (vgl. Coulmas 2007: 98). Was die Pflegebedürftigkeit insgesamt an-
geht, fällt der Vergleich zwischen den Geschlechtern eklatant zu Ungunsten der
Frauen aus, die mit einem Anteil von 85,1 % der rund 4 Mio. pflegebedürftigen
Alten deutlich stärker Pflegeleistungen beanspruchen als ihre männlichen Altersgenossen (vgl. ebd. 102). Es lässt sich daher zu Recht bei der Altenpflege von einem Problem der Frauen sprechen.

In ähnlichem Maße, wie Frauen im hohen Alter pflegebedürftig werden,
übernehmen sie überwiegend auch die Rolle der Pflegenden, was u. a. ihrer höheren Lebenserwartung geschuldet ist (vgl. ebd. 103). Zwar gab es in den letzten
Jahren Entwicklungen, die auch Männern Zugang zur Altenpflege ermöglichen,
doch wird die Pflege von alten Menschen in der Regel weiterhin als eine weibliche Domäne angesehen (vgl. ebd. 103, Godzik 2009: 15).

Pflegebedürftige haben zwei Möglichkeiten, Pflege in Anspruch zu nehmen: Einerseits besteht die Möglichkeit der Pflege in einem Heim, andererseits die der häuslichen Pflege. Verstärkt versuchen Familien heute, das Problem der Altenpflege durch eine Abgabe an professionelle Einrichtungen zu lösen (vgl. Coulmas 2007: 100). Dennoch hat die häusliche Pflege, als traditionelle Art der Altenbetreuung, noch immer einen sehr hohen Stellenwert in der japanischen Gesellschaft, während Heimpflege, insbesondere von alten Menschen, mit viel Skepsis bedacht wird (Formanek/Linhart 1997: 234). Nicht selten assoziieren sie mit ihr eine Form der Verbannung.

Die häusliche Pflege der Alten basiert auf dem traditionellen „Ie (Haus)"-Familientypus (vgl. Coulmas 2007: 99). Das „Ie"-System beruht auf dem Erstgeburtsrecht, d. h. dem Recht des ältesten Sohnes, im Haus der Eltern wohnen zu bleiben. Ihm steht es außerdem zu, seine Frau in das Haus einziehen zu lassen und den Familienstammbaum im gleichen Haus weiterzuführen. Das führt dazu, dass mehrere Generationen in einem Haushalt zusammenwohnen. Sollten nun die Eltern des Sohnes pflegebedürftig werden, übernimmt seine Frau ihre Pflege. Entscheidend ist, dass nur dem ersten Sohn diese Pflicht obliegt. Töchter heiraten in andere Häuser ein; weitere Söhne gründen einen eigenen Haushalt. Das ideologische Fundament dieses Familientypus bildet die „konfuzianische Kardinaltugend der kindlichen Pietät" (ebd.). Wesentlicher Bestandteil dieser Ideologie ist die Liebe zu den eigenen Eltern sowie den Ahnen der Familie. Daraus entsteht ein Geflecht von Verpflichtungen gegenüber dem eigenen Clan. Auch wenn dies nicht explizit so benannt wird, beruht dieser Familientypus implizit auf einem ausreichenden Familienstock, so dass die Pflege der Alten in einem Mehrgenerationenhaushalt gewährleistet werden kann.

Doch genau an dieser Stelle zeigen sich die Auswirkungen der sehr geringen Geburtenrate. Der „Kindermangel" hat ein solches Ausmaß angenommen, dass sich für viele die häusliche Pflege der Alten nicht mehr realisieren lässt. Hinzu kommt, dass der Familientypus des „Ie" selbst immer mehr durch die Kleinfamilie verdrängt wird, wodurch sich die Anzahl der Generationen in einem Haushalt auf zwei reduziert, auf Eltern und ihre Kinder. Gründe für diesen Wandel sind Gesetzesänderungen, die zunehmende Geschlechteremanzipation und eine Veränderung des Erbrechts, das die Kinder nun gleichmäßiger berücksichtigt (vgl. ebd.). Als Resultat steht die Praxis der häuslichen Pflege *(zaitaku kaigo)* nur noch einer Minderheit der Bevölkerung zur Verfügung (vgl. ebd. 103).

Mit dem Wandel des Familientypus geht nach Coulmas (2007) auch ein Mentalitätswandel einher, der ein Umdenken bei den jüngeren Generationen verursacht. Dies drückt sich in einer gesunkenen Bereitschaft – zumeist der Töchter

und Schwiegertöchter – aus, die Pflege der Eltern oder Schwiegereltern zu übernehmen (vgl. ebd.). So entsteht eine Konfliktlinie zwischen den Alten, die die
kindliche Pietät und die häusliche Pflege noch als unhinterfragte Selbstverständ-
lichkeiten begreifen, und den Kindern, die auf diese Ansprüche zunehmend ver-
ständnislos reagieren (vgl. ebd.).

Man darf die Tragweite der Bedeutung der kindlichen Pietät nicht unterschät-
zen, da sie insbesondere in den älteren Kohorten nach wie vor kulturelle Gültigkeit besitzt. Deutlich wird, dass Japan eine Gesellschaft ist, die sich nicht vollständig von traditionellen Altersbildern getrennt hat. Dies stellt ihr besonderes
Spezifikum dar. Und gerade hieraus ergibt sich die Ambivalenz der gesellschaftlichen Altersbilder in Japan, so lautet unsere These, die zwischen Verehrung und
Antipathie schwanken. Keineswegs ist ausgeschlossen, dass Verehrung und Antipathie auch nebeneinander existieren.

Die Aversion gegenüber hilfebedürftigen Alten ist u. a. durch deren Abhängigkeit bedingt, die in Japan als gesellschaftlich inakzeptabel gilt (vgl. Forman-
ek/Linhart 1997: 235f.). Die Aussicht auf eine „Pflege-Karriere", verbunden mit
einer Aufgabe der eigenen Berufskarriere, scheint heute für viele Japaner keine
Alternative zu sein, zumal das japanische Gesundheitssystem keine hinreichen-
de Unterstützung bietet (vgl. ebd.). Und gerade die gesunkene Bereitschaft, Pflege zu leisten, wird der jüngeren Bevölkerung durch die alten Generationen zum
Vorwurf gemacht. Die Alten vermuten meist egozentrische Motive dahinter und
vernachlässigen mitunter die gesellschaftlichen Problemlagen.

Erscheint die häusliche Pflege in einer Familie als alternativlos, ist sie mit einer hohen Belastung für die Familienmitglieder und insbesondere für die Frauen
verbunden. Einem Szenario zufolge muss sich ungefähr die Hälfte (43,63 %) der
Mädchen, die 1997 eine Grundschule besucht haben, darauf einstellen, dass sie
sich 30 bis 40 Jahre nach Eintritt ihrer Eltern und/oder Schwiegereltern oder des
Ehegatten in den „hässlichen Niedergang" *(henna kako)* – in physischer wie psychischer Hinsicht – um diese kümmern müssen (vgl. Formanek/Linhart 1997: 232).[4]

In den letzten Jahren kommt es vermehrt zu einer Übernahme der Pflege
durch männliche Familienangehörige. Ihr Anteil lag 2007 immerhin schon bei
28,1 % (vgl. ebd.). Dieser Umstand dringt nur langsam in der japanischen Bevölkerung durch, denn Pflege wird noch immer stark mit Weiblichkeit assoziiert.
Doch auch wenn sich der Anteil an Männern in der Altenpflege erhöht hat, kann
kaum von einer Entlastung des Pflegesystems insgesamt gesprochen werden, schon

---

4   Einer Statistik des Ministeriums für Gesundheit, Arbeit und Wohlfahrt zufolge muss in jedem
     zweiten Fall die Pflege eines alten Menschen durch einen anderen alten übernommen werden
     (vgl. Godzik 2009: 15). Dieses Phänomen liegt in der relativ hohen Lebenserwartung der
     Japaner begründet.

gar nicht der Angehörigen. Oft wird ihr Zustand mit Hilflosigkeit und Überforderung beschrieben, da vielfach Verwandte zur Unterstützung fehlen. Aus diesem Grund scheint es auch nicht verwunderlich, dass das Sterberisiko von Männern, die sich allein um die Pflege eines Angehörigen kümmern, im Vergleich zu Männern, die von im Haushalt lebenden Familienmitgliedern unterstützt werden, doppelt so hoch ist (vgl. ebd.). Durch die persönliche Überforderung bei der Pflege können Depressionen und Selbstmord ausgelöst werden, oder finanzielle Probleme entstehen, die aus einer Aufgabe der Erwerbstätigkeit resultieren (vgl. ebd.).

Eine weitere Folgeerscheinung scheint das Auftreten von Gewalt bei häuslicher Pflege zu sein. Gerade Männer nehmen hier eine Spitzenposition ein. Die Gewalt durch Söhne liegt bei 40,6 %, die durch Ehemänner bei 15,8 % (vgl. ebd.). Oft fehlten ihnen die nötige Erfahrung im Umgang mit pflegebedürftigen Menschen bzw. Vorbereitung auf den Pflegedienst (vgl. ebd.).[5]

Es ist naheliegend, dass sich ein Rückgang derjenigen konstatieren lässt, die im Alter von ihren Kindern gepflegt werden möchten. Gerade die Angst, den eigenen Angehörigen zur Last zu fallen bzw. diese psychisch und physisch zu überfordern, kann hierbei als ausschlaggebend gelten. Dieser Mentalitätswandel lässt sich auch statistisch belegen: Waren 1995 noch 57,3 % der Befragten der Überzeugung, dass Kinder die Pflege ihrer Eltern übernehmen sollten, waren es 2003 nur noch 48,6 % der Befragten. Dagegen waren 36,1 % der gegenteiligen Ansicht, was einen Anstieg um 7,4 % von 28,7 % seit 1995 bedeutet (vgl. Coulmas 2007: 101). Die überragende Mehrheit von 80,1 % der Befragten hoffte, im hohen Alter in das öffentlich finanzierte Pflegesystem integriert zu werden (vgl. ebd.). Hier zeichnet sich ein deutlicher Bruch mit dem tradierten Verständnis der Altenpflege ab. Doch dieser Wandel verläuft nicht ohne Konflikte, da politisch weiterhin die Familie als „Grundstein der japanischen Gesellschaft" gesehen wird und die kindliche Pietät immer noch partiell Gültigkeit für sich beanspruchen kann (vgl. ebd. 105).

Das öffentliche Pflegesystem bietet derzeit nur im Ansatz Lösungen zur Bewältigung dieser gesellschaftlichen Herausforderungen. Die seit 2000 bestehende Pflegeversicherung hat sich als nur bedingt erfolgreich herausgestellt. Auch steigende Beiträge in das Gesundheitssystem haben nicht entscheidend dazu beigetragen, dass Familien mit pflegebedürftigen Angehörigen entlastet werden (vgl. ebd.). Zwar konnte durch mobile Pflege- und Tagesdienste eine Entlastung der Angehörigen erreicht werden, das eigentliche Problem liegt jedoch in der großen Anzahl Pflegebedürftiger mit Anspruch auf stationäre oder mobile Pflege (vgl.

---

5 Diese prekären und unsicher werdenden Lebensbedingungen für Alte und ihre Angehörigen sind das Motiv für zunehmende Gründungen von Selbsthilfegruppen und Netzwerken pflegender Familienmitglieder (vgl. ebd. 16). Diese Problematiken sind insofern auch im öffentlichen Diskurs präsent.

Godzik 2009: 16). Das Resultat sind lange Wartezeiten, auf die sich die Pflegebedürftigen einstellen müssen, mit ungewissem Ausgang, sowie das Phänomen der „Pflegevertriebenen" *(kaigo nanmin)* (ebd.). Dieses Phänomen ist dadurch charakterisiert, dass die Pflegebedürftigen aus Mangel an stationären Einrichtungen zyklisch in Kurzzeitpflegeeinrichtungen untergebracht werden und nicht wissen, wann sie irgendwo länger bleiben können.

Insgesamt lässt sich festhalten, dass sich die Situation der pflegebedürftigen Alten in Japan als überaus prekär bzw. unsicher darstellt. Es ist oft nicht klar, wer ihre Pflege wie realisieren kann. Die traditionell bedingt starke Abhängigkeit der Alten von ihren Kindern ist vor dem Hintergrund des Mentalitätswandels und des demografischen Alterns zu einer gravierenden Belastung für die Jungen geworden, die zunehmend nicht mehr bereit sind, diese zu tragen. So wird verständlich, dass auch das ehemals durch die Tradition der kindlichen Pietät stark positiv bestimmte Altersbild nun durch die gleichzeitige Berücksichtigung der problematischen Seiten des Alters in seiner positiven Konnotation relativiert bzw. ambivalent wird, was in den japanischen Filmen deutlich zum Ausdruck kommt.

11.3.3 Die Rolle alter Menschen auf dem Arbeitsmarkt

Aber nicht nur ihre Rolle als Pflegebedürftige trägt mit zur Konstruktion ambivalenter Altersbilder bei. Auch ihre Positionen auf dem Arbeitsmarkt gilt es, in ihrer zwiespältigen Bedeutung für die Altersbilder zu analysieren. In Japan ist die Vorstellung verbreitet, dass nur ein arbeitender Mensch dem Kollektiv Nutzen bringt, d. h. der individuellen Arbeitskraft wird ein hoher gesellschaftlicher Stellenwert zugeschrieben (vgl. Popp/Wilhelm 2009: 74). Viele Menschen sind stark in ihre Arbeit und in ihr betriebliches Netzwerk eingebunden und identifizieren sich mit diesem (vgl. ebd. 80).

Daher ist verständlich, dass alte Menschen, die nicht mehr in den Arbeitsmarkt integriert sind, schnell zu der Überzeugung gelangen können, lediglich Ballast und Bürde für andere zu sein. Ihre Angst ist groß, im Alter ihren „Wert" als arbeitendes Individuum zu verlieren. Hinzu kommt, dass alte Menschen ihre Existenz durch die gesetzliche Altersvorsorge kaum sichern können und nach der Arbeitsphase unter Umständen von ihrem Nachwuchs abhängig werden (vgl. Plath 1983: 143). Für die Generation der Kinder führt dies zu einer finanziellen Bürde, die umso stärker ist, je weniger die Alten durch die staatliche Rente abgesichert sind. Vor diesem Hintergrund wird verständlich, dass das Alter von allen Generationen auch mit seinen problematischen und prekären Aspekten assoziiert wird, die gleichzeitig ein massives Konfliktpotenzial für die Generationenbeziehungen bedeuten.

Dass das demografische Altern dennoch auch positive Seiten – in Form von Chancen – mit sich bringt, soll nicht vernachlässigt werden. Durch die relativ hohe Lebenserwartung ist es den Alten möglich, lange am Produktionsprozess teilzuhaben und so zu seinem Erfolg beizutragen. Denn in einem Land wie Japan, mit seiner bemerkenswerten High-Tech-Industrie, wäre der Rückzug der Alten aus dem Arbeitsleben mit einem großen Know-how-Verlust verbunden, der nicht kompensiert werden könnte. Insofern könnte sich hier ein Anknüpfungspunkt für ein Altersbild ergeben, das die Hochachtung vor den Alten, aufgrund ihres umfassenden Wissensvorrats, wieder in den Mittelpunkt rückt.

Diese faktischen Bedingungen spiegeln sich auch in den Daten zum Ausstieg aus dem Arbeitsmarkt wider. Das gesetzliche Renteneintrittsalter lag 2010 bei 62 Jahren für Frauen und bei 64 Jahren für Männer (vgl. Statista Nielson 2012).[6] Das tatsächliche hingegen war bedeutend höher. Es lag im Jahre 2010 bei 69,5 Jahren bei den Männern und bei 66,5 Jahren bei Frauen (vgl. ebd.). Im internationalen Vergleich nimmt Japan damit eine Spitzenposition ein. Diese Entwicklung wird von politischer Seite durch Reformen des Rentensystems gefördert. Für Unternehmen besteht derzeit die gesetzliche Verpflichtung, entweder die Altersgrenze auf 65 Jahre zu erhöhen, die Altersgrenze komplett abzuschaffen oder eine Wiedereinstellung von ausgeschiedenen Arbeitskräften zu ermöglichen (vgl. Keuchel 2011). Doch diese Umstellungen hätten kaum Wirkung, so die Vermutung, wären die Alten nicht selbst motiviert, länger im Arbeitsleben zu verbleiben. Entscheidend für ihren Verbleib scheinen die sechs Faktoren „Zeit, Gesundheit, Finanzkapital, Fähigkeiten und Interesse sowie materielle Notwendigkeit" zu sein (Haga 2009: 165). Besondere Bedeutung haben nach Haga die ersten beiden Faktoren. Durch die stark gestiegene Lebenserwartung scheinen die Alten über genügend Zeitressourcen zu verfügen (vgl. ebd.). Ebenso haben Fortschritte in Medizin und Forschung dazu geführt, dass sich der Gesundheitszustand älterer Menschen deutlich verbessert hat.

Den Alterskohorten von 65 bis 79 Jahren kann nach Haga insgesamt eine Verbesserung ihrer körperlichen Fähigkeiten attestiert werden (vgl. ebd. 166). Heute haben nach ihm 65-Jährige eine krankheitsfreie Lebenserwartung von 13 bis 15 Jahren (vgl. ebd. 165), so dass sie theoretisch bis zu ihrem 78. bis 80. Lebensjahr im Arbeitsleben verbleiben könnten. Vergleicht man diesen theoretischen Wert mit dem tatsächlichen Renteneintrittsalter, fällt eine Differenz von 8 bis 10 Jahren ins Auge, was in letzter Konsequenz eine weitere Erhöhung des Renteneintrittsalters für die Zukunft bedeuten könnte. Allerdings muss berücksichtigt

---

6   So liegt das Renteneintrittsalter in den USA beispielsweise bei 65 und in Deutschland bei 62 Jahren (vgl. Haga 2009: 167).

198 Oliver Buch, Oliver Calov, Dennis Naujoks

werden, dass sich die Unternehmen erst nach und nach auf das Potenzial älterer Menschen einstellen bzw. deren Potenzial zunächst erkennen müssen. Bei der Stellensuche ergeben sich immer noch Schwierigkeiten für alte Menschen. Die Arbeitslosenstatistik zeigt hinsichtlich der Benachteiligung älterer Menschen kaum Unterschiede zur deutschen (vgl. ebd. 170). Aus diesem Grund scheint für viele eine weitere Erwerbstätigkeit im Alter nur in Form der Selbstständigkeit realistisch. Es verwundert nicht, dass sich diese Bereitschaft statistisch niederschlägt und sich ein überproportionaler Anstieg von Unternehmensgründungen von älteren Menschen verzeichnen lässt (vgl. ebd. 188).

Dem gesunden Alten bieten sich drei Optionen der Lebensgestaltung: die der Erwerbstätigkeit als Beschäftigter oder Selbstständiger, die der ehrenamtlichen Tätigkeit und die des Rückzugs ins Private (vgl. ebd. 167). Es zeigt sich – auf der Basis einer Umfrage – deutlich die verstärkte Bereitschaft, vor allem der Männer, im Arbeitsleben zu verbleiben. Dies lässt sich nach Haga (2009) auch darauf zurückführen, dass Beschäftigte in der Regel erst mit 65 Jahren Anspruch auf eine Grundrente *(roreikiso nenkin)* erhalten. Eine Wirksamkeit der Rentenreformen lässt sich daher zumindest in diesem Bereich bejahen. Weiterhin gaben 28,5 % der Beschäftigten an, auch nach dem Erreichen des 70. Lebensjahres erwerbstätig zu bleiben; allein 34,4 % der Befragten negierten diese Frage (vgl. ebd. 167).

Insgesamt lässt sich festhalten, dass Japan bei der Einbindung gesunder, alter Arbeitskräfte in den Arbeitsmarkt eine Vorreiterrolle besitzt. Allen Schwierigkeiten zum Trotz liegt die Erwerbstätigkeit von Männern im Alter zwischen 60 und 64 Jahren bei 70,7 %, wohingegen in den USA mit 57,0 %, in Deutschland mit 37,7 % oder in Frankreich mit bloß 19,0 % (Stand: 2004) eine deutlich geringere Beschäftigungsrate zu verzeichnen ist (vgl. ebd.). Die Politik sowie die Unternehmen in Japan sind auf einem guten Weg, sich auf die Konsequenzen des demografischen Wandels einzustellen. Dennoch bleibt zu berücksichtigen, dass sich die beschriebenen Entwicklungen auch darauf zurückführen lassen, dass Alte in Japan nach ihrem Rückzug vom Arbeitsmarkt nicht mit einem materiell gesicherten Lebensabend rechnen können und sich dann unter Umständen in die Abhängigkeit ihrer Kinder begeben müssen.

11.3.4 Vermeidung eines ungewissen Lebensabends durch Selbstmord?

Selbstmord als eine Problemlösungsstrategie scheint in Japan eine größere Rolle zu spielen als in anderen Ländern. Im internationalen Vergleich nimmt Japans Suizidrate eine „Spitzenposition" ein. Während beispielsweise im Jahr 2007 die durchschnittliche, weltweite Selbstmordrate bei 16 auf 100.000 Einwohnern lag, betrug sie im selben Jahr in Japan knapp 26 (vgl. Popp/Wilhelm 2009: 74). In Ja-

pan hat der Suizid traditionelle Wurzeln. Während ihn das Christentum als Tod-
sünde ablehnt, war er im vormodernen Japan gesellschaftlich anerkannt und wurde
teilweise sogar eingefordert. Der Selbstmord galt beispielsweise als ein adäquates Mittel zur Ehrenrettung, zum Protest oder zur Vermeidung von Schande. Die
Selbsttötung war insofern Teil der vormodernen japanischen Kultur.

Da nur etwa ein Drittel der Suizidenten einen Abschiedsbrief hinterlässt, gestaltet sich die Ursachenforschung heute eher schwierig (vgl. ebd., mit Bezug auf
Naikakufu 2008). Dennoch gibt es Statistiken über die Gründe für eine Selbsttötung. In Japan scheint der Suizid vor allem aus finanziellen und gesundheitlichen
Problemen gewählt zu werden (vgl. Popp/Wilhelm 2009: 75).

Besonders auffällig ist die hohe Suizidrate in der alten Bevölkerung. Im Jahr
2007 war die Altersgruppe der über 60-Jährigen mit 12.107 Suizidfällen besonders betroffen (vgl. ebd. 76). Sie machten 36,6 % aller Suizidfälle in ganz Japan
aus. Dabei stieg die Suizidrate dieser Altersgruppe um 8,9 % im Vergleich zum
Vorjahr (vgl. ebd.). Diese Entwicklung lässt sich auf die oben genannten Prob-
lemfelder zurückführen, denn gerade Alte sind besonders von finanziellen und/
oder gesundheitlichen Problemen betroffen.

Viele alte Menschen – und hier insbesondere Männer – verloren beispielsweise im Zuge der japanischen Wirtschaftskrise seit den 1980er Jahren ihren Arbeitsplatz. Innerhalb weniger Jahre ist ihre Arbeitslosigkeit dramatisch angestie-
gen, obwohl der Wille zu einer Anstellung weiterhin vorhanden ist (vgl. ebd. 78).
Und problematisch erscheint diese Situation nicht allein deswegen, weil die Arbeitskraft in Japan einen außerordentlich hohen gesellschaftlichen Stellenwert
besitzt, sondern auch, weil der Arbeitsplatzverlust meist unweigerlich zu einer
finanziellen Abhängigkeit von den Kindern führt, die diese nicht immer bewältigen können. Vor dem Hintergrund, dass der Suizid in Japan – traditionell bedingt – auch heute noch eher gesellschaftlich anerkannt wird als anderswo, lässt
sich nachvollziehen, dass Japaner eher dazu neigen, bei unsicheren materiellen
Bedingungen im Alter den Freitod zu wählen.

Auch ein fehlendes soziales Netzwerk mag einer der Gründe für den Suizid
sein, so lautet unsere These, denn die soziale Einbindung macht einen Großteil
der Lebensqualität aus. Fehlen nahe Freunde und Verwandte, so stellt das eine
hohe Belastung für die Menschen dar (vgl. Yamamura 2007: 11). Und gerade alte
Menschen sind davon besonders betroffen. Während die Männer ihr berufliches
soziales Netzwerk meist nach dem Austritt aus dem Arbeitsleben verlieren, ist
der Verlust bei den Frauen eher dadurch bedingt, dass Freunde und Verwandte
versterben oder eine Vernachlässigung der Alten durch ihre Angehörigen erfolgt
(vgl. Thränhart 2008: 439ff.).

Gesundheitliche Probleme sind, nach Popp und Wilhelm, neben den genannten Problemen ein weiterer wichtiger Grund für den Selbstmord. Hintergrund ist hierbei insbesondere die Angst vor der Arbeitsunfähigkeit und damit dem Arbeitsplatzverlust mit all seinen negativen Folgen (vgl. Popp/Wilhelm 2009: 80). An diesen Herausforderungen scheitern viele alte Menschen in Japan.

Die Einführung von Maßnahmen zur Suizidprävention wird vor allem durch die kulturellen Besonderheiten Japans verhindert. Die Akzeptanz des Suizids durch die japanische Gesellschaft bei scheinbar unlösbaren Problemen stellt hier eine große Hürde dar (vgl. ebd. 81).

11.4 Fazit

Ziel dieses Beitrags war es, aufzuzeigen, dass insbesondere die unsicheren bzw. ungewissen Lebensbedingungen der Alten in Japan das traditionell eher positiv geprägte Bild des Alters relativieren. Durch den zunehmenden Einbezug negativer Alterseinschätzungen aus der Gegenwart entstehen eher ambivalente Altersbilder. Oder genauer: Die positiven Akzente des Altersbildes in Japan lassen sich vor allem auf die konfuzianische Tradition der kindlichen Pietät zurückführen, die auch heute noch eine gewisse Bedeutung, insbesondere bei den älteren Generationen, hat. Dieses Bild steht allerdings im Widerspruch zu den realen Herausforderungen des demografischen Alterns der Gesellschaft, die weitestgehend von allen als gravierend und gleichzeitig problematisch angesehen werden.

Alte Menschen in Japan werden heute häufig aus der Perspektive ihrer potenziellen Pflegebedürftigkeit betrachtet, die für die jüngeren Generationen und das staatliche Versorgungssystem eine starke Belastung darstellen. Ihre Rolle als Pflegebedürftige nimmt in der öffentlichen Diskussion einen hohen Stellenwert ein, da gerade hiermit eine Vielzahl bislang ungelöster Probleme verbunden wird. Denn weder ist ihre Pflege zu Hause in ausreichendem Maße gesichert noch in staatlich organisierten Heimen.

Erschwerend kommt hinzu, dass auch ihre materielle Absicherung häufig nicht ausreichend durch die staatliche Altersversorgung gewährleistet ist. Nach dem Austritt aus dem Erwerbsleben sind viele alte Menschen in Japan finanziell von ihren Kindern abhängig. Um diese häufig als beschämend empfundene Situation zu umgehen, sind sie u. a. bemüht, möglichst lange am Erwerbsleben teilzuhaben. Aber auch hier zeigen sich Probleme, denn Ältere werden – ebenso wie in Deutschland – auf dem Arbeitsmarkt diskriminiert.

Dass alte Menschen in Japan häufiger als in anderen Ländern den Freitod wählen, wenn sie mit finanziellen und gesundheitlichen Problemen konfrontiert werden, heben u. a. Pohl und Mayer (2008) hervor. Dass dieser „Ausweg" aus einer als aussichtslos wahrgenommenen Situation in Japan häufiger ist, kann damit erklärt werden, dass der Suizid in Japan traditionell in gewisser Weise und in bestimmten Situationen eher akzeptiert wurde und wird.

Zusammenfassend lässt sich festhalten, dass die Lebensphase Alter stark mit unsicheren, prekären Lebensbedingungen verbunden wird, was eine relativierende Wirkung auf die einst stark positiv konnotierten Altersbilder ausübt, so dass sie heute als zunehmend ambivalent beschrieben werden können.

Literatur

Bähr, Andreas/Medick, Hans (Hrsg.) (2005): Sterben von eigener Hand. Selbsttötung als kulturelle Praxis. Köln/Weimar/Wien: Böhlau Verlag

Chiavacci, David/Wieczorek, Iris (Hrsg.) (2011): Japan 2011. Wirtschaft, Politik, Gesellschaft. München: iudicium Verlag

Coulmas, Florian (1993): Das Land der rituellen Harmonie: Japan: Gesellschaft mit beschränkter Haftung. Frankfurt: Campus Verlag

Coulmas, Florian (2003): Die Kultur Japans – Tradition und Moderne. München: C.H. Beck Verlag

Coulmas, Florian (2007): Die Gesellschaft Japans – Arbeit, Familie und demographische Krise. München: C.H. Beck Verlag

Ehrlich, Linda C. (1997): The Undesired Ones – Images of the Elderly in Japanese Cinema. In: Formanek, Susanne/Linhart, Sepp (Hrsg.): Life Histories, Life Cycles, Life Stages, Wien: Verlag der österreichischen Akademie der Wissenschaften, S. 271-287.

Formanek, Susanne/Linhart, Sepp (1997): Aging – Asian Concepts and Experiences – Past and Present. Bd. 20. Wien: Verlag der Österreichischen Akademie der Wissenschaften.

Godzik, Maren (Hrsg.) (2009): Altern in Japan – Herausforderungen und Chancen. München: iudicium Verlag

Goldner, Colin (2010): Selbstmord und Depression kosten Japan Milliarden. Online verfügbar unter: http://www.hpd.de/node/10156 (letzter Zugriff: 23.01.13)

Haga, Kazue (2009): Gründungsdynamik in alternden Gesellschaften – das Beispiel Japan. In: Godzik (2009): 163-196

Hartmann, Jürgen (1983): Politik und Gesellschaft in Japan, USA, Westeuropa – Ein einführender Vergleich. Frankfurt: Campus Verlag

Hommerich, Carola (2011): Neue Risiken, neues Selbstbild – Japan in verunsichernden Zeiten. In: Chiavacci/Wieczorek (2011): 259-294

Ikeuchi, Fuki/Young, Richard (1997): Religion in „The Hateful Age" – Reflections on Pokkuri and other geriatric Rituals in Japan's aging Society. In: Formanek/Linhart (Hrsg.), Life Histories, Life Cycles, Life Stages, Wien: Verlag der österreichischen Akademie der Wissenschaften, S. 229-255.

Keuchel, Jan (2011): Fit und Fleißig. Online verfügbar unter: http://www.tagesspiegel.de/wirtschaft/fit-und-fleissig/3918038.html (letzter Zugriff: 06.04.2012)

Naikakufu (2008): Heisei 20-nendo. Jisatsu taisaku hakusho (Weißbuch der Suizidprävention). Tokyo: Saiki Insatsu

Plath, David W. (1972): Japan: The After Years. New York: Appleton-Century-Crofts

Pohl, Manfred/Mayer, Hans Jürgen (Hrsg.) (2008): Länderbericht Japan. Bonn: Bundeszentrale für politische Bildung

Popp, Julius/Wilhelm, Johannes H. (2009): Altern und Suizidalität im heutigen Japan. In: Godzik (2009): 73-93

Priehler, Michael/Kohlbacher, Florian, u. a. (2009): Ältere Menschen in der japanischen Fernsehwerbung – Eine umfragebasierte und inhaltsanalytische Untersuchung. In: Godzik (2009): 197-222

RKW Kompetenzzentrum (2011): Länderprofil Japan – Demographischer Wandel. URL: http://www.rkwkompetenzzentrum.de/fileadmin/media/Dokumente/Publikationen/2011_FB_Wifa-Japan.pdf (letzter Zugriff: 07.04.2012)

Robert Bosch Stiftung (2009): Altersbilder in anderen Kulturen. Studie in der Reihe „Alter und Demographie". URL: http://www.bosch-stiftung.de/content/language2/downloads/Gesamt_AlterbilderKulturen_2310.pdf (letzter Zugriff: 26.12.2013)

Staista, Nielson (2013): Tatsächliches und gesetzliches Renteneintrittsalter nach Geschlecht im internationalen Vergleich im Jahr 2010. URL: http://de.statista.com/statistik/daten/studie/160103/umfrage/renteneintrittsalter-im-internationalen-vergleich/ (letzter Zugriff: 24.01.2013)

Steinhauser, Erwin (2005): Der Soke, das Schwert und ich. Neckenmarkt: Novum Publishing

Thränhart, Anna M. (2008): Soziale Sicherung in Japan. In: Pohl/Mayer (2008): 439-454

Yamamura, Eiji (2007): The Different Impacts of Socio-economic Factors on Suicide between Males and Females. Online verfügbar unter: http://mpra.ub.uni-muenchen.de/10175/ (letzter Zugriff: 24.01.2013)

Zöllner, Reinhard (2005): „Selbsttötungskulturen" unter Kriegern im vormodernen und modernen Japan. In: Bähr/Medick (2005): 255-268

12. Schlussbetrachtungen

Helga Pelizäus-Hoffmeister

In diesem Abschlusskapitel werden zwei unterschiedliche Themenfelder berücksichtigt: Zum einen wird der Forschungsprozess selbst mit den Master-Studierenden beschrieben. Und vor diesem Hintergrund wird erläutert, wie ihre gewonnenen Erkenntnisse zu interpretieren sind (12.1). Zum anderen werden die unterschiedlichen Ergebnisse zusammengefasst und in einen übergeordneten Zusammenhang gestellt. Es wird der Frage nachgegangen, ob eine allgemeinere „Logik" des Zusammenhangs zwischen Altersbildern und dem jeweiligen gesellschaftlichen Kontext aus der Perspektive von (Un-)Sicherheiten existiert (12.2).

12.1 Von der Idee zum Buch

Das Ziel der dieser Publikation zugrundeliegenden beiden Forschungsseminare war es, die Master-Studierenden dahingehend zu qualifizieren, dass sie – entsprechend den Vorgaben des Bologna-Prozesses – komplexe Forschungsfragen, die über den aktuellen Stand des Wissens hinausweisen, beantworten können. Darüber hinaus wollte ich ihnen die Möglichkeit geben, ihr im Rahmen der Seminare erarbeitetes Wissen in einer Publikation zu dokumentieren. Sowohl die Beantwortung einer „neuen" Forschungsfrage als auch das Publikationsvorhaben sollten ihre Motivation und ihr Engagement steigern, denn es war vorauszusehen, dass die Durchführung dieses Projekts für sie mit einem sehr hohen Arbeitsaufwand und zugleich mit einem hohen Maß an wiederholtem kritischen Reflektieren ihrer Arbeiten in den Seminarsitzungen verbunden war.

Mit der Publikation selbst wurde noch ein weiteres Ziel verfolgt: Sie soll als Beispiel bzw. als ein Beleg dafür dienen, dass Lehre und Forschung kein Widerspruch sind und dass das „Forschen mit Studierenden" einerseits eine spannende und anregende Herausforderung sowohl für die Studierenden als auch für die Dozenten selbst sein kann. Andererseits soll gezeigt werden, dass im Rahmen von Forschungsseminaren mit Studierenden beachtenswerte und aufschlussreiche Erkenntnisse entstehen können, die über das hinausgehen, was bereits an Forschungsergebnissen existiert.

Um diese Zielsetzungen realisieren zu können, mussten vorab verschiedene Voraussetzungen erfüllt werden: Zunächst musste eine Forschungsfrage gefunden werden, die einerseits „neu" und andererseits so „knapp" bzw. so eingegrenzt war, dass sie im Rahmen zweier Seminare erfolgreich beantwortet werden konnte. Zudem sollte es sich um ein aktuelles Thema handeln, das sowohl für die Studierenden als auch für die Öffentlichkeit attraktiv und bedeutungsvoll ist. Die Entscheidung für das Thema Alter(n) und Altersbilder entstand vor dem Hintergrund, dass der demografische Wandel und dabei insbesondere das Thema Alter(n) derzeit in der Öffentlichkeit, in den Medien und auch in der Politik viel diskutiert wird, was gleichzeitig immer wieder auch die Frage danach aufwirft, was das Alter(n) eigentlich ausmacht. Und gerade auf diese Frage kann die vorliegende Publikation wichtige Antworten liefern.

Es kann an dieser Stelle eingewendet werden, dass schon eine Vielzahl an Veröffentlichungen zu Altersbildern existiert, die Frage insofern nicht „neu" ist. Im Rahmen der Forschungsseminare wurden jedoch Altersbilder in ihrem jeweiligen historischen Kontext aus der Perspektive von (Un-)Sicherheiten analysiert, da angenommen wurde, dass gerade Unsicherheiten bzw. Ungewissheiten in den verschiedensten Lebensbereichen bei der Thematisierung und der Bewertung des Alter(n)s eine große Rolle spielen. Insofern wurde hier die Alter(n)ssoziologie mit dem Instrumentarium der Risiko- und (Un-)Sicherheitssoziologie verknüpft; eine Forschungsperspektive, die noch nicht eingenommen wurde und wichtige neue Erkenntnisse zu liefern versprach.

(Un-)Sicherheiten bzw. (Un-)Gewissheiten können die unterschiedlichsten Lebensbereiche der Älteren – aber auch anderer Generationen – betreffen. Sie können sich auf den Bereich der materiellen Reproduktion im Alter beziehen, auf die Sozial- und Rollenbeziehungen der Älteren und/oder auf ihre Selbstdeutungen; und sie können ihren Ausdruck in uneindeutigen, ambivalenten Altersbildern finden.[1] Um die hieraus resultierende Komplexität der Fragestellung auf ein bearbeitbares Maß zu reduzieren, sollten die Studierenden nicht alle Ebenen gleichermaßen in ihren Beiträgen berücksichtigen. Sie sollten den Fokus vielmehr auf den bzw. auf die Bereiche richten, die ihnen – vor dem Hintergrund der Betrachtung der Wechselbeziehungen zwischen Altersbildern und gesellschaftlichem Kontext – als wesentlich erschienen. Insofern konnte die Fragestellung so von ihnen eingegrenzt werden, dass sie sie im Rahmen zweier Trimester bearbeiten konnten.

---

1   Vgl. hierzu Kapitel 3.

Für die Studierenden ergaben sich folgende Aufgaben: Zu Beginn des ersten Seminars mussten sie sich zunächst entscheiden, welchen historischen Zeitraum und welchen kulturellen Kontext sie analysieren wollten.[2] Dann mussten sie sich die nötige deskriptive und/oder interpretierende Literatur beschaffen, da eigene empirische Untersuchungen aus Zeitgründen nicht möglich waren. Das Material musste für ihre Fragestellung aufbereitet und den anderen Seminarteilnehmern im Rahmen eines ausführlichen Vortrags präsentiert werden.

Schon in den ersten Sitzungen zeigte sich, wie schwer es den Studierenden mitunter fiel, existierende Literatur aus einer neuen Forschungsrichtung zu betrachten. So drehten sich die an die Vorträge anschließenden, regen Diskussionen meist darum, die präsentierten Erkenntnisse zunächst auf mögliche (Un-)Sicherheiten bzw. (Un-)Eindeutigkeiten hin zu untersuchen und diese dann systematisch den unterschiedlichen Lebensbereichen zuzuordnen. Mögliche Wechselwirkungen zwischen den Altersbildern und den (un)sicheren Lebensbedingungen wurden dann von allen gemeinsam – vor dem Hintergrund des Gehörten und eines von allen zu lesenden Basistextes – auf ihre Plausibilität hin geprüft und vom Vortragenden nach Möglichkeit durch existierende Erkenntnisse belegt. Sensibilisiert und angeregt durch die Diskussion, formulierte der Vortragende anschließend seine zentralen Thesen im Rahmen einer schriftlichen Abhandlung, der Seminararbeit.

Ziel des zweiten, darauf aufbauenden Seminars war es dann, in jeder Sitzung eine der entstandenen schriftlichen Arbeiten gemeinsam kritisch zu reflektieren. So wurde der zu besprechende Text – der vorab von allen zu lesen und zu kommentieren war – vom jeweiligen Autor kurz vorgestellt. Es wurde über den Stand des Dokuments (z. B. Rohfassung) informiert und der Autor erhielt die Gelegenheit, über seine inhaltlichen oder formalen Probleme zu berichten. Anschließend wurde in einem ersten Schritt der Inhalt des Textes diskutiert. Es wurden Fragen gestellt wie: Passt der Text ins Buch? Was ist gut? Was fehlt? Wie ist die implizite Logik des Kapitels? Was ist die zentrale Forschungsfrage und wie wird sie beantwortet? Später dann wurde der Text gemeinsam auf Formales hin geprüft: Hierbei spielten die Themen Verständlichkeit, Aufbau des Kapitels und Sprachliches eine große Rolle. Es zeigte sich, dass die Texte zwar inhaltlich meist Zustimmung fanden, die formalen Kriterien jedoch häufig ein recht großes Problem darstellten. Das hatte zur Folge, dass einige der Texte mehrmals im Rahmen des

---

2   Um auf die Vielfalt an unterschiedlichen Überzeugungen hinsichtlich der Lebensphase Alter aufmerksam zu machen und zugleich die Plastizität der Altersbilder aufzuzeigen, sollten von den Studierenden unterschiedliche historische Zeiträume und differierende Kulturen zur Analyse herangezogen werden. Eine Ausnahme bildete hier *Schnelle*, der sich in Kapitel 2 mit den theoretischen Grundlagen zum Thema Alter(n) beschäftigte.

Seminars besprochen wurden und dass von allen Texten mindestens drei oder vier Fassungen entstanden, die immer wieder überarbeitet wurden.

Das Ziel der Studierenden war es, eine Publikation zu verfassen, die einen großen Kreis von Lesern erreicht. Diese sollten sich nicht nur aus dem Kreis der Soziologen rekrutieren. Daher wurde besonderer Wert darauf gelegt, für jeden gut verständliche Texte zu produzieren. Gewohnt, sich beim Schreiben von Seminararbeiten am Sprachduktus der behandelten Autoren zu orientieren, stellte gerade dies für die Studierenden eine besondere Herausforderung dar.

Wie oben erwähnt, konnten die Beiträge der Studierenden die Wechselwirkungen zwischen den Altersbildern und dem jeweiligen gesellschaftlichen Kontext aus der Perspektive von (Un-)Sicherheit nicht in ihrer gesamten Komplexität erfassen. Ihr Ziel war es daher, einige als herausragend erachtete Zusammenhänge im Rahmen einer plausiblen Argumentation eher exemplarisch herauszuarbeiten und zu erklären. Insofern stellen ihre Beiträge – in Anlehnung an Weber (1922: 191) formuliert – idealtypisch konstruierte Skizzen dar, in denen die als wesentlich erachteten Aspekte eines Phänomens in widerspruchslos gedachten Zusammenhängen konstruiert und als weniger wichtig erachtete Elemente vernachlässigt werden. In diesem Sinne konnten sie einzelne Aspekte ausblenden, ohne damit zugleich zu behaupten, dass diese in der Realität nicht existieren.

Diese Publikation zeigt, so lautet mein Resümee, dass hoch motivierte und engagierte Master-Studierende durchaus in der Lage sind, wissenschaftlich fundiert, eigenständig und mit der nötigen Ernsthaftigkeit neue, anregende und beachtenswerte Erkenntnisse hervorzubringen.

12.2 Alter(n) und Altersbilder aus der Perspektive von (Un-)Sicherheit

Bei der Betrachtung der Wechselbeziehungen zwischen Altersbildern und dem jeweiligen gesellschaftlichen Kontext hatten die Studierenden den Fokus insbesondere auf mögliche (Un-)Sicherheiten bzw. (Un-)Gewissheiten gerichtet. Konkret versuchten sie, (Un-)Sicherheiten in verschiedenen Lebensbereichen – dem der materiellen Reproduktion, dem der Sozial- und Rollenbeziehungen und/oder dem der Selbstdeutungen – zu identifizieren und diese in ihren Wechselwirkungen mit den jeweils vorherrschenden Altersbildern zu beschreiben und zu erklären. Als forschungsleitend galt zunächst die vage Vermutung, dass plurale oder auch ungewisse Lebensbedingungen zugleich mit unterschiedlichen – auch uneindeutigen – Altersbildern einhergehen, während eindeutige Lebenslagen Älterer von eher eindeutigen Bildern begleitet sind.

Schon bei den ersten Betrachtungen der Antike fiel auf, dass diese Annahmen weiter differenziert werden konnten. Mithilfe eines Vergleichs von Sparta und Athen konnte *Miglanz* zeigen, dass stark differierende Altersbilder auch in enger räumlicher Nähe existierten. Und er konnte zugleich herausarbeiten, dass die Unterschiedlichkeit dieser Bilder ihre Grundlage in völlig unterschiedlichen (Un-)Sicherheitslagen der alten Menschen in diesen Städten hatte. Für die alten Spartaner stellte er eine große Sicherheit und Eindeutigkeit in den wesentlichen Lebensbereichen fest. Auf der Basis hierarchisch organisierter, klar altersstrukturierter, eindeutiger Rollenzuweisungen erhielten (männliche) Spartaner in der Antike beispielsweise mit zunehmendem Alter immer höhere gesellschaftliche, politische und militärische Positionen. Zu Recht kann Sparta daher als eine Gerontokratie bezeichnet werden. Diese Eindeutigkeit in den Rollenbeziehungen und die besondere gesellschaftliche Relevanz, die alten Spartanern zugewiesen wurde, ging einher mit einer recht eindeutigen Vorstellung vom alten Menschen: Das Bild ihrer Weisheit und Klugheit war fest im kulturellen Wissensvorrat der Spartaner verankert und galt als unantastbar. Alte Menschen genossen Hochachtung und Respekt. Die Wechselwirkungen zwischen der gesellschaftlichen Stellung alter Menschen und dem Altersbild wurden hier besonders deutlich: Denn es ist plausibel, dass gerade den Menschen die wichtigsten staatlichen und gesellschaftlichen Positionen zugewiesen werden, die mit Klugheit und Weisheit assoziiert werden.

Aus der Perspektive des antiken Spartas konnte der oben formulierten forschungsleitenden These zugestimmt werden: Die eindeutigen Rollen und Positionen der Alten spiegelten sich offensichtlich in einem eindeutigen Altersbild wider. Dennoch gibt es darüber hinaus Indizien für einen weiteren Zusammenhang, der insbesondere in Abgrenzung zu Athen an Plausibilität gewinnt: So schien die eindeutige Lebenslage der alten Spartaner mit einem deutlich positiv konnotierten Altersbild einherzugehen, Eindeutigkeit schien in diesem Sinne wertgeschätzt zu werden.

Für die Athener konnte *Miglanz* Folgendes herausarbeiten: Schon die Bestimmung eines Menschen als alt war hier schwierig, denn es gab keine klaren und eindeutigen Kriterien, an denen das (hohe) Alter einer Person festgemacht wurde. Weder existierten eindeutige Altersgrenzen noch eindeutige körperliche oder geistige Eigenschaften, die regelmäßig zu einer Einschätzung als „alt" führten. Und auch die gesellschaftliche Stellung alter Athener war uneindeutig. Denn viel mehr als das Alter selbst bestimmte hier der Besitz eines Menschen über die gesellschaftliche Rolle, die ihm zugewiesen wurde: Je größer der Besitz des alten Menschen, desto höher war auch die Position, die er innehatte. Da der Besitz aber schon zu Lebzeiten an die jüngere Generation abgegeben wurde, entstanden generationelle Konflikte: Die Jungen forcierten eine Übergabe, um Macht zu erhalten, während die Alten sie hinauszögerten. Denn der Verlust ihres Besitzes ging mit dem Verlust ihrer sozialen Position und einer möglichen unsicheren materiellen Reproduktion einher. *Miglanz* beschrieb die familiäre Position alter Athener daher als prekär und ungewiss. Da sie auch in der Politik und beim Militär meist von untergeordneter Bedeutung waren, schienen sie insgesamt eher an den Rand der Gesellschaft gedrängt und als „überflüssig" zu gelten. Ihre Situation kann, zusammengefasst, in dem Sinne als uneindeutig beschrieben werden, dass ihre gesellschaftliche und familiäre Position und auch ihre materielle Reproduktion in hohem Maße davon abhingen, über welchen Besitz sie wie lange verfügen konnten.

Das Bild der Alten in Athen war – wie oben erwähnt – aufgrund der fehlenden Altersgrenze und der Vielfalt unterschiedlichster Kriterien zur Bestimmung des hohen Alters eher uneindeutig. Dennoch war es in einer Hinsicht äußerst eindeutig: Die Lebensphase Alter war stark negativ konnotiert. Ihr wurde jeglicher Lebensreiz abgesprochen. Insofern gilt, so kann zusammenfassend festgehalten werden, dass in diesem Fall uneindeutige Lebensbedingungen im Alter mit einem gleichzeitig uneindeutigen und negativen Altersbild einhergingen.

Es kann also, in Anlehnung an *Miglanz'* Ausführungen, vermutet werden, dass uneindeutige Lebenslagen alter Menschen ihren Ausdruck in (stark) negativ konnotierten Altersbildern finden, während eindeutige Lebenslagen, wie in Sparta, mit einem positiv konnotierten Altersbild einhergehen.

Ob dieser Zusammenhang auch für andere antike Kulturen existiert, kann auf der Basis des Beitrags von *Wöhler* über das Alter(n) im Römischen Reich geprüft werden. *Wöhler* konnte zeigen, dass in diesem Zeitraum (ca. 200 v. Chr. bis 120 n. Chr.) zwar unterschiedliche Altersbilder existierten, dass das Alter aber überwiegend positiv gedeutet wurde. Den alten Menschen wurde in der Regel mit großer Hochachtung und Respekt begegnet. Sie galten als erfahren und vorbildhaft. Und obwohl das medizinische Altersbild – basierend auf der Viersäftelehre – auch auf die problematischen Seiten des Alters hinwies, zeigte sich dennoch auch dort eine positive Interpretation in der Hinsicht, dass Altersbeschwerden als bekämpfbar bzw. als bewältigbar wahrgenommen wurden.

Die Unterschiedlichkeit der Altersbilder deutete *Wöhler* als eine Konsequenz der differierenden Schichten und sozialen Gruppen im Römischen Reich. Er beschrieb exemplarisch die Rolle der Alten in der Unterschicht – am Beispiel von Sklaven und Freigelassenen – und der Oberschicht und konnte zeigen, dass sich das hohe Ansehen alter Menschen aus der Unterschicht vor allem auf ihre hohe

Position in der Familie stützte, in der Oberschicht hingegen auf ihre hohe gesellschaftliche bzw. politische oder militärische Bedeutung. Denn in der Oberschicht
galt, vergleichbar mit Sparta, dass den alten Menschen die größte Kompetenz und
Weisheit zugeschrieben wurde.

Für die materielle Absicherung der alten Menschen im Römischen Reich
waren in allen Schichten die Kinder zuständig, die diese Aufgabe in der Regel
als unhinterfragt selbstverständlich ansahen. Problematisch gestaltete sich das
hohe Alter dementsprechend nur dann, wenn die eigenen Kinder selbst Not litten. Die Versorgung durch die Kinder galt auch für Witwen, die zu dieser Zeit
ca. ein Drittel der weiblichen Bevölkerung ausmachten. Nur die Veteranen bildeten hinsichtlich ihrer materiellen Absicherung eine Ausnahme: Ihnen wurde
nach Beendigung ihrer Dienstzeit ein namhafter Betrag ausgezahlt, von dem sie
bis an ihr Lebensende gut leben konnten. Diese staatlichen Zuwendungen lassen
sich einerseits darauf zurückführen, dass die Streitkräfte als Eckpfeiler der Expansionspolitik des Reiches galten und daher wertgeschätzt und verehrt wurden
und den Soldaten andererseits meist die Möglichkeit der Familiengründung – und
damit einer Absicherung im Alter – fehlte.

Insgesamt zeichnete sich das Römische Reich durch eine friedliche und wohl-
standsgesicherte Gesamtsituation aus, die sich zugleich förderlich auf die Absicherung der alten Menschen auswirkte. Das heißt, in der Regel konnten diese sich
ihrer familiären Versorgung gewiss sein. Das Altersbild war – über alle Schichten und soziale Gruppen hinweg – positiv konnotiert, was als ein Indiz dafür gelesen werden kann, dass Eindeutigkeit und Sicherheit in der Lebensphase Alter
dazu beitrugen, diese mit positiven Eigenschaften zu assoziieren.

Bei der Betrachtung von Altersbildern aus der Vergangenheit fällt auf, dass
sie sich fast immer auf die männliche Bevölkerung beziehen; Frauen bleiben meist
unerwähnt. Es ist naheliegend, dass sich dieses Phänomen auf die unbedeutende
gesellschaftliche Rolle zurückführen lässt, die den Frauen meist zugeschrieben
wurde. *Lechler* hatte sich dennoch entschlossen, Bilder von alten Frauen zu suchen und zwar für den Zeitraum der Frühen Neuzeit. Mit einem „Trick" konnte
sie zumindest eine besondere Variante des Bildes alter Frauen identifizieren und
es in seinen gesellschaftlichen und sozialen Zusammenhängen untersuchen. Bei
der Literaturrecherche berücksichtigte sie zugleich das Schlagwort Hexe und erhielt so zumindest ausreichendes Material über ein ganz spezifisches, äußerst negativ konnotiertes Bild der alten Frau, das der Hexe. Dieses Hexenbild, so lautete ihre Erkenntnis, war klar definiert: Es handelte sich um eine alte, hässliche
und böse Frau, die anderen Menschen durch Zauber absichtlich Schaden zufügte.

Selbstverständlich setzte sie das Bild der Hexe nicht mit dem alter Frauen zu dieser Zeit gleich. Sie betrachtete es vielmehr als einen Sonderfall, der Hinweise auf eine ganz spezifische Gruppe von (alten) Frauen liefern konnte, und zwar auf die, so ihre These, die sich in besonders prekären und ungewissen Lebensverhältnissen befanden und vor diesem Hintergrund von der Bevölkerung mit Argwohn und Misstrauen betrachtet wurden.

Lechler wies darauf hin, dass bei der Betrachtung des Phänomens Hexe Unsicherheiten in zweierlei Hinsicht eine große Rolle spielten: Zum einen konnte sie plausibel begründen, warum sich die Hexenverfolgung gerade in der Frühen Neuzeit etablierte, einer Zeit, die durch massive Unsicherheiten geprägt war. Sie identifizierte die einschneidenden religiösen, politischen, wirtschaftlichen, demografischen und sozialen Umbrüche und Wandlungstendenzen dieser Zeit als die maßgeblichen Ursachen für eine große Verunsicherung der Menschen in allen Lebensbereichen. In der Folge schienen diese besonders empfänglich für das „eindeutige" Modell des Sündenbocks in Form der Hexe, so lautete ihre Argumentation. Aus der Sicht der Regierenden bot sich die Hexenverfolgung an, um die Aufmerksamkeit aller auf einen eindeutigen, gemeinsamen Feind zu richten und dadurch von anderen innerpolitischen Problemen und Unsicherheiten abzulenken. Aus der Sicht des Volkes stellte die Hexenverfolgung eine Erleichterung von psychischen Belastungen dar, denen sie sich ausgesetzt sahen. Denn nun konnten sie Kriege, Epidemien, schlechte Ernten, unerklärliche Todesfälle und andere Katastrophen deuten und erklären, indem sie sie den übernatürlichen Kräften der Hexen zuschrieben. Und deren Vernichtung schien ihnen eine ideale Strategie, um die mit den Hexen assoziierten Bedrohungen zu bekämpfen. Die Hexenverfolgung kann in diesem Sinne als eine gesellschaftliche und soziale Strategie der Bewältigung von Unsicherheiten in dieser Zeit gedeutet werden.

Lechler stellte sich darüber hinaus die Frage, warum insbesondere alte Frauen den Menschen als „geeignete" Hexen erschienen. Denn immerhin waren über 80 % der Menschen, die als Hexen den Tod fanden, weiblichen Geschlechts. Sie arbeitete hierfür drei verschiedene Faktoren heraus: 1) Zum einen wurden Frauen in dieser Zeit mit Schwäche assoziiert und galten daher als besonders anfällig für Verführungen durch den Teufel, der sie daher leicht zu Komplizen des Bösen machen konnte. 2) Darüber hinaus gab es – bedingt durch demografische und familiäre Wandlungsprozesse – eine recht große Zahl an alten, alleinstehenden Frauen, deren Lebensverhältnisse prekär und unsicher waren. Sie waren meist von Armut bedroht, wenn eine familiäre Unterstützung fehlte. Für die Nachbarschaft und die Gemeinden bedeuteten sie vor allem finanzielle Belastungen, denn zur damaligen Zeit war es üblich, Bedürftige durch nachbarschaftliche und kommu-

nale Wohltätigkeiten am Leben zu erhalten. Dieser Bürde konnte man sich u. a.
dadurch entledigen, so *Lechner* in Anlehnung an die existierende Literatur, dass
man die betreffenden alten Frauen als Hexen identifizierte. Denn mit dieser Zuschreibung wurden zugleich zwei Probleme gelöst: Zum einen wurde das Ver-
sorgungsproblem der alten Frauen gelöst, und zum anderen wurde das Gewissen
der Gemeindemitglieder entlastet, da man – nach religiösen Grundsätzen – einem Diener des Teufels keine Almosen geben durfte. 3) Es existierte aber noch
ein dritter Grund, der Frauen in die Nähe des Hexenbildes rückte: Die einzigen
Frauenberufe der Frühen Neuzeit waren die der Heilkunde und der Geburtshilfe.
Und beiden wurde zunehmend mit Argwohn begegnet, da man davon ausging,
dass die Frauen ihre Kenntnisse nur vom Teufel erhalten haben konnten. Alles
Unerklärliche und Schlechte wurde mit ihnen in Verbindung gebracht, was eine
Verfolgung als Hexe nach sich ziehen konnte.

Auf der Basis von *Lechners* Beitrag kann resümiert werden: Das deutlich
negativ konnotierte Bild der Hexe, als Sonderfall des Bildes alter Frauen, steht in
engem Zusammenhang mit unsicheren, prekären Verhältnissen, sowohl auf ge-
samtgesellschaftlicher als auch auf sozialer Ebene. Insofern zeigt sich auch hier
eine Wechselwirkung zwischen Ungewissheiten und Unsicherheiten und einem
eindeutig negativ konnotierten Altersbild.

Auch *Piontek* und *Voigt* untersuchten das Alter(n) in der Frühen Neuzeit in
Europa. Auf der Basis der gängigen Literatur zum Thema beschäftigten sie sich
schwerpunktmäßig mit den Männern. Ebenso wie ihre Mitautoren konnten sie zeigen, dass die unterschiedlichen Bilder von alten Menschen auf differierende Lebensbedingungen zurückzuführen waren, und verwiesen in einem ersten Schritt
darauf, dass grundsätzlich zwischen Stadt und Land unterschieden werden müs-
se, um präzise Aussagen treffen zu können.

Voigt untersuchte die Landbevölkerung und unterschied zunächst zwischen
den Besitzenden und den Besitzlosen und bei der Betrachtung der Besitzenden
wiederum zwischen unterschiedlichen Regionen, die jeweils durch verschiedene Haushalts- und Familienstrukturen geprägt waren. Er konnte zeigen, dass der
Status der besitzenden alten Menschen und ihre materielle Sicherung maßgeblich
von den jeweiligen Haushaltsstrukturen abhingen und sich im jeweiligen Altersbild widerspiegelten. Im schon recht modernen England lebten alte Menschen in
der Regel ohne ihre Kinder und hatten daher weiterhin die Rolle als Haushaltsvorstand inne. Ihre Existenz sicherten sie durch eigens erwirtschafteten Besitz
und Eigentum, im Notfall waren sie auf die gesellschaftlich organisierte Armenversorgung angewiesen.

Im osteuropäischen Raum hingegen zeigte sich ein völlig anderes Bild. Dort lebten alte Menschen bis zu ihrem Tode in Mehrgenerationenhaushalten. Aber auch dort hatten sie als Familienälteste die Rolle des Haushaltsvorstands inne. In ihrer Rolle als Familienvorstand genossen sie bei den anderen Familienmitgliedern ein hohes Ansehen und wurden mit großem Respekt behandelt. Das Altersbild war eindeutig und positiv konnotiert. Ihre materielle Sicherung konnte solange als gesichert gelten wie die Existenz der gesamten Familie gesichert war.

Relativ ungewiss und unsicher hingegen charakterisierte *Voigt* die Situation alter Menschen in den – meist mittel- und westeuropäischen – Regionen, in denen die Besitzübergabe von den Eltern zu den Kindern nicht ganz eindeutig geregelt war. Insbesondere der Zeitpunkt der Übergabe und die Größe des zu übergebenden Besitzes unterlagen häufig einem Aushandlungsprozess zwischen den Generationen, was ein großes Konfliktpotenzial mit sich brachte. Um zumindest einen gewissen Grad an Sicherheit zu erhalten, wurden zunehmend Verträge geschlossen, die die Besitzverhältnisse regelten und das Auskommen der alten Menschen sichern sollten. Als dazugehörige Altersbilder identifizierte *Voigt* eine große Spannbreite, die von großer Verachtung bis zur Altenverehrung reichte.

Bei den Besitzlosen hingegen war das Altersbild eindeutig und zugleich negativ: Das Alter galt ihnen als eine Phase möglicher Gebrechen, des körperlichen Leids und der Hässlichkeit. Da sie ihr gesamtes Leben auf die körperliche Leistungsfähigkeit zur Existenzsicherung angewiesen waren, ist es nachvollziehbar, dass sie dieser Phase des Lebens – durch die nachlassenden Kräfte – vor allem mit Furcht und Ablehnung begegneten. Ungewissheit und Angst, dass das Überleben irgendwann nicht mehr aus eigener Kraft gesichert werden konnte, bestimmten den Alltag im Alter, so resümierte *Voigt*.

Piontek untersuchte die Lebensbedingungen im Alter in der Stadt und unterschied dabei drei Schichten, um präzisere Aussagen machen zu können. Für die obere Schicht, die er am Beispiel des Adels und der Beamten veranschaulichte, galt nach ihm, dass deren Lebensabend eindeutig bzw. ihre Rolle klar definiert und ihre Existenz gesichert war. Diese Bedingungen fanden ihren Ausdruck in einem positiv konnotierten Altersbild, das durch hohes Prestige, durch Respekt und Hochachtung geprägt war. Auch für die mittlere Schicht, die *Piontek* am Beispiel der Handwerker näher erläuterte, stellte er einen recht hohen Grad an Sicherheit im Alter fest, sowohl bezogen auf die Rollen der alten Menschen als auch auf ihre materielle Reproduktion, was er vor allem auf das Zunftwesen zurückführte. Und ebenso wie auf dem Land befanden sich auch in den Städten alte Menschen aus den unteren Schichten meist in einer prekären, ungewissen Lage, da sie ihren Lebensunterhalt durch körperliche Arbeit sichern mussten und ungewiss war, wie lange ihre Kräfte noch ausreichen würden. Infolgedessen wurde dem Alter auch hier mit großer Furcht und Besorgnis begegnet.

Resümierend hielten *Piontek* und *Voigt* fest, dass sie gerade dort besonders negative Altersbilder identifizieren konnten, wo die ungewissen Lebensbedingungen alter Menschen dazu führten, dass sie von ihren Mitmenschen als Last wahrgenommen wurden. In diesen Fällen wurden sie verachtet und ohne Respekt behandelt, während gleichzeitig ihre negativ gedeuteten körperlichen Veränderungen in den Mittelpunkt gerückt wurden. Sie galten als gesellschaftlich unnütz und daher als überflüssig. Die Autoren stellten hierzu die These auf, dass das negativ konnotierte Altersbild seinen psychologischen „Sinn" darin hatte, dass sich die Gemeindemitglieder dadurch leichter von alten Menschen distanzieren bzw. sich der Verantwortung ihnen gegenüber entledigen konnten. Denn indem man jemanden als abstoßend beschrieb, schien es zugleich eher legitim bzw. leichter, sich von ihm abzuwenden. Sie wählten eine Argumentation, die der im Beitrag von *Lechler* sehr nahekommt.

Im dritten Teil des Buches, in dem verschiedene „Gegenwartsperspektiven" im Mittelpunkt stehen, wendete sich *Gläser* der Situation älterer Menschen auf dem deutschen Arbeitsmarkt zu. Sein Fokus war darauf gerichtet, die Wechselbeziehungen zwischen einer als eher unsicher zu kennzeichnenden Erwerbssituation Älterer und dem vorherrschenden, negativ konnotierten Altersbild auf dem Arbeitsmarkt mit ihren gegenseitigen Verstärkungen herauszuarbeiten und kritisch zu reflektieren. Seine grundlegende Annahme lautete, dass das Altersbild auf dem Arbeitsmarkt, das er als ein negatives Stereotyp beschrieb, die unsichere Beschäftigungslage der Älteren verschärft, in dem es den Arbeitgebern angebliche Argumente zu deren Entlassung oder Benachteiligung liefert, die diese dann realisieren.

Nach *Gläser* wird auf dem Arbeitsmarkt das Bild des leistungsschwachen Älteren gezeichnet, der – vor allem technischen – Neuerungen skeptisch und mit Argwohn begegnet und der durch gesundheitliche und qualifikatorische Defizite gekennzeichnet ist. Ihm werde mangelnde geistige Beweglichkeit und ein genereller Leistungsabfall zugeschrieben. Es existiere ein Defizitbild des Alters, mit dem sich die Älteren selbst meist unbewusst identifizierten, vermutete *Gläser*.

Und dieses Altersbild bleibt nach ihm nicht ohne Wirkungen auf den Arbeitsmarkt. Er konnte herausarbeiten, dass sich das Bild des leistungsschwachen Älteren negativ auf die Chancen Älterer bei Einstellungen auswirkt, ebenso wie Ältere überproportional häufig auch bei Entlassungswellen betroffen sind. Mit der Folge, dass sich hierdurch gleichzeitig das Defizitbild des Alters weiter verstärke. Als weitere Folge dieses Bildes, so betonte *Gläser*, blieben gerade Ältere bei betrieblichen Weiterqualifizierungsmaßnahmen eher unberücksichtigt, was ihre Position zusätzlich weiter verschlechtere.

Es kann zusammengefasst werden, dass das negative Altersbild auf dem Arbeitsmarkt in enger Wechselwirkung mit der unsicheren, prekären Situation älterer Arbeitnehmer steht, bzw. dass das Bild des leistungsschwachen Älteren zur Verdrängung älterer Menschen vom Arbeitsmarkt führt, was wiederum das existierende negative Altersbild weiter verschärft. Hier zeigt sich ein Teufelskreis, der nach *Gläser* nur durchbrochen werden kann, wenn 1) die Stärken älterer Arbeitnehmer verstärkt in den Mittelpunkt gerückt werden und 2) die Beschäftigungsfähigkeit Älterer zugleich durch Förderungs- und Qualifizierungsmaßnahmen erhöht wird. 3) Flexible Arbeitszeitregelungen und altersgerechte Arbeitsplätze können, so ergänzte der Autor, ihre Beschäftigungsfähigkeit weiter erhöhen.

Ein Fazit für den gegenwärtigen deutschen Arbeitsmarkt: Auch hier zeigen sich enge Korrelationen zwischen unsicheren, prekären Bedingungen Älterer hinsichtlich ihrer gesellschaftlichen (Erwerbsarbeits-)Position – und damit verbunden einer unter Umständen unsicheren materiellen Reproduktion – und einem eindeutig negativ konnotierten Altersbild.

Schmeißner beschäftigte sich im darauffolgenden Beitrag ebenfalls mit dem Bild des leistungsschwachen Älteren und führte dies u. a. auf politische Instrumente der Alterssicherung zurück. Sie unterschied, in Anlehnung an den Sechsten Altenbericht (BMFSFJ 2010) zwischen vier Phasen der deutschen Rentenpolitik und konnte aufzeigen, dass diese mit verschiedenen Vorstellungen vom Alter(n) verbunden wurden bzw. je unterschiedliche Altersbilder prägten.

Sie hob hervor, dass Ältere insbesondere ab dem Jahre 1957 – in der ersten Phase – vor allem als schutzbedürftig betrachtet wurden, was seinen Ausdruck in einer Ausweitung staatlicher Fürsorgemaßnahmen und in einer Humanisierung des Erwerbslebens, z. B. durch Frühverrentungen, fand. Die Rentenausschüttung sollte nun den Lebensunterhalt der Älteren ab 65 Jahren vollständig finanzieren, so dass eine Erwerbstätigkeit grundsätzlich nicht mehr nötig war. Damit konnte ihre materielle Reproduktion als gesichert gelten.

Die zweite Phase sah *Schmeißner* ab Mitte der 1970er Jahre. Sie beschrieb diese als geprägt durch deutlich frühere Ausgliederungen der Älteren aus den Unternehmen, was häufig mit ihrem fehlenden Bezug zu neuen Technologien begründet wurde. Vorruhestandsregelungen und andere politische Strategien zur Frühverrentung prägten das Bild eines für die Wirtschaft beinahe nutzlos gewordenen alten Menschen, dessen Existenzsicherung vollständig durch den Staat gewährleistet wurde. In der dritten Phase ab Mitte der 1980er Jahre wurde die frühe Verrentung Älterer darüber hinaus als ein Instrument zum Abbau der gestiegenen Jugendarbeitslosigkeit genutzt, Älteren wurde nahegelegt, sich aus Solidarität möglichst früh vom Arbeitsmarkt zurückzuziehen.

Erst in der vierten Phase, ab Mitte der 1990er Jahre, kam es zu einem Umschwung, den *Schmeißner* als einen Paradigmenwechsel bezeichnete und der, politisch motiviert, einherging mit einer nachdrücklichen Veränderung des Altersbildes. Vor dem Hintergrund steigender Rentenleistungen und einer zunehmend spürbaren Arbeitskräfteknappheit, so argumentierte sie, sollte das Altersbild positiv beeinflusst und nun insbesondere die Leistungsfähigkeit der Älteren in den Mittelpunkt gerückt werden. Schlagworte wie „active" und „productive aging" standen für dieses neue Altersbild. Es wurden Maßnahmen wie die Verlängerung der Lebensarbeitszeit eingeführt, was dieses Bild zugleich unterstützte. Dennoch beschrieb *Schmeißner* diese Entwicklung als prekär, da das Erwerbsaustrittsalter nicht mit dem Renteneintrittsalter gleichgesetzt werden dürfe. Es zeige sich, dass die Älteren überwiegend vor Erreichen des Rentenalters aus dem Erwerbsleben ausschieden und die Erhöhung des Renteneintrittsalters daher mit steigenden Ungewissheiten hinsichtlich der materiellen Sicherung der Älteren verbunden wäre. *Schmeißner* vermutete abschließend, dass auch zukünftig ein positiv akzentuiertes Altersbild politisch forciert werde, um den Herausforderungen des demografischen Wandels besser begegnen zu können. Dennoch befürchtet sie zugleich Ungewissheiten hinsichtlich zukünftiger Rentenleistungen, da das existierende Rentensystem durch die stark steigende Zahl der Rentner an seine Grenzen gelange.

Mit einem gänzlich anderen Thema beschäftigte sich *Dathe* im daran anschließenden Beitrag. Er untersuchte Altersbilder in Altenpflegeheimen (in Deutschland) vor dem Hintergrund ihres Entstehungskontextes und mit ihren Wirkungen auf den Alltag im Heim. Dabei vertrat er die These, dass dort (mindestens) zwei sich einander widersprechende Altersbilder existierten, die sich aus den institutionellen und strukturellen Rahmungen, dem gesellschaftlichen Diskurs über das Alter(n) und den Interaktionen zwischen den Bewohnern und dem Pflege- bzw. Betreuungspersonal ergeben und gleichzeitig ihren Ausdruck in ihren Formen des Miteinanders finden würden.

Das sogenannte Bild der Pflegebedürftigkeit des älteren Menschen spielt nach *Dathe* eine besonders große Rolle im Pflegeheim, da sich der Heimeintritt gerade auf die Annahme der Pflegebedürftigkeit des älteren Menschen stütze. Im Mittelpunkt dieses Bildes stehe die Versorgungsbedürftigkeit des in psychischer und physischer Hinsicht schwachen, eingeschränkten und unselbstständigen Menschen. Im Sinne des Autors ist es vergleichsweise eindeutig, denn die Rolle der Älteren sei klar definiert und die damit verbundenen Handlungsanweisungen – wie Passivität und Anpassung an die Heimstrukturen – präzise formuliert.

Und dieses Bild, so war seine Vermutung, scheint auf der Basis der zweckrationalen Organisation des Pflegeheims entstanden zu sein und weiterhin zu existieren: Denn das Ziel einer guten und vor allem effizienten Pflege älterer Menschen im Heim kann dann besonders gut gelingen, wenn diese stark pflegebedürftig sind. Mit Bezug auf Saake (2008) hob *Dathe* hervor, dass gerade schwer Pflegebedürftige, die kaum noch eigene Bedürfnisse formulieren könnten, den reibungslosen Ablauf des Heimalltags am wenigsten zu stören scheinen, während körperlich und geistig gesunde Ältere anspruchsvoll(er) seien und ständig Aufmerksamkeit benötigen. Dass das Bild der Pflegebedürftigkeit kontinuierlich bestätigt und verfestigt werde, liege darin begründet, so seine Annahme, dass das Pflegepersonal den Grad der Pflegebedürftigkeit mitbestimmen kann und seine erfolgreiche Arbeit ein Festhalten am Bild der Pflegebedürftigkeit geradezu erzwinge. Es sei also in den (Macht-)Strukturen des Heims fest verankert. Positiv für die Bewohner des Heims sei dieses Altersbild in der Hinsicht, so betonte *Dathe*, dass es ihnen ein hohes Maß an Eindeutigkeit bzw. Sicherheit stifte, wenn sie sich daran orientierten.

Ganz anders kann nach ihm das zweite Altersbild der Aktivität beschrieben werden. Es erscheint dem ersten diametral entgegengesetzt und eher uneindeutig. Seine Wurzeln hat es – aus der Perspektive *Dathes* – im neuen gesellschaftlichen Diskurs über das Alter(n), der ab Mitte des 20. Jahrhunderts einsetzte. Und seinen Ausdruck findet es im „neuen" Pflegeleitbild, das vor allem das Betreuungspersonal ins Pflegeheim hineinträgt. Dieses Bild rückt die Aktivierbarkeit der älteren Menschen, ihre Individualität, ihre unterschiedlichen Ansprüche, ihre Kreativität und ihre je unterschiedlichen Interessen und Bedürfnisse in den Mittelpunkt. Es ist in der Hinsicht uneindeutig, dass es den Älteren keine konkreten Rollen und Handlungsmuster zu- bzw. vorschreibt, sondern ihnen vielmehr nahelegt, ihr Leben selbst aktiv zu bestimmen und ihren Alltag nach eigenen Wünschen zu gestalten, so beschrieb es der Autor.

Dass durch die Existenz dieser zwei sich widersprechenden Altersbilder ein Spannungsfeld entsteht, mit dem sowohl die Bewohner als auch das Pflege- und Betreuungspersonal umgehen müssen, darauf wies *Dathe* deutlich hin. Und er betonte, dass daraus gegenseitige Einschränkungen hervorgingen, die deutliche Folgen für den Alltag hätten: Denn die Passivität der Älteren in Heimen, die das Bild der Pflegebedürftigkeit suggeriert, fände ihre Grenzen in der Förderung des Selbstverständnisses der Bewohner als aktiv handelnde Personen. Und das Bild der Aktivität wiederum fände seine Grenzen in den strukturellen und institutionellen Rahmungen des Pflegeheims, die einen gewissen Grad an Anpassung durch die Bewohner unerlässlich machen.

Um auch für den Zeitraum der Gegenwart unterschiedliche kulturelle Kontexte mit ihren je spezifischen Altersbildern zu berücksichtigen, beschäftigten sich *Buch*, *Calov* und *Naujoks* im letzten Kapitel mit Japan. Interessant erschien ihnen dieses Land vor allem deswegen, weil Ältere in Japan traditionell ein sehr hohes Ansehen und große Wertschätzung genossen und Japan daher von vielen gewissermaßen als Sinnbild für ein positiv konnotiertes Alter(n) betrachtet wurde.

Fasst man das Bild des Alters im Japan der Gegenwart auf der Basis des Beitrags in Stichworten zusammen, so kann es treffend als ambivalent und uneindeutig beschrieben werden. Das traditionelle, auf der konfuzianischen Lehre aufbauende positive Bild des Alters hat an Bedeutung verloren. Damit geht der Verlust an kindlicher Pietät, an Achtung und Höflichkeit und an Loyalität gegenüber den Eltern einher, so bemerkten die Autoren einher. Negativ konnotierte Beschreibungen des Alter(n)s würden immer mehr Raum einnehmen. In der Öffentlichkeit würde das Alter vor allem mit Krankheit und Pflegebedürftigkeit assoziiert und problematisiert. Dennoch sei das traditionelle Altersbild nicht ganz verschwunden. Nach *Buch*, *Calov* und *Naujoks* ist es auf der Einstellungsebene durchaus noch vorhanden, spielt aber im praktischen Alltag, im Rahmen konkreter Handlungsweisen, eine untergeordnete Rolle.

Die Auslöser für das zunehmend negativ gewendete Altersbild vermuteten die Autoren in den einschneidenden demografischen Veränderungen des Landes. Sie konstatierten, dass sich Japan durch ein starkes demografisches Altern auszeichnet. 2010 lag das Medianalter bereits bei 44,6 Jahren. Die enorm gestiegene Lebenserwartung bei gleichzeitigem Rückgang der Geburtenrate führte zu einer Verschiebung zwischen den Alterskohorten zugunsten der Älteren.

Welche Rollen werden den Älteren vor diesem Hintergrund zugeschrieben? *Buch*, *Calov* und *Naujoks* arbeiteten heraus, dass sie vor allem in der Rolle als Pflegebedürftige wahrgenommen werden, deren Versorgung und Existenzsicherung prekär und ungewiss erscheint. Dies ist naheliegend, da der Anteil an pflegebedürftigen Älteren stark ansteigt. Und aufgrund des Kindermangels und unzureichender staatlicher Unterstützungsleistungen, so zeigten die Autoren, bedeutet die Pflegebedürftigkeit eines älteren Menschen für seine Angehörigen meist eine sehr hohe Belastung, sowohl in zeitlicher als auch in finanzieller Hinsicht. Dennoch werde seine Pflege eher selten an öffentliche Einrichtungen abgegeben, da die traditionelle Versorgung in der Familie immer noch einen sehr hohen Stellenwert besitzt. Insofern konnten sie zusammenfassen, dass das demografische Altern zu einer gravierenden Belastung für die Jungen geworden ist, was es nahelegt, dass sie dem Alter(n) zunehmend mit Argwohn begegnen.

Ungewissheit bzw. Unsicherheit bestimmt auch die Rolle der Älteren auf dem Arbeitsmarkt, so betonten *Buch, Calov* und *Naujoks*. Denn auch wenn das faktische Renteneintrittsalter in Japan im Jahre 2010 bei den Männern bei 69,5 Jahren lag, bleibt dennoch festzuhalten, dass die deutliche Benachteiligung Älterer auf dem Arbeitsmarkt der in Deutschland gleicht. Das recht hohe Renteneintrittsalter ist auf unterschiedliche Faktoren zurückzuführen: Einerseits wird in Japan der Arbeitskraft ein hoher gesellschaftlicher Stellenwert zugeschrieben. Daher scheint die Angst vieler groß, beim Verlust der Arbeit den „Wert" als Individuum zu verlieren. Andererseits zeichnen sich die Älteren meist durch eine gute Gesundheit aus, staatliche Rentenleistungen sind oft nicht ausreichend, und die Älteren haben die nötige Zeit zur Weiterbeschäftigung. Ihre Rolle als Erwerbstätige wiederum trägt dazu bei, so vermuteten die Autoren, das Bild der Älteren als zu respektierende und Achtung verdienende Personen zu stärken.

Ein weiterer Aspekt wurde von den Autoren hervorgehoben: Sie stellten eine im internationalen Vergleich sehr hohe Suizidrate bei den Älteren in Japan fest, die sie als eine Reaktion auf die Ungewissheiten in der Lebensphase Alter interpretierten. Und da die Selbsttötung in Japan quasi als Teil seiner vormodernen Kultur gilt, die gesellschaftlich immer noch akzeptiert wird, scheinen Maßnahmen zur Suizidprävention eher wirkungslos zu sein, so resümierten die Autoren.

Für Japan kann zusammenfassend festgehalten werden, dass der einschneidende demografische Wandel für die Älteren Ungewissheiten in vielen Lebensbereichen bedeutet, die in einem eher negativ konnotierten Altersbild ihren Ausdruck finden. Und insbesondere aufgrund des traditionell hohen Ansehens der Älteren in Japan führt dies zu impliziten Widersprüchlichkeiten und Uneindeutigkeiten, die zu einem ambivalenten Verhalten gegenüber alten Menschen beitragen.

Sollen nun die Erkenntnisse aller Beiträge in einen übergeordneten Zusammenhang gebracht werden, dann bietet es sich an, sich noch einmal die Konzeptualisierung des Begriffs der (Un-)Sicherheit in Erinnerung zu rufen. Sicherheit bzw. Gewissheit wurde hier als eine Erwartungssicherheit definiert, die durch die Interpretation des jeweiligen Betrachters bestimmt wird. Sie gilt als eine soziale Konstruktion und muss daher auf der Sozialebene und nicht auf der Sachebene gesucht werden (vgl. Luhmann 1990: 134). Als zentral für die Untersuchung galt darüber hinaus die Bedingung, den Begriff von jeglicher Bewertung freizuhalten, um ihn nicht schon vorab einzugrenzen. Denn er sollte in der Lage sein, die jeweiligen gesellschaftlichen und individuellen, positiven wie negativen Beurteilungen von (Un-)Sicherheiten zu erfassen.

Betrachtet man die Beiträge der Studierenden daraufhin zusammenfassend, dann weisen die gesellschaftlichen und individuellen Einschätzungen von Unsicherheiten in der Lebensphase Alter überwiegend recht deutlich in die gleiche Richtung: Unsicherheiten werden meist als großes Problem wahrgenommen und spiegeln sich daher, logisch konsequent, in eindeutig negativ konnotierten Altersbildern wider. Sicherheiten hingegen werden meist positiv bewertet und drücken sich in eindeutig positiv konnotierten Altersbildern aus. Aus der Perspektive Kaufmanns (1970) ist das naheliegend, da für ihn Sicherheit mit Verlässlichkeit und Sorglosigkeit assoziiert ist: Das Individuum sei nur unter Bedingungen wahrgenommener Sicherheit „von Gefahren e n t l a s t e t, d. h. es braucht sich nicht mehr um sie zu kümmern und kann sich anderen Dingen zuwenden" (Kaufmann 1970: 272).

Es liegt nahe zu vermuten, dass sich Sicherheit in diesem Sinne immer auf positive zukünftige „Ereignisse" bzw. Phänomene bezieht. Sie könnte sich beispielsweise in der Gewissheit über ein ausreichendes Einkommen im Alter ausdrücken oder in der Gewissheit, auch im hohen Alter eine wichtige gesellschaftliche oder familiäre Position ausfüllen zu können.

Wird Sicherheit allerdings im Sinne von Eindeutigkeit operationalisiert, wie in Kapitel 3 erläutert, dann wäre es grundsätzlich auch denkbar, dass sich zukünftige Sicherheiten bzw. Erwartungssicherheiten auf negativ bewertete Ereignisse beziehen, wie beispielsweise die Gewissheit, sich im Alter nicht auf die eigenen Kinder verlassen zu können. An dieser Stelle wäre zu klären, ob auch als sicher erwartete negative „Ereignisse" zu positiven Einschätzungen führen. Denn nur dann wäre der These zuzustimmen, dass Eindeutigkeiten mit positiven Assoziationen einhergehen.

Sucht man in den Beiträgen nach Indizien für diese Vermutung, dann wird man an mehreren Stellen fündig: So wird beispielsweise von einer alten, verwitweten Frau berichtet, die sich als Hexe inszenierte, nur um dadurch eine eindeutige gesellschaftliche Rolle zu erhalten. Oder in einem japanischen Film wird – in Anlehnung an eine Geschichte aus der Feudalzeit – eine alte Frau beschrieben, deren größter Wunsch darin bestand, endlich zum Sterben auf den Berg gehen zu dürfen, um durch die Gewissheit des eigenen Todes die Dorfgemeinschaft zu entlasten. Auch in deutschen Pflegeheimen der Gegenwart gibt es Hinweise darauf, dass zukünftige Eindeutigkeit so geschätzt wird, dass damit verbundene, negativ bewertete Begleitumstände akzeptiert werden. So konnte *Dathe* zeigen, dass sich ein Teil der Bewohner bewusst als (schwer) pflegebedürftig inszenierte, und damit gleichzeitig auf die Verwirklichung eigener Wünsche und Bedürfnisse verzichtete, nur um Handlungs- und Deutungssicherheit bzw. -gewissheit zu erlangen. Denn ihr Alltag erschien ihnen nur dann verlässlich und gut einschätzbar, wenn sie die Forderungen und Anordnungen des Pflegepersonals besonders gut erfüllten, das heißt in diesem Fall, wenn sie dem Altersbild der Pflegebedürftigkeit gerecht wurden. Insofern gilt: Auch negativ bewertete „Ereignisse" werden unter Umständen positiv gedeutet, wenn mit ihnen gleichzeitig ein gewisses Maß an Eindeutigkeit und Sicherheit verbunden wird.

Wie groß der Wunsch nach Sicherheit und Eindeutigkeit ist und wie viele negative Ereignisse um der Sicherheit willen in Kauf genommen werden, scheint allerdings individuell unterschiedlich zu sein. So berichtete *Dathe* auch von Bewohnern von Pflegeheimen, die sich den Forderungen und Anordnungen des Pflegepersonals widersetzten, um ihre eigenen Bedürfnisse durchzusetzen, und gleichzeitig in Kauf nahmen, dadurch die Alltagsroutinen außer Kraft zu setzen und Unsicherheiten zu stiften. Insofern kann der These der positiven Bewertung von Eindeutigkeit nicht für alle Fälle zugestimmt werden. Dennoch lässt sich in Anlehnung an Bonß (1997: 25) vermuten, dass alle Menschen zumindest einen gewissen Grad an wahrgenommener Sicherheit und Eindeutigkeit brauchen und wertschätzen und sich nur vor diesem Hintergrund handlungsfähig fühlen.

Aber: Gleichzeitig darf nicht außer Acht gelassen werden, dass (Un-)Sicherheiten in den unterschiedlichsten Bereichen auftreten können und dass ihre Interpretation auch davon abhängt, in welcher Form sie das Leben der Älteren betreffen. Handelt es sich um grundlegende, existenzielle Unsicherheiten, beispielsweise hervorgerufen durch eine mangelnde finanzielle Absicherung und/oder Versorgung im Alter, dann ist ihre negative Interpretation als Bedrohung naheliegend. Handelt es sich jedoch um Unsicherheiten, die durch eine Vielfalt an zukünftigen Handlungsalternativen hervorgerufen werden – wie vor allem in spätmodernen Gesellschaften erwartbar –, dann ist vorstellbar, dass diese Unsicherheiten auch positiv im Sinne einer Erweiterung des eigenen Handlungshorizonts wahrgenommen werden können. Auch hierfür findet sich ein Beispiel im Beitrag von *Dathe*. Er konnte zeigen, dass ein Teil der Bewohner von Pflegeheimen auf das vom Betreuungspersonal vertretene Altersbild der Aktivität – das in der Hinsicht uneindeutig ist, dass es keine klaren Handlungsanweisungen erzeugt, sondern auf die Eigeninitiative und Kreativität der Älteren setzt – positiv mit individuellem Engagement und aktiver Teilnahme reagiert.

Dennoch gilt es auch hier zu beachten, dass die Interpretation der Unsicherheiten immer durch den oder die Betrachter bzw. durch den oder die Betroffenen vorgenommen wird. Es ist und bleibt eine subjektive bzw. eine soziale Konstruktion. Und die subjektiven Interpretationen wiederum sind zugleich durch den jeweils vorherrschenden gesellschaftlichen, kulturellen und sozialen Kontext mitbestimmt. So mag ein Athener in der Antike wahrscheinlich darunter gelitten haben, wenn ungewiss war, ob er im Alter weiterhin eine wichtige gesellschaftliche Position in seinem Arbeitsgebiet einnehmen würde. Ein Deutscher in der

Gegenwart könnte die Situation durchaus positiv, als handlungserweiternd erleben, wenn er – vor dem Hintergrund einer gesicherten Rentenleistung – neben der möglichen Erwerbstätigkeit im höheren Alter zugleich auch die Wahl hätte, sich ganz der Verwirklichung seiner ureigensten Wünsche oder einer ehrenamtlichen Tätigkeit zu widmen, und sich keinerlei gesellschaftlichen Eindeutigkeiten – im Sinne von Zwängen – ausgesetzt sähe. Und die jeweils unterschiedlichen Interpretationen würden sich auch in den Altersbildern widerspiegeln, so die These, was sich in ihrer positiven oder negativen Konnotation ausdrücken würde.

Abschließend kann – in Anlehnung an Saake (1998) – festgehalten werden, dass auch die Konstruktion von Altersbildern selbst als eine Form der Produktion von gesellschaftlicher und individueller Eindeutigkeit begriffen werden kann. Denn Altersbilder tragen dazu bei, Ordnung und Sicherheit in dem Sinne zu stiften, dass sie festlegen, wer in dem jeweiligen Kontext als alt und wer als nicht-alt identifiziert werden sollte.

Literatur

Abels, Heinz/Honig, Michael-Sebastian/Saake, Irmhild/Weymann, Ansgar (2008): Lebensphasen. Eine Einführung, Wiesbaden: VS-Verlag für Sozialwissenschaften

Bonß, Wolfgang (1997): Die gesellschaftliche Konstruktion von Sicherheit. In: Lippert/Prüfert/ Wachtler (1997): 21-41

Bundesministerium für Familie, Senioren, Frauen und Jugend (BMFSFJ) (Hrsg.) (2010): Sechster Bericht zur Lage der älteren Generation in der Bundesrepublik Deutschland. Altersbilder in der Gesellschaft. Berlin: Eigenverlag

Kaufmann, Franz-Xaver (1970): Sicherheit als soziologisches und sozialpolitisches Problem. Untersuchungen zu einer Wertidee hochdifferenzierter Gesellschaften. Stuttgart: Enke Verlag

Lippert, Ekkehard/Prüfert, Andreas/Wachtler, Günther (Hrsg.) (1997): Sicherheit in der unsicheren Gesellschaft. Opladen: Westdeutscher Verlag

Luhmann, Niklas (1990): Soziologische Aufklärung 5. Konstruktivistische Perspektiven. Opladen: Westdeutscher Verlag

Saake, Irmhild (1998): Theorien über das Alter. Perspektiven einer konstruktivistischen Altersforschung. Studien zur Sozialwissenschaft. Opladen: Westdeutscher Verlag

Saake, Irmhild (2008): Lebensphase Alter. In: Abels et al. (2008): 235-284

Weber, Max (1922): Gesammelte Aufsätze zur Wissenschaftslehre. Tübingen: Mohr Verlag

Wohlrab-Sahr, Monika (1993): Biographische Unsicherheit. Formen weiblicher Identität in der „reflexiven Moderne": Das Beispiel der Zeitarbeiterinnen. Opladen: Leske + Budrich

The manufacturer's authorised representative in the EU is Springer Nature Customer Service Centre GmbH, Europaplatz 3, 69115 Heidelberg, Germany. If you have any concerns regarding our products, please contact ProductSafety@springernature.com

Printed and bound by CPI Group (UK) Ltd, Croydon, CR0 4YY

27/04/2026
02097620-0001